U0601046

智慧·玩创

张 波　王云燕／著　　发展幼儿创造力的园本探索

ZHEJIANG UNIVERSITY PRESS

浙江大学出版社

图书在版编目(CIP)数据

智慧·玩创:发展幼儿创造力的园本探索 / 张波,王
云燕著. —杭州:浙江大学出版社,2020.12(2021.1 重印)
ISBN 978-7-308-20422-4

Ⅰ.①智… Ⅱ.①张… ②王… Ⅲ.①幼儿园—课程
—教学研究 Ⅳ.①G612

中国版本图书馆 CIP 数据核字(2020)第 133904 号

智慧·玩创

发展幼儿创造力的园本探索

张 波 王云燕 著

责任编辑	丁沛岚 董 文	
责任校对	汪淑芳 李 琰	
封面设计	春天书装	
出版发行	浙江大学出版社	
	(杭州市天目山路 148 号 邮政编码 310007)	
	(网址:http://www.zjupress.com)	
排 版	浙江时代出版服务有限公司	
印 刷	杭州高腾印务有限公司	
开 本	710mm×1000mm 1/16	
印 张	15.75	
字 数	266 千	
版 印 次	2020 年 12 月第 1 版 2021 年 1 月第 2 次印刷	
书 号	ISBN 978-7-308-20422-4	
定 价	58.00 元	

序

有一位名人说过："儿童的天性是玩耍。"的确,玩耍既是儿童自我表现的初级形态,也是儿童社会化的起始阶段,在一个人的成长过程中有着非同寻常的意义和作用。然而,曾几何时,幼儿园滋生出令人担忧的"小学化倾向",逐渐将"传授知识"作为学前教育的使命。

有鉴于此,案头上这本《智慧·玩创:发展幼儿创造力的园本探索》书稿自然令我心动与欣然。这是杭州市滨江区浦沿幼儿园张波园长的团队历时数载,在幼儿园园本课程建设方面所进行的深度探索,旨在为幼儿创设各种"玩"与"创"的情境与活动,开发幼儿的潜能,培育幼儿的创造能力,形成幼儿园的办园特色,提升幼儿园的育人水平。

在我看来,"玩"是张波园长在办园过程中大力推崇的"定海神针"。自然,怎么个"玩"法,怎么"玩"出新意,怎么"玩"出教育的价值,这些便成为其团队研究或探索的题中之义。

这项研究成果的一个亮点是系统设计,打造了"坊·园·场·馆"四个幼儿的"玩创"平台,并且以"项目活动"的方式研制了相应的幼儿"玩创"课程,即鲁班制造项目、智慧劳动项目、创意STEAM项目、体验探究项目,从而使得"智慧·玩创"理念落地生根。

浦沿幼儿园的创新实践证明,只要设计科学,幼儿不仅能"玩"得起来,而且还能"玩"出成长的内涵来,"玩"出学前教育全新的价值来。试举一例,在"智慧小庄园"的课程中,有一个"鸽子日记"项目,让幼儿观察、探究鸽子"喝水"的过程。老师们发现,幼儿在探究中很不简单,从提出问题、小组讨论、第一次实验、质疑实验结果、控制变量再次实验,到查询书籍、分享记录,所有过程"有板有眼",一丝不苟。在这样的"玩创"中,幼儿不只是乐此不疲地"玩",更重要的是,这是一条隐匿的教育路径,帮助幼儿开启人生的梦想,传递知识的力量,激励求知的动能。倘若我们的幼儿园都能按照这种模式实施幼儿教育,相信幼儿园将会为日后的学校教育夯实成长的地基。

浦沿幼儿园有着多年的办园历史,之前一直寂寂无名,但是这些年来声名鹊起。究其原因,是张波园长带领团队另辟蹊径,逐渐走出了一条"科研兴园"的新路,通过科研探索学前教育新课题,通过科研形成一所"老"园的新品质,通过科研助推教师专业成长。这本书的出版,正是诠释了个中的"秘诀",可引发深思。

是为序。

方展画

2019 年 6 月

前　言

新时代背景下,幼儿教育的新使命必须满足新时代发展提出的要求。推动幼儿教育的发展,必须创新教育教学改革,而园本课程的深度变革则是幼儿教育深化发展过程中的关键要素之一。

世界各国普遍认同儿童本位的课程理念,即园本课程从本质上来说是幼儿自己的课程:以幼儿充分、自由的发展为最高目标;尊重幼儿的主体性和个体性;尊重幼儿的游戏权;让幼儿在园本课程中得到快乐、满足和挑战;促使每个幼儿在原有水平上得到充分发展。从一定意义上来说,这是对儿童身心潜能的释放,是对儿童主体价值的珍视,是对儿童个性成长的呐喊,是对教育个性化改革趋势的呼应。

浦沿幼儿园(以下简称浦幼)旨在探索、创建优质幼儿课程新体系,发展现代幼儿的创造力,借力“国际滨”高新区优势提升办园品牌内在驱动。该课程经历了萌芽期、形成期、发展期、深化期,历时八年,用实践建构。浦幼探索出的“智慧·玩创”课程,是指通过信息技术与人工智能技术,融合学习、游戏、生活环境和教育资源,融合幼儿认知特点和关键经验,将幼儿的兴趣探索、创造力培养与游戏、娱乐、玩耍等融为一体,在“玩”中培养幼儿的科学、创新素养,并以此促进幼儿全面发展,重点推动幼儿创造力的发展,提高教师的教学水平,培养人工智能时代的创新型人才。

浦幼构建的“智慧·玩创”课程具有四大特质:①课程目标定位直接指向培养具备创造力的新时代儿童;②课程内容设计遵循幼儿的认知特点和时代特色;③以项目式学习为课程载体,借助新技术来支持、架构课程实施的广阔时空;④将大数据作为幼儿参与课程活动的主要评价样态。

为构建高位、高质服务于幼儿美好成长的“智慧·玩创”课程,浦幼探索出了彰显幼儿本色、“坊·园·场·馆”全域覆盖式的课程实施场所,相应地研制了鲁班制造项目、智慧劳动项目、创意 STEAM 项目、体验探究项目四大课程学习主题。从室内到室外、从园内到园外,全方位、全时空为幼儿创建一个立体式环境,深度支持每个幼儿个性化地参加“智慧·玩创”课程的各类项目式游戏或活动。

为支持、促进每个幼儿主动、积极且深度地参与"智慧·玩创"课程每个项目活动的学习,浦幼研发了三大类实施课型:以动手操作为主形态的"常态型课程",以玩转创意体验为主形态的"巧智型课程",以基地探索行动为主形态的"拓展型课程"。三大课型架构起"智慧·玩创"课程的"点·链·群"全覆盖机制。同时,幼儿园、社区、企业等为"智慧·玩创"课程三大课型、四大项目的深度推进提供了系统性的资源支持。

"智慧·玩创"特色园本课程从顶层设计、研发到全面铺排、深度实施,已历时八年,目前形成了三大成效。一是明显促进了幼儿科学素养的提升及创造力的可持续发展。从浦幼毕业的每个幼儿都能较好地适应新时代背景下的高科技生活,而且提问能力、探究水平、创造精神、社会性发展等均有鲜明的浦幼烙印。二是推动了教师课程执行能力的提升。"智慧·玩创"环境下的每位浦幼教师,均能创新主题,懂得转变角色,善于资源整合,而且课程合作文化也日渐形成。三是快速提升了智慧科技办园品质。在该课程的持续深化实施下,浦幼的办园影响力不断扩大,不断主办或承办市级、省级乃至全国性的高端研讨活动,吸引全国同行来园观摩,并在最终意义上不断提升师生的在园幸福生活指数。

面对不确定而又充满挑战的未来,培养能够让幼儿终身受用的创新品质,才能更好地助力他们未来的发展。

目 录

第一章 宏观展望:幼儿园课程改革步入新时代

核心导读:

随着近代教育体系的建立与完善,幼儿园作为一种特殊的教养机构,根据一定的培养目标和幼儿身心发展特点,对学龄前儿童进行有计划、有目的的教育。作为基础教育的重要组成部分,幼儿教育越来越受社会人士的关注与重视。幼儿园的保教品质奠定着孩子一生发展的基础。而课程作为幼儿园教育的主要载体,担负着培养新时代幼儿的重要任务,直接影响幼儿当前的发展,也为其今后的发展奠定基础。新一轮的课改如火如荼,无论是国内还是国外,都在努力寻求一种适合幼儿发展的新时代课程模式。幼儿园的园本课程建设的重要性日益凸显,它不仅成为我国学前教育理论界探索的一大热点,而且越来越多的幼儿园正在实践中开展园本课程的深度建设。

第一节 幼儿园课程改革的认识

新时代背景下,幼儿教育必须满足新时代发展提出的要求。推动幼儿教育的发展,必须创新教育教学改革,只有在实践中不断改革,幼儿教育才能紧跟时代与社会发展的潮流。

幼儿教育的改革离不开课程的改革。课程的改革是教育改革的核心,它赋予教育新的思路与使命,彰显了新时代教育的新理念与新方法,充分反映了当今社会对教育的期望与新要求,具有鲜明的时代特征和深远的历史意义。随着政治、经济、现代科学技术等的飞速发展,以及人们对儿童身心发展、未来儿童核心素养发展需求的认识不断深入,世界各国学前教育领域也纷纷投入课程改革的浪潮中,为学前教育的发展注入新血液,同时,也为国家基础教育的发展提供强劲动力。

一、幼儿园课程改革的本质

课程改革的本质是调整课程、社会和人的关系的社会实践。顾明远主编的《教育大辞典》指出,课程改革是按某种观点对课程和教材进行改造,是课程变革的一种形式,包括课程观念的变革和课程开发体制的变革,是一种有目的、有计划的行动,以一定理论为基础。[①]

幼儿园课程是实现幼儿园教育目的,帮助幼儿获得有益的学习经验,促进其身心全面和谐发展的各种活动的总和。[②] 幼儿园课程是有目的、有计划、有组织地帮助幼儿获得学习经验的过程,同时,幼儿园课程是由课程目标、课程内容、课程组织和课程评价组成的有机系统,并始终处于发展之中。幼儿园课程是实现学前教育目的的重要手段。但对教师来说,幼儿园课程不是一成不变的实施载体,重要的是在开展幼儿活动时要意识到各种课程所要解决的问题以及同时出现的新问题,以便根据课程的实践需求做出明智的决策。同时,课程改革就是对课程价值实现度和儿童发展需求适宜性之间的关系不断"调整"的过程。从本质上看,课程的改革就是文化的变革,幼儿园课程改革首先是一种新的文化价值的选择过程。从发展动力上看,文化发展特别是价值观的冲突与演变,是推动学前教育课程改革与调整的重要原因;对文化的反思、批判、整合和重构,也成为学前教育课程改革的重要依据。

苏联教育思想主要建立在以维果茨基为代表的历史文化学派理论之上,强调教师在教学工作中的主导地位,强调课堂和智育的重要性,强调集体主义教育,强调有计划、有目的的幼儿"作业"教学和游戏,对我国的学前教育课程建设产生了重要的影响。欧美国家的幼儿课程所倡导的"以幼儿为主体""主动学习""以游戏为基本活动""寓教育于一日生活之中"等理念,近些年才开始进入国内教育领域。

自 20 世纪 80 年代至今,我国幼儿课程的改革在理论、思想观念、目的目标、课程设计、教材编排、活动方式等方面取得了丰硕的成果。但是,受中小学课程的影响,幼儿课程依然未能摆脱"授受式"学科课程形态的烙印。这样的课程形态,把幼儿完全置于被动地接受学习的状态,从而严重地压抑幼儿学习的积极性和主动性。而当今,人们提倡游戏为幼儿园的基本活动,新

---

① 顾明远.教育大辞典[M].上海:上海教育出版社,1998:895.
② 肖正德.课程改革中的文化冲突与整合[J].教育研究,2008(4):69-73.

的幼儿园课程应是游戏化课程,还是活动化课程,或是其他课程形态的补充? 要提高幼儿园课程的生命力,回答以上问题是关键,必须在课程改革中落实。

二、幼儿园课程改革的追求

虽然世界各国都从各自国情出发参与到课程改革的浪潮中,所采用的实施路径各有特点,但是各国都有一个共同的目标,那就是通过课程改革实现追求的理想,从而实现课程改革的价值准则。这里的价值准则主要指通过优质课程的实施来促进幼儿和教师的发展,这是课程改革的基本追求。

幼儿园课程的改革比较灵活,不像中小学有固定的教材,因而幼儿园对教材进行调整或局部的变革相对困难。幼儿园课程改革可以根据审定的几套教材进行整体整合或者以一套教材为主进行局部变革,也可以完全根据幼儿园的资源、园情、特色设计一套适宜本园的园本课程。课程的改革可以消除以往课程中存在的某些局限或不足,使课程更适合幼儿的身心发展,更符合当代社会发展的需要。

幼儿园课程改革对课程质量的调整体现了对幼儿生活、学习的重视以及对教师学习、发展的新希冀。对幼儿来说,课程改革通过课程观念、课程内容、课程结构等调整,使其更为科学合理地促进幼儿个性、全面发展,为以后的发展奠定基础。另外,课程改革通过一定形式与幼儿、教师的生活结合,学以致用,有效促进个人的发展。

幼儿园课程改革不仅是课程自身的改革,更是教师教学方式和幼儿学习方式的改革。就我国的学前教育来说,教育部明确提出要杜绝"小学化"倾向,不能填鸭式地教幼儿超纲内容。幼儿园要以游戏为基本活动,把原来的以教师为主导转变为以幼儿为主导,让幼儿通过体验、探究、直接感知等方式参与学习。要给教师组织幼儿活动提供足够的弹性和空间,可根据幼儿的兴趣,以小组式、项目式等方式进行教学。幼儿园课程改革不仅是课程自身的改革,更是人的改革,改革生活中人的思维方式以及生活状态,从而提高教学和生活质量。

三、幼儿园课程改革的必然性

不同时代的生产力决定不同时代的矛盾,并决定不同的教育目的,而不同的教育目的要用不同的课程来实现,这便是课程改革的根本原因。在当代，推进学前教育改革，更好地解决当前面临的核心问题，全面提升学前教育质量，更好地促进儿童全面和谐发展，是国家发展学前教育的基本要求，也是未来一个阶段需要重点研究和推进的工作。

自 20 世纪 80 年代起，我国幼儿园课程改革已经经历了几十年的历史，在漫长的改革过程中，通过大规模的教育改革践行教育理论，我国幼儿园教育改革也取得了一些成果。《幼儿园教育指导纲要（试行）》和《3～6 岁儿童学习与发展指南》颁布以来，幼儿园课程开发成为热潮，各种流派的思潮异彩纷呈，加快了课程改革的步伐。2017 年 11 月，浙江省教育厅出台了《关于全面推进幼儿园课程改革的指导意见》，从政府层面推进课程改革，快速加大幼儿课程改革的步伐。

我国的幼儿园课程改革是在我国经济、政治等领域变革的大背景下进行的。经济的发展深刻影响着教育，教育的发展又紧紧牵动着课程改革，所以说经济的发展是课程改革的基本动力之一。20 世纪 80 年代，全球从能源、资源和资本时代转向知识经济时代，知识的进步逐渐成为社会进步的新标准。冷战结束后，各国之间长期潜在的矛盾日益凸显，国际竞争日趋激烈。竞争的重点在综合国力上，综合国力的竞争则主要体现为经济和科技的竞争，谁掌握了先进技术谁就处于领先地位，归根结底体现为人才的竞争。在此背景下，教育显得尤为重要，幼儿园的课程也必然随着社会的需要、教育的目标进行相应的改革。

课程的改革是在不断变化的社会大背景下进行的，社会的整体变革是课程改革的触发器。同时，教育变革也会促进社会的整体变革，而课程改革同样促进教育的变革。当今社会，科学技术突飞猛进，使全球处于一个巨大的网络之中。在"互联网＋人工智能"时代，要迎接世界一体化、经济全球化、教育国际化的整体发展趋势与挑战，培养更多具有全球视野和世界竞争力的创新型复合人才，必须从幼儿教育抓起，从课程改革开始，跟紧时代的步伐。

四、在课程改革中实现人本主义理念的途径

人本主义心理学是 20 世纪 50 年代至 60 年代在美国兴起的一种心理学思潮，卡尔·罗杰斯（Carl Rogers）是重要代表人物之一。人本主义理念以培养完整的人为目标，强调以人为中心，注重个体的潜能发展和自我价值的实现。

21世纪,学前教育备受关注,人们开始重视儿童的一切,包括教育,并渴望全面了解儿童,为儿童创设良好的教育环境,为其提供高质量的生活环境。而要提高学前教育质量,拥有正确的、科学的学前教育观是关键。自古以来,人们对学前教育观的认识一直比较模糊。概括起来,学前教育观就是看待学前教育目标、任务、学习内容、途径以及学前教育方法等的观点的总和。然而,学前教育观不仅仅是思想上的体验,更重要的是要求教育者融入儿童世界并以一种发展的眼光看待儿童。在此,以人本主义理念解读学前教育观,使教育者用发展的眼光重新审视儿童、发现儿童、尊重儿童、理解儿童,获得全新的视角,有利于教育者打破传统的教育观念,建立积极、科学的教育观,切实提高以儿童发展为核心的学前教育质量。

现阶段,我国学前教育改革已取得一些进步。但是,我国学前教育中幼儿的主体地位不明显、环境创设不合理以及教育评价缺乏人文性等问题,严重影响了幼儿的全面发展。下面这个案例为浦沿幼儿园(以下简称浦幼)的教师发现问题后,从人本主义理念出发做出的改变。

案例一　他是否真的一无所有?

小罗被大家称为"小鸣人":上课发呆、下课乱窜是他的日常状态,抢个玩具、搞个小破坏更是家常便饭,而且他还懂得打一枪换一个地方。小朋友们都不爱和他玩,小罗常独来独往。

当我想和他沟通时,他干脆小眼睛一闭,脸上还带着谜之微笑,不看、不听、不回应。老师曾试图寻找他的优点,却屡试屡败。可能,关于优点,他真的一无所有吧。

4月,有一个"小蜗牛与小蝌蚪"的主题活动,每个小朋友都带了蜗牛与蝌蚪来幼儿园。小罗常会去看自己的蝌蚪,一看就是半天。只要老师一靠近,他就会像犯错一样匆匆跑掉。

某天的大清早,我正在给班里的大乌龟换水。小罗走到我的旁边,仿佛鼓起很大的勇气,对我说:"小黄老师,能不能给我的蝌蚪也换一下水?"

帮蝌蚪换好水之后,他很开心,打开了话匣子,和我说起了他的小蝌蚪们:周末他跑到很远很远的地方才捞到这些蝌蚪,他给每个蝌蚪都取了超酷的名字。我发现,他知道得很多,也非常有自己的想法。

为期一周的主题活动很快就结束了。孩子们都将热情转向了下一个主题,小蝌蚪也就成了被遗忘的"过气网红"。

只有小罗依然坚持每天观察蝌蚪。也只有他，还关心着蝌蚪们的换水、喂食以及每一次的变化。不少小蝌蚪在他的照料下成功长成了小青蛙。

可是4月的天气变幻莫测，在突如其来的几天高温下，蝌蚪们出现了大面积的死亡。最先发现这个情况的是小罗，他焦急地跑来问我："小黄老师，我的蝌蚪怎么突然都死了？"

小罗的发现引发了周围小朋友们的大讨论，有的说："蝌蚪是不是生病死了？"还有的说："一定是天气太热，蝌蚪热死了。"甚至有的说："蝌蚪打架打死了。"他们接二连三地提出了各种猜测，大家都沉浸在一种莫名兴奋的氛围中，简直是一次生成探究活动的完美契机。

但我发现人群边缘的小罗低头玩弄着自己的手指，眉头拧得很紧，看不到他的眼睛，却能感受到他真的很伤心。没有人在意蝌蚪们的死亡，除了小罗。

那一刻我有一点迷惘：孩子们看见这么多小生命的死亡，为什么都不难过呢？反而那个"一无所有"的小罗却成了蝌蚪唯一的关心者？是我的教育哪里出了问题吗？

我们努力地开展着课程内的每个主题，用各种各样的形式，想让孩子们获得更多的知识。孩子们展现出的探究欲望和不断发展的探究能力，也正是我们想要的。

我们的教育思维引导着孩子们去"看见"身边值得探究的现象和问题，渐渐地把一切都当成了观察品，却忽略了和其他生命建立联系，建立真实的感情。

我们带着孩子们打开了一扇扇知识的大门，却无意间关上了敬畏生命的窗户。

正因如此，孩子们也正在失去真正"看见"的机会。

蝌蚪先长后腿再长前腿，尾巴逐渐变短、消失，最后变成青蛙，可除了小罗，没有人完整地观察到这个过程；孩子们都觉得蝌蚪长大就会变成青蛙，可是很多蝌蚪最终却会变成癞蛤蟆；孩子们都会模仿青蛙"呱呱"叫，可他们却没听过青蛙真正的叫声。这样的遗憾还有很多很多。

作为老师，我难辞其咎。

站在管理班级的角度，我希望孩子们都能遵守常规；站在教育教学的角度,我希望孩子们认真听课、善于探究。我还把这些当成评价一个孩子是否优秀的依据。而这一次小罗和他的蝌蚪们,让我开始反思自己的教育观。

也许长期处在班级边缘的小罗,在某种程度上却有着更加独立的思想和更坚定的自信心,远离我这个教室中的权威,不用表现出我想要他们成为的样子,而用着更慢的脚步在做着更重要的事情。

所以,从来不是小罗一无所长,而是我选择不去"看见";从来不是孩子们失去了爱和善良,而是我"功利"的教育观念让他们无处展现。

所以,小罗应该"被看见",孩子们应该"去看见"。

之后的日子,我请小罗和大家分享他和蝌蚪的故事,他在台上连比带划的样子,分明就是个宝藏男孩。

在动物主题活动时,我尝试着调整活动的价值:我带着孩子们照顾他们带来的动物,放生观察完的昆虫们,定时去小河边喂鱼、遛鸡、放鸭,每天操心着羊妈妈们要吃的青草,为收养的斑鸠捉虫子吃。这些都成了孩子们生活中重要的事情。

我们也会为新来的小香猪举办欢迎仪式,为外送出园的小羊举办送亲仪式,为死去的小动物举行葬礼。

其中最积极的,就有小罗。

或许我应该重新定义一下这位"小鸣人":他看似一无所有,却拥有最宝贵的爱和善良。

从案例中可以看出,学前教育要改革,幼儿园课程要改革,首先要转变教师的观念。教师应以人本主义理念看待每一个幼儿,客观分析幼儿的发展。所以,本书借鉴人本主义理念,要求学前教育改革必须关注幼儿的主体地位、更新教育观念、改善幼儿的生活和学习环境、建构合理的教育评价体系,从而促进幼儿的全面发展。

第二节　幼儿教育的新时代诉求

今天的幼儿,是 21 世纪的主人。时代对未来人才的要求,是学前教育不可回避的挑战。科学技术的发展日新月异,各学科领域的相互渗透、相互联系和相互依赖不断加强,任何学科都难以单独发展。综合性人才是未来世界的核心竞争力,加强学前教育则成为世界未来教育的主要目标之一。许多国家把学前教育作为整个教育的基础,并尝试不断改革创新,促进学前教育的发展。

国务院在 2018 年 11 月出台了《关于学前教育深化改革规范发展的若干意见》(以下简称《若干意见》),明确指出要"认真落实立德树人根本任务,遵循学前教育规律,把握学前教育发展的正确方向,坚持改革创新,推进学前教育优质发展,为培养德智体美劳全面发展的社会主义建设者和接班人奠定坚实基础"。《若干意见》明确指出,学前教育是终身学习的开端,是国民教育体系的重要组成部分,也是国家的重要公益事业。《若干意见》将学前教育的地位提升到一个新高度,明确了学前教育是党和政府为老百姓办实事的重大民生工程,关系社会和谐稳定与党和国家事业的未来。

随着国民经济的高速发展和百姓文化知识水平、生活水平的提高,学前教育质量的重要性被提到新的高度。

一、新时代幼儿教育的新走向

"创新"已经成为当今世界的特色符号。幼儿教育也在呼唤创新型师资队伍,不仅要求管理层具有创新的意识和能力,而且要求一线教育工作者也必须具有先进的教育理念和创新的教育意识,牢牢把握新时代前进的方向,注重幼儿创新型人才的培育,探索适合当前幼儿教育发展和创新的模式。

(一)全球走向

科技创新已经成为引领社会发展的重要因素之一,创新能力也已经成为世界各国的核心竞争力之一。美国的科技创新能力一直处于领先地位,同时把创新人才培养纳入了国家发展战略。2018 年 3 月,美国白宫发布了 STEM 教育新的五年战略计划——"北极星计划",它将成为美国创新人才培养的驱动力量。美国政府以"所有美国公民都将终身受益于高质量的 STEM 教育"为愿景,联合多个部门组织制定了新的"STEM 教育战略"。在未来五年,美国政府将通过各种方式推进创新教育,在财力和物力上提供保障和支持,为教育者制订并实施专业发展计划,将创新和创业精神纳入课程,支持教育者开展有效的教育活动。

(二)国家走向

STEM 教育已经成为全球教育发展的制高点,许多国家纷纷将其上升到国家战略。2015 年,我国教育部发布《关于"十三五"期间全面深入推进教育信息化工作的指导意见(征求意见稿)》,明确提出要"探索 STEM 教育、创客教育等新教育模式",STEM 教育在国家层面得到了重视。

通过分析美国 STEM 教育发展现状得知,我国必须构建符合中国特色的 STEM 教育生态体系,以加快我国持续培养各种创新人才的步伐。结合我国国情和发展现状,教育部成立了国家级具有中国特色的 STEM 教育委员会,也联合多部门,切实加强 STEM 教育的顶层设计和政策制定,明确我国 STEM 教育的未来发展愿景,推动 STEM 教育健康、有序发展。

(三)园本需求

为了进一步提高浦幼的办园品质,有效促进家园合作,让家长也参与到幼儿园办园管理中,同时也了解家长对幼儿园办园品质的需求,浦幼对 700 位家长进行了关于幼儿学习品质的调查,请家长选择三个他们认为最重要的品质。

具体调查结果如图 1-1 所示。

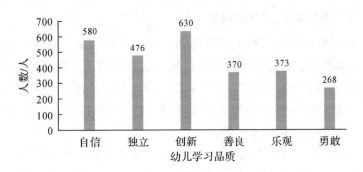

图 1-1　幼儿学习品质家长调查情况

从图 1-1 中可以看出,家长对幼儿创新、自信、独立的品质比较看重,其中创新是票数最高的,看来新时代的家长具有未来视野,已经非常清楚创造力的培养是重要的基石。这一结果也正好符合浦幼的办园目标,智慧、科技、创新已是浦幼的特色符号。

新时代是创新的时代,以往的教育理念、思想、教材以及教学方法已无法跟上时代的步伐。新时代的幼儿教育应以"创新"为目标,培养幼儿、教师的创新能力成为幼儿教育的重中之重。以创新为抓手的幼儿教育,在不断实践的过程中结合已经成熟的创新模式和培养机制,必然能为新时代幼儿教育添砖加瓦。

二、新时代幼儿教育的新使命

(一)新时代幼儿教育新问题

我国幼儿教育整体处于发展与完善阶段,虽然取得了一定的成绩,但在新时代背景下,还存在一些问题,如幼儿教育资源分配不均,优良教育主要集中于经济发达的城镇,乡村明显滞后。同时,我国大部分幼儿园当前采用的教学模式明显滞后,还是以传授、填鸭式教学为主,教师、幼儿的开放、创新意识基本没有。而在新时代背景下,幼儿自身的特点也随着时代的变化而变化,传统的教育模式正在限制教师的想象力和执行力,与现实教育环境出现一定脱节。随着社会经济的发展及教育的深入发展,幼儿教育已从专业化向普及化方向发展,家长对幼儿教育的重视程度也在不断加深,对幼儿园的教育质量要求也日益提高。但是目前幼儿园教师专业水平、综合素养还存在参差不齐的状况。

(二)新时代幼儿教育新观念

在新时代背景下,要解决以上问题,首先,国家层面要对学前教育予以足够的重视和扶持,优化教育资源,保障学前教育的先进性和创新性,打造积极、健康的幼教环境。其次,要变革传统的教育模式,以"创新"为目标,充分利用各种资源、运用多种教学方式,做到以"生"为本。同时,要加强教师队伍建设,提升教师的专业素养。

要培养出未来的优秀人才,新时代的教师是关键。教师需要树立新的教育观念,必须带着创新的观念和思维看待幼儿教育,要明确新时代幼儿教育新需求。幼儿教育新观念主要体现在教师的创新意识、创新精神、创新能力上,具体表现为教师充满自信、主动积极地用新的方法、新的思路新颖高效地去解决实质问题,这是一种综合能力。基于这些要求,新时代教师需要不断学习最新的教育理论,要善于实践、不断反思、总结经验;同时,还需要具备一定的信息技术应用能力。随着科技的进步、社会的发展,教育手段和技能也要与时俱进。多媒体和信息技术的发展,提供了一种实时共享、动态交互、资源丰富的虚拟环境,为拓展学习者的视野提供了环境支持。如在浦幼"恐龙的秘密"智慧课堂中,教师可以通过"科技+动画+游戏+互动+故事"的全新多媒体教学课件,让幼儿在快乐学习知识的同时,解决生活中的各种困惑。教师应充分利用多媒体辅助教学,让智慧课堂成为教学的常态。

(三)新时代幼儿教育新思路

教育成功的关键在于教育质量与教育水平的提升。幼儿教育作为国家教育的基础,其重要性不言而喻。新时代背景下,幼儿教育的新使命必须满足新时代发展提出的要求,推动幼儿教育的发展,必须倡导幼儿教育新思路,创新教育教学改革。只有在实践中不断改革,我国幼儿园教育才能紧跟时代与社会发展的潮流。

第三节　幼儿园课程的历史沿革

一、国外幼儿园课程改革基本经验及发展趋势

21世纪以来,世界各国都在不断推动幼儿园课程改革,发达国家的幼儿园课程改革取得了一定成效,积累了宝贵的经验。各国幼儿园课程改革,无论是发展进程还是国家的政策措施,都体现了不同国家的实际发展特征和趋势。从幼儿园课程的国际比较研究中可以看出,各国幼儿园课程也面临共同的问题和挑战,如园本课程、隐性课程、生成课程、混龄编班等都是各国比较关注的,同时,也在这些方面取得了比较丰富的经验。各国在课程改革过程中也存在一些共同性特征,如强化政府的政策导向、强调儿童本位的课程理念、强调课程文化的多样化、重视内容结构的综合性、注重课程本土化研究、关注幼儿个性化发展、注重教师的课程参与、实施教师专业化标准、提升教师课程实践能力、重视家长和社区的共育等,在这些方面呈现出相似的发展趋势。

(一)国外幼儿园课程改革的基本经验

幼儿教育改革的核心就是幼儿园课程改革。世界各国文化存在较大差异,国情不同,因此各国幼儿园课程改革的模式也不同。但是,各国的幼儿园课程改革也具有以下共同性特征。

1.强化政府的政策导向

为了有效推动幼儿园课程改革,确保正确的改革方向,世界各国政府都出台了相应的政策、法规和课程标准等。这些政策、法规对幼儿园课程建设有较强的指导意义,明确了总体目标、课程内容、实施方式和评价手段。下面分享一些典型国家的优秀经验。

（1）英国

2000年9月，英国颁布《基础阶段教育（3～5岁）课程指南》，提出幼儿教育包括六大内容：社会个性和情感发展、语言交流和读写、数学、认识和理解周围的世界、身体发展、创造力发展。

（2）美国

2000年，美国颁布了《"开端计划"儿童发展结果框架》，2010年12月，又对该框架进行了修订，在原来八个领域的基础上扩展了一个"幼儿学习领域"，更名为《"开端计划"儿童发展与早期学习框架（3～5岁）》。

（3）瑞典

1998年，瑞典国家委员会颁布第一部幼儿园课程标准，后多次修订。该课程标准重点从课程价值观、任务以及课程目标和原则等方面给予指导。

（4）澳大利亚

2000年，维多利亚州修订了课程标准框架，确定了八大学习领域：体育、英语、艺术和健康教育、数学、科学、社会、环境研究、技术，并制定了这些领域的课程标准。

政府的政策、标准不仅有指导性作用，而且有利于提高各园所的教育教学质量。

2.强调儿童本位的课程理念

强调儿童本位的课程理念是当今世界幼儿园课程改革的基本共识。幼儿园的课程改革必须注重儿童的兴趣、需要、身心发展规律，以儿童为本，构建有利于儿童长远、和谐、可持续发展的课程，以儿童全面发展为基本目标。

（1）英国

2003年到2004年，英国修订了《儿童法》，该法案以"每个儿童都重要"为国家儿童发展战略目标，同时，也从国家政策角度对儿童教育目标提出了明确指向，宗旨是促进儿童的发展和获得幸福生活。

（2）美国

2000年，美国颁布了《早期学习机会法》，为全美幼儿学习与发展提供了充分的法律保障，为幼儿提供高质量的服务体系，使幼儿获得有益的早期学习经验，为其一生奠定基础。

（3）澳大利亚

2009年，澳大利亚提出了"国家早期儿童发展战略"，到2020年，幼儿教育应实现"所有的幼儿都有一个最好的开端"的目标，为创造美好自我和推动国家发展奠定基础。

(4)新加坡

2003年,新加坡颁布了《幼儿园课程框架》,明确提出儿童"全面发展的原则",并强调要致力于培养完整的人。

总之,世界各国普遍认同儿童本位的课程理念。

3.注重教师的课程参与

教师决定着课程改革的质量,幼儿园课程实施的广度与深度和幼儿园教师的课程观以及专业知识有密切的关系。幼儿园课程结构比较灵活,课程内容的选择具有多样性。现在许多国家开展的综合主题课程,主题来源宽泛,但幼儿经验参差不齐,所以教师必须和幼儿对话,了解幼儿的兴趣、需要和已有经验后,进行分析判断,然后确定有利于幼儿长远发展的主题内容。在主题推进中,教师根据幼儿的兴趣、特点开展班本化项目活动。教师的组织方式比较灵活,可以集体教学,也可以采用小组式、混龄式等形式。此外,课程的改革更强调生成性,课程的生成为教师参与组织实施课程提供了广阔的空间。"生成"指教师在与幼儿互动时,根据幼儿的兴趣、需要,充分利用自己的智慧和专业技能激发幼儿的潜能和创造性,促进幼儿发展的过程。瑞吉欧课程作为生成课程的典型代表,课程的内容主要来源于教师与幼儿的互动,强调教师通过观察,根据幼儿的兴趣、需要、所处环境等因素及时发挥决策权,对课程内容进行构建和调整,适时形成新的课程内容,最大限度地促进其发展。这一实施方式体现出教师在课程设置上拥有较大的选择空间和决策权。

4.重视家长和社区的共育

世界学前教育组织和国际儿童教育协会于1999年联合发布的《全球幼儿教育大纲》中明确强调了家庭和社区在幼儿教育中的重要作用。该大纲在"幼儿的成长与家庭和社区的关系"中要求幼儿工作者:应该与家庭进行交流,提供机会让家长和社区代表观察幼儿园活动;应该与家庭和社区代表合作制订课程计划并让他们参与到课程管理和课程评估中去;应该提供机会让志愿者进入教室帮忙开展教学工作。[①] 只有家、校、社区紧密合作,才能使幼儿更好地发展。

---

① 曹能秀.学前比较教育[M].上海:华东师范大学出版社,2009:121.

（1）法国

强调幼儿园必须向家长开放，并建立彼此信赖的关系，充分发挥家庭在教育中的作用。

（2）美国

有大学专门研究社会领域的幼教课程，主张幼儿分别学习"社区""家庭""自己"这三种形式的课程，使幼儿了解自己与社会之间的关系。

（3）德国

幼儿园被看作专门协助家庭的幼儿教育机构，充分肯定家庭教育的重要性。

（4）英国

幼儿园课程设置了"认识和理解周围世界"这部分内容，教师充分利用自然资源、社区，让幼儿融入自然环境、社会环境中学习，帮助幼儿形成自我认同感和归属感。

（二）国外幼儿园课程改革的发展趋势

世界各国对幼儿教育的研究持续不断，促使幼儿园课程不断变革、推陈出新。社会的发展、家庭结构的变化、文化的多样性对幼儿适应性提出更高要求；其他相关学科的研究发展也不断助推幼儿园课程的变革。整体而言，国外幼儿园课程改革呈现以下几个趋势。

1.以政府力量推动课程改革

为了推动课程改革，各国政府纷纷制定法规，出台课程标准和学习标准等相关政策，具体以英国和瑞典为例，详见表1-1。

表1-1 英国和瑞典政府关于课程设置的相关政策

国　家	目　标	时　间	政　策	主　张
英国	将幼儿教育纳入终身教育制度体系，保证促进每个幼儿的学习与发展，将幼儿教育看作"学习化社会"的开端	2000 年	《基础阶段教育(3～5岁)课程指南》	作为幼儿早期学习的一个框架，将课程内容分为六个领域
		2004 年	"儿童保育十年战略"	把幼儿教育纳入终身教育制度体系，向 3 岁以上儿童提供免费教育
		2006 年	《儿童保育法》	政府对幼儿教育从政策法规和发展规划方面进行宏观调控

续表

国 家	目 标	时 间	政 策	主 张
瑞典	通过基础教育体系改革,以全面发展的观点看待幼儿和他们在幼儿教育阶段的学习,将教育体制转变为终身教育体制	1998 年	颁布第一部幼儿园课程标准	提出幼儿园应为幼儿提供保育服务,并保证幼儿得到全面的发展和学习
		2010 年	《新教育法案——提高知识、择校权和安全》	强调知识学习在幼儿园教育中的重要性,将学前教育作为终身教育的第一步

以上案例说明了各国政府对幼儿园教育的重视,通过顶层设计将幼儿教育纳入终身教育制度体系,通过政策法规不断推进幼儿园课程建设,提高幼儿园保教品质。

2.课程构建呈现文化多样化特点

文化与教育两者间是一种相辅相成、相互影响的关系。各国多样的文化影响着教育价值判断和多元文化教育的产生,多元文化教育的开展又会促进文化内涵的多样性。社会的文化背景影响着儿童学习经验的获得和发展,幼儿园课程也呈现多元文化差异的趋势。

很多国家从文化多样性和文化平等性等观念出发考虑幼儿园课程的价值选择,强调尊重各自国家和地区文化的多样性和多元性,并将多元的文化理念渗透进幼儿园课程中。美国是一个移民国家,所以其文化尤为多样和丰富,在幼儿教育中倡导尊重来自不同文化背景的儿童,努力建立一种公平的、文化多元的教育。澳大利亚为了缩小土著和非土著儿童的文化差距,将多元文化教育提高到优先发展的战略高度,在幼儿园课程中提出重视“土著人历史和文化”“亚洲及澳大利亚与亚洲的关系”的学习,以此来促进文化的交流学习。新西兰在 1996 年颁布了国家早期教育课程,提倡将新西兰白人和土著毛利人的文化结合起来,这也是一种体现课程体系多样性的探索。

21 世纪是一个开放、包容、创新的时代,国际文化交流日益频繁,文化的多样性和丰富性是各国进行课程改革必须面对的现实。教育应体现文化融合过程,要尊重其他文化并正确认识文化的差异,在建构幼儿园课程体系时必须考虑文化的平等和多元。

3.助推课程本土化实践

幼儿园课程的国际化交流日益加强,如何在吸收国际先进教育理念的同时保护和发挥本土文化的优势,加强课程本土化研究,保持课程的平衡性及多样性,已成为课程改革的研究重点。世界各国的学者已经认识到课程本土化研究的重要性。

瑞吉欧课程曾一度成为风靡全球的幼儿教育课程模式,各国纷纷效仿。但是美国亚利桑那州立大学教授约瑟夫·托宾(Joseph Tobin)在《从民族志研究视角看学前教育的质量》一文中严肃指出瑞吉欧课程的有限性,认为瑞吉欧课程并不具有普适性,主要存在幼儿园课程的全球化和本土化的问题。他认为,该课程之所以在意大利有效,是因为:"意大利在传统上享有优秀学前教育理念发源地的美誉。观光客们喜欢在意大利的那一区域旅游,是因为那里景色优美、食物可口。瑞吉欧课程偏重美学品位的培养,这跟那些来参观的美国中产阶级教育者们的口味不谋而合。"因此,美国本土不能生搬硬套瑞吉欧课程模式。①

课程本土化研究是课程改革的重要内容,是激发教师的教育智慧和培养幼儿文化根基的重要途径。在全球化背景下,各国文化交流日益增多,各种新教学理念层出不穷,教育工作者应立足本国、本土实际,将本国、本土的传统文化、优秀教育模式融入幼儿园课程,从而实现课程的本土化。

4.推出教师专业标准

制定科学、严格的教师专业标准是幼儿园课程改革成功的关键。它不仅能促进幼儿教师的专业成长,更是提升幼儿园保教品质的基石。美国、澳大利亚先后颁布了幼儿园教师的专业标准,都从学历、师德(对专业的信念和价值观)、专业知识技能等方面提出了明确的要求。专业标准的颁布是幼儿教育体系成熟的标志,对幼儿教师的专业水准和职业规范做出明确规定并成为幼儿教师入职的主要评定依据,可以促进教师专业成长,也是推动幼儿园课程实践的重要保证。

二、我国幼儿园课程改革的历史和发展态势

我国学前课程的变革过程既是一个从模仿、移植到不断实验、改革的过程,也是一个继承与创新的过程,更是学前教育中国化的过程。② 在百年来的幼教实践中,我国先后颁布和实施了四部幼儿园课程标准。我国学前教

---

① 朱家雄.国际视野下的学前教育[M].上海:华东师范大学出版社,2007:139.
② 王春燕.中国学前课程百年发展变革的特点与启示[J].教育研究,2008(9):93-97.

育的课程改革是学前教育课程走向科学化和本土化的过程。

(一)我国幼儿园课程改革的历史

在我国学前教育的发展历程中,幼儿园课程改革主要经历了三个阶段:民国时期,主要是20世纪20年代至30年代;中华人民共和国成立初期,即20世纪50年代;改革开放以来。

1.民国时期

20世纪20年代至30年代,我国幼儿园开始建立,但是幼儿园的教育模式以搬抄国外教育模式为主,不论是设备、玩具,还是教学内容,先仿效日本,后仿效欧美国家。福禄贝尔、蒙台梭利和杜威等人的思想相继对当时的幼儿园课程产生过影响。

新文化运动为各学派在我国的传播创造了有利条件,杜威的教育思想就对我国近现代教育产生过深刻影响。我国许多教育家,如陶行知、张雪门、陈鹤琴等,在接受西方教育思想的同时,也发现我国很多幼儿园存在照搬照抄国外幼儿园带来的弊病,所以,提出我国必须进行幼儿园课程改革,主张幼儿园课程的科学化和本土化。1925年,陈鹤琴提出幼儿园课程应以大自然、大社会为中心,实施单元教学,即"整个教学法",主张采用以游戏为主的方式开展教育,注重儿童的直接经验。张雪门根据杜威的"教育即生长""做、学、教合一"的思想,自1931年起开始对"行为课程"进行研究,认为幼儿园活动主要是自然和社会两项,其次是工作、美术、文学、文字、音乐和游戏。[①]

这一时期的幼儿园课程改革在理论上确认了儿童的主体性,明确了幼儿课程应来源于生活,幼儿园的一切活动都是课程,并且提出课程的编制应根据幼儿的心理发展状况进行。可以说,这次课程改革对改革开放后的幼儿园课程改革产生了重大影响。例如,1932年颁布、1936年修订的《幼稚园课程标准》是在陈鹤琴等人课程改革实验的基础上形成的,一直沿用到40年代末期,而80年代幼儿园课程改革在理论与实践方面一定程度上也借鉴了当年的做法。

2.中华人民共和国成立初期

中华人民共和国成立后,政府对幼儿教育的发展做了一些新的整顿和改造。

---

① 朱家雄.幼儿园课程[M].第二版.上海:华东师范大学出版社,2011.

在全面学习苏联教育制度的背景下,幼儿教育也不例外。20 世纪 50 年代,教育部邀请了两位苏联幼教专家来我国讲学,在推广苏联教育经验的同时重点引进"作业"教学大纲,为作业规定了内容和时间,通过作业对幼儿进行系统的教学。同时,教育部于 1952 年制定了《幼儿园暂行规程》和《幼儿园暂行教学纲要》,规定幼儿园招收 3~7 岁的幼儿,幼儿园教学活动有体育、语言、认识环境、音乐、计算、图画、手工,幼儿园不进行识字教育;还规定了幼儿园各科教育活动的教育纲要,强调科目的科学性和逻辑性,强调以教师为主导,提出有目的、有计划地组织幼儿活动,将教育贯穿于幼儿的一日生活之中。

幼儿园课程改革后形成了学科课程体系,课程有明确的目标,教育教学的内容比较系统化,教师容易操作。在教育资源缺乏、师资力量不足的情况下,这种课程模式对提高幼儿教育的质量起到了一定作用。直到 20 世纪 80 年代初,我国幼儿园还在继续采用学科课程体系,对稳固幼儿教育质量起到了重要作用。

3. 改革开放以来

改革开放以来,我国的学前教育改革主要经历了三个阶段:①20 世纪 70 年代末到 80 年代初以"综合主题教育"实验为标志的民间自发的学前教育课程改革和对学前教育实践的"文化批判";②20 世纪 90 年代以《幼儿园工作规程》(简称《规程》)为标志的国家行政力量介入并主导的幼儿园整体改革;③进入 21 世纪后以《幼儿园教育指导纲要(试行)》(简称《纲要》)为标志的学前教育课程改革。这场改革迄今方兴未艾。2012 年,教育部颁布《3~6 岁儿童学习与发展指南》(简称《指南》),进一步继承了《纲要》的目标理念,并在相对微观的层面上提出了对不同年龄儿童的合理期望和教育建议,成为继续深入贯彻《纲要》精神、改进幼儿教育实践的重要抓手。

"文化大革命"后,教育开始恢复并走向正常,学前教育也有新的进展。1979 年,教育部颁发了《城市幼儿园工作条例(试行草案)》,规定对幼儿应贯彻保教结合的原则,并规定幼儿园教育应包含体育锻炼、游戏、作业、思想品德教育等几个方面。1981 年,教育部又颁布了《幼儿园教育纲要(试行草案)》,它是在继承 1952 年制定的《幼儿园暂行规程》和《幼儿园暂行教学纲要》的基础上制定的,规定了幼儿园教育内容包括生活卫生习惯、思想品德、体育活动、语言、常识、计算、音乐、美术等八个方面,并强调通过游戏、上课、劳动、娱乐、日常生活等各种活动完成教育任务。据此,教育部又组织专业人员编写了全国统一的幼儿园教材,由指定出版社出版,供全国幼儿园使用。

20世纪80年代以后,我国掀起幼儿教育改革热潮,学前教育工作者以幼儿园课程改革为突破口,大量学习国外儿童发展和教育理论,蒙台梭利、杜威、皮亚杰等人的思想开始广泛传播;同时,我国近现代教育家陈鹤琴的思想再次受到重视。这些思想为此次幼儿教育改革提供了理论背景。

80年代初,学前教育工作者对课程的学科问题进行了重新审视,认为学科课程过分强调系统的单科知识和技能,忽视了各科之间的内在联系,也忽视了儿童自己的活动和直接经验。针对以上问题,学前教育工作者自发进行实验,从各单科扩展到整体,从城市扩展到农村。在实验中,幼儿园综合主题教育影响最大,对幼儿园课程改革起到了推动作用。

这场幼儿园课程改革促使国家教委于1989年颁布了《规程》,试行7年后终于在1996年经过修订正式颁发。《规程》的颁发体现了课程改革的意义,反映了幼儿教育面向世界、面向未来、面向现代化的精神。本次课程改革精神主要体现在以下几方面:①强调幼儿的主动性,为幼儿提供充分的活动机会;②强调教育要适合幼儿的个体差异,促进每个幼儿在不同水平上发展;③强调游戏在幼儿教育中的重要性;④强调寓教育于幼儿园一日活动中;⑤强调幼儿园活动的过程。①

《规程》中虽然没有提"课程"二字,但是根据《规程》的精神,只要能影响儿童的行为、态度和价值观,幼儿园的一切活动都可视为课程。学前教育工作者深度解读《规程》精神后,又再次展开课程改革试点工作,除了综合主题教育课程外,还拓展了活动教育课程、发展性课程、游戏课程、情感课程等。但是这些改革方案并不成熟,最后都没有得到广泛推广。

直到2001年,国家教育部颁布了《纲要》,正式对幼儿教育、幼儿园课程进行宏观指导,规定幼儿园教育总目标、教育内容和实施原则,要求地方政府制定指导意见,由幼儿园确定自己的课程。《纲要》规定,幼儿园要"全面落实《规程》的保育目标,促进幼儿在体、智、德、美诸方面全面发展,为幼儿一生可持续发展奠定良好的素质基础。幼儿园应创设与教育相适宜的环境,让幼儿在与教师、同伴等共同生活的过程中,通过积极主动的游戏、活动,获得身心的和谐发展。幼儿园应与家庭、社区密切合作,与小学相互衔

---

① 朱家雄.幼儿园课程[M].第二版.上海:华东师范大学出版社,2011.

接和配合,综合利用各种教育资源,共同为幼儿的发展创设良好的环境。尊重幼儿、正面教育、面向全体、重视差异,促进每一个幼儿在原有水平上富有个性地发展。"《纲要》以"健康、语言、社会、科学、艺术"五个领域的内容划分为例,阐述了课程目标、内容、要求以及指导要点。

当课程的主体从教师转向儿童,教师就成为儿童的支持者、合作者和引导者,那么课程的内容和管理的标准化即转化为课程内容开发的自主化和多元化。

2012年,教育部颁布《指南》,进一步继承了《纲要》的目标理念,并在相对微观的层面上提出了对不同年龄儿童的合理期望和教育建议,同时,在"说明"部分提出"要珍视游戏和生活的独特价值"。在课程改革过程中,能否以游戏为基本活动,让幼儿在游戏中愉快、自主地学习,已成为衡量学前教育改革实践质量的重要标准。

现阶段,为了全面提升学前教育质量,更好地促进儿童全面发展,围绕《指南》精神,全国各地都在积极推动幼儿园课程改革,多个省份从行政层面出台关于幼儿园课程改革和发展的相关政策,通过课程改革全面提升学前教育质量。

(二)我国幼儿园课程改革的发展态势

21世纪以来,幼儿园课程迎来了改革最频繁的时期,每一次课程改革都是为了消除不利于课程发展的消极因素,建构更合理的课程方案,以更好地促进儿童发展。当然,在改革过程中也有一些问题一直是幼儿教育界关注的热点和难点。

1.现状梳理

目前,《指南》和《纲要》的学习和落实一定程度上改变了教师的儿童观和教育观。在课程改革中,课程设计紧紧抓住儿童的身心发展特点和学习规律,对儿童活动过程的研究和探索得到不断重视和加强,幼儿园教育活动类型日益多样化,幼儿园教育环境已发生重大变化,幼儿园的课程适宜性正在不断提升。但是课程改革取得显著成绩的同时,也存在一些问题,下面以高新区(滨江)(下称滨江区)学前教育幼儿园课程调查结果为例做浅显的分析。

案例二 滨江区学前教育幼儿园课程调查情况分析

一、优势分析

滨江区始终以"科教兴区"为基本战略,切实优化教育发展环境,不断加大教育投入力度,大力改善教育教学条件,教育事业在总量扩张、质量提高、结构优化和效益提升等方面成效显著。近年来,滨江区重点推进智慧教育和教育国际化,深入实施"课改"工作,为幼儿园课程改革提供了良好土壤。

二、基本情况

滨江区共有幼儿园 60 所,其中公办园 48 所,民办园 12 所(4 所为高品质幼儿园),园龄都较短。辖区内共有省一级幼儿园 7 所,二级幼儿园 46 所,三级幼儿园 7 所。整体上,呈现出以优质公办园为主、高品质民办园为补充的格局。

全区共有幼儿园教师 1424 名,教师队伍比较年轻,6 年以下教龄的教师占比 57%。有研究生和本科学历的教师比例较高,达 73.5%,他们理论功底扎实,为打造区域高水平的学前教育及开启新一轮幼儿教育课程改革征程奠定了良好基础。

三、面临的挑战

为更好地了解滨江区幼儿园课程实施的现状、问题、困难和需求,为区域幼儿园课程的规范和实施、教育质量的提升等提供依据,22 所公办园的园长、576 名教师、2441 名家长参加了课程实施情况问卷调查,结果分析如下。

1. 园长的课程领导能力有待加强

园长的课程观需要进一步树立。认为课程是教材和教学活动计划的园长约占 50%,说明约一半的园长课程观不清。园长课程观不清会严重影响园本课程的定位及实施。受办园历史、文化底蕴、发展背景等综合因素影响,各园的园本课程定位不够清晰,各园未对园本课程发展的背景、已有资源及开发课程的目标定位进行全面、深入的分析。

2. 教师的课程开发能力有待加强

教师的课程观也需要进一步培养。认为课程是教材和教学活动计划的教师也占近 50%,说明将近一半的教师课程观不清。教师开发课程的专业能力欠缺,绝大部分教师都认为自己缺乏园本课程开发主题选择、园本课程设计与实施、园本课程资源开发和利用等方面的能力,教师对课程开发的信心不足。

3. 家长对课程的需求及期望值较高

83% 的家长期待幼儿园园本课程的建设以培养幼儿的良好品质或与人交往的能力为目标;91.7% 的家长对园本课程的理解是幼儿的一日生

活或游戏。由此可见,家长的课程观相对一致,且对园所的发展期待较高。

4.各园的课程建设情况不够理想

目前没有一所幼儿园有完整的园本课程,都以改编审定课程为主。虽然所有幼儿园都有区级特色项目课程,但还不够完善,需要进一步优化。而且,58.3%的幼儿园园区是近三年开始投入使用的,这些园区60%以上是新教师,缺乏课程开发能力。

各幼儿园存在的共性问题:①园本课程的概念和定位不够清晰;②课程目标不知如何准确、清晰定位;③课程内容资源不知如何选择;④课程资源库不知如何有效建构;⑤教师对园本课程的理解和执行能力有限。

对课程建设提出以下需求:①提高园长自身的课程领导力;②提高教师的课程执行力;③教育局给予大力支持;④建立课程专家的长效指导机制。

2.发展趋势

针对幼儿园课程形态的多样化与多元化,国外学者进行了大量研究,形成了丰富的研究成果,如新兴的世界知名幼儿园课程:意大利的瑞吉欧课程、美国的高瞻课程、澳大利亚的现代教育方案、比利时的体验教育课程等。① 国内也出现了多元智能课程、方案教学课程、活动课程、园本课程、综合课程、发展适宜性课程、潜在课程、研究性课程等。国内关于幼儿园课程形态的研究形成了从城市扩展到农村,从探索正规课程扩展到探索非正规课程的趋势②。

我国幼儿园课程改革形成丰富理论研究成果的同时,在改革实践中依循"实践—认识—再实践—再认识"的路径,因地制宜、因势利导,大力推进了幼儿园课程的改革实践。幼儿园课程研究发展依次经历了涌现期、平稳期、深化期。

(1)涌现期:2003—2007年

该时期幼儿园课程研究热点主题不断涌现,主要是集中对国外幼儿园课程理论成果进行了翻译和引进,并努力构建本土化的幼儿园课程理论。

---

① 李召存.儿童形象的政策建构——基于学前课程指南的国际比较[J].全球教育展望,2013(6):39-47.

② 蔡红梅.20世纪我国幼儿园课程改革的历史回顾[J].南京晓庄学院学报,2005,21(2):71-74.

(2)平稳期:2008—2012 年

在全面实施课程改革的过程中,对幼儿教育理念、幼儿教师专业发展、幼儿成长等提出新要求。"课程整合""课程资源""幼儿为本"成为幼儿园课程研究的热点问题。课程研究开始关注微观层面和深层次的问题,对国外课程研究的批判能力逐渐增强,出现了一些具有建设性的研究成果。

(3)深化期:2013 年以来

幼儿园课程研究进入关注"农村地区""少数民族地区"以及"生活化""游戏化"的深化期。在研究内容上,理论与实践并重;在研究对象上,关注农村和少数民族地区;在研究方法上,从理论研究转向实证研究。

总体而言,十几年来,我国幼儿课程研究在演进趋势上呈现"纵深发展"和"横向互动"两大脉络。所谓"纵深发展",是随着《纲要》和《指南》的颁布实施以及课程改革的推进,由关注幼儿园课程的理论基础、内涵、特点、体系结构等一般性问题,发展到关注幼儿园课程与社会文化的互动、幼儿园课程改革实践、幼儿园课程的重构等深层次问题。所谓"横向互动",是既有对国外成果的兼容并蓄、批判反思,又有对国内传统的继承发展、自我更新,还增加了对农村、少数民族地区幼儿园课程的研究。

根据统计,"课程游戏化"是一个较为前沿的主题词,这说明随着社会发展和教育环境的变化,作为"行为存在"意义上的游戏已逐渐不适应新时代幼儿园课程的需求,要珍视"精神存在"意义上的游戏精神价值,建设"充满游戏精神——自由、自主、创造和愉悦"的幼儿园课程势在必行。

课程改革的实质是文化解构和建构的过程。我国近百年的幼儿园课程改革史给我们留下一个深刻启示,即"吸收外来、不忘本来、面向未来"。"当今幼儿园课程改革中面临文化缺失的危机。幼儿园课程改革需要以传统文化为生长点进行文化创新;在多元文化的融合中产生文化自觉感;在文化超越中进行意义重构,提升课程的文化价值,激发课程活力。"①由此,我国幼儿园课程改革不仅要吸收宝贵的历史经验,而且要着眼于幼儿园课程的游戏化、生活化、本土化研究,不断创新发展,彰显文化自信。

---

① 徐雁.论幼儿园课程改革的文化处境[J].湖南师范大学教育科学学报,2015(6):97-101.

第二章　深度解读：课程园本化的新走向

核心导读：

　　随着我国学前教育改革不断推进，政府陆续出台课程改革的相关政策，幼儿园在开设课程方面也有了更多的自主权和决策权，课程园本化趋势日益凸显。课程园本化以幼儿园、幼儿为本，因地制宜地对原有教材采取适当重组或创新的方式进行课程的开发，在实践中不断精细调整，最终形成一套比较完善的、适合本园幼儿发展的幼儿园课程体系。它不断提高幼儿园教学质量，也促进幼儿园特色的发展。所以，课程园本化是学前教育改革的一个重要方向，并具有极其重要的意义。

第一节　园本课程的定义与开发

一、概念解读

　　园本课程是借鉴校本课程一词而来。校本课程是指以学校为基地开发出来的课程。学前教育受校本课程开发的影响，开始借鉴校本课程而使用"园本课程"这一术语。近几年，对园本课程概念的研究有很多，研究者从各种角度对园本课程进行了界定。

　　从课程性质的角度而言，园本课程是幼儿园按照国家与地方的基本政策进行课程选择、重组与整合而形成的适合幼儿园特点的个性化课程体系。虞永平认为，园本课程是指以幼儿园之"本"为基础的课程或是在幼儿园之"本"的基础上建立起来的课程，是指在幼儿园的现实根基之上"生长"起来的、与幼儿园资源条件相一致的课程。它是相对于普适性课程而言的，是以某一所幼儿园为基点建立的课程，虽然可能适用于基础相同的一些幼儿园，但它首先适用于这一所幼儿园。① 也就是说,园本课程是普适性课程形成的基础和参照。也有研究者认为,所谓园本课程是指以幼儿园为本,以本园幼儿的发展状况、现实需要、生长环境为核心,整合幼儿园、社区的各种资源而设计的课程。它相对于国家课程来说,更关注幼儿的个性差异,更注重教师的积极参与,更多地考虑影响幼儿成长的社区环境、人文环境。②

从课程关系的角度而言,园本课程既是幼儿园课程的派生物,又是幼儿园课程的延伸与发展。园本课程的个性化特征不能脱离幼儿园课程的本质特征。幼儿园课程园本化是指幼儿园组织及成员根据国家或地方关于幼儿园教育的精神与幼儿园自身发展的实际需要,充分利用园内外的各种教育资源所进行的课程选择、课程生成、课程重组的相关研究与管理过程。③ 教师在园本课程开发中起重要作用,虽然教师是课程开发的具体执行者和决策者,但是园本课程的开发不能局限于教师本位的课程开发。教师本位课程可以理解为教师根据自己的经验编写的教材或设计的活动,其结果具有单一性、封闭性,且不连贯、不均衡。园本课程的开发实质上是一个以幼儿园为基地进行课程开发的开放、民主的决策过程,即园长、教师、学者专家、幼儿、家长和社区人士共同参与的幼儿园课程计划的制订、实施和评价过程。在园本课程开发的过程中,教师应当是参与性的,而最终的决策应当由所有参与的主体共同决定。

综上所述,笔者将园本课程界定如下:幼儿园为达成教育目标,以幼儿园为主体,由与幼儿园教育相关的人员(如教师、行政人员、保育员、家长与幼儿等)参加,为提升幼儿园的教育品质所开发的个性化的课程。

二、历史沿革

在我国,园本课程概念的提出及相关理论研究虽然只有短暂的几年历史,但关于园本课程开发的实践却早就有了。表 2-1 展示了我国园本课程的发展历程。

---

① 虞永平.试论园本课程的建设[J].早期教育(上半月版),2001(15):4-6.
② 夏子.对园本课程的理论认识[J].教育导刊(下半月版),2003(7):9-11.
③ 上海市教委教研室.幼儿园课程园本化理论与实践的研究[M].上海:上海教育出版社,2004:27.

表 2-1　我国幼儿园园本课程发展历程

时　间	主要人物	幼儿园课程
20 世纪 20—30 年代	陈鹤琴、陶行知、陆秀	单元中心制课程
20 世纪 80 年代	赵寄石、郝和平	综合主题课程 活动教育课程
20 世纪 90 年代	冯晓霞、石筠弢、倪敏	单元教育课程、完整课程、游戏课程、 田野课程、生存课程、生态式课程等
21 世纪以来	虞永平、朱家雄、王春燕	课程游戏化 课程园本化 地方课程与园本课程并存

（一）园本课程开发的初期探索（20 世纪 20—30 年代）

20 世纪 20—30 年代，国内的幼儿园课程基本照搬国外的课程模式。面对当时课程外国化、宗教化、富贵化的倾向，陈鹤琴、陶行知等幼儿教育家通过一系列实验和研究，探索出了适合中国儿童发展的幼儿园课程与教学模式。陈鹤琴先生从 1923 年创办南京鼓楼幼儿园开始，就开展了全面的幼儿园课程实验研究，尤其是通过从 1925 年开始的三个不同的课程试验期：散漫期、伦理组织期、设计组织期，形成了著名的"单元中心制课程"，成为当时幼儿园的主要课程。1927 年，陶行知先生在南京燕子矶创办了国内第一所乡村幼儿园，次年开始了课程编定的实验研究，重点研究了怎样编制幼儿园的生活进程、如何选择幼儿园的生活材料等课题。燕子矶幼儿园的课程实验有两大特点：一是以"生活进程"代替课程；二是从乡村儿童的生活实际出发来编定课程，充分反映了当时中国乡村幼儿园的课程特点。另外，陆秀在成都实验幼儿园对幼儿园的常识、说话、游戏以及团体活动与自由活动等开展了实验研究，形成了比较独特的课程模式。总体而言，这一时期国内开展的幼儿园课程实验，初衷虽然不在开发园本课程，但其精神与现在的园本课程开发的理论却是相吻合的，实验成果也深刻地影响着当今的幼儿园园本课程，为我国园本课程开发的理论与实践奠定了深厚而良好的基础。

（二）园本课程开发的发展阶段（20 世纪 80 年代至今）

20 世纪 80 年代以来，幼儿园课程改革成为我国幼儿教育改革的核心。幼儿园课程改革和园本课程的开发与构建是联系在一起的，也就是说，园本课程的开发研究其实早就开始了，只不过"园本课程"这个术语还没有被正式提出。例如，20 世纪 80 年代中期，南京市实验幼儿园在赵寄石指导下开展了"综合主题课程"研究,南京市鼓楼幼儿园在郝和平等指导下开展了"活动教育课程"研究;20 世纪 90 年代出现了单元教育课程、完整课程、游戏课程、田野课程、生存课程、生态式课程等。幼儿园从单纯的课程实施者向课程开发者转变,园本课程开发取得较大的发展。进入 21 世纪后,国家明确提出实行国家课程、地方课程与校(园)本课程三级体制,我国幼儿园的园本课程开发逐渐走向科学化和全面化。

三、开发与实施

园本课程的开发基于幼儿园的现实情况,由园长、教师、课程专家、幼儿、家长和社区人士等共同参与。园本课程的开发是以当地文化、社区和幼儿园的实际情况为基准的,这一理论为教师参与园本课程开发提供了理论基础。

(一)园本课程研发类型

幼儿园课程是幼儿教育中最为繁难、最为复杂的事情之一,它是将幼儿教育理念转化为幼儿园教育实践的桥梁,是关于教育目标、内容、方法和评价的一个系统。它不是随意的课程内容拼凑,也不能随心所欲地开发和设计,更不会一蹴而就。它是在科学、正确的教育理念统领下,充分发掘、利用各种资源,通过对教材内容进行选择、改编、整合、生成,逐渐发展成适合本幼儿园的课程。园本课程研发类型主要有以下三种。

1.教材改编型

园本课程研发可以对自主选择的现成课程从目标、内容、组织与评价等各方面进行全面改编、整合、补充与拓展。滨江区幼儿园有四套教材可以选用:《幼儿园课程指导》《幼儿园完整儿童活动课程》《游戏发展成长课程》《幼儿园体验式学习与发展课程》,每套教材都有各自的优势和不足,幼儿园可以根据自身实际情况选择一套为蓝本,并结合《幼儿园教育指导纲要(试行)》《3～6 岁儿童学习与发展指南》精神进行改编。从幼儿实际情况出发,幼儿园要重视引导教师对教材进行适当改编,以更好地促进幼儿发展。

案例　中班"品味家乡"主题活动

中班"品味家乡"主题活动来源于"游戏·发展·成长"课程,课程中提供的是面向全省幼儿园的大一统主题方案。如何基于幼儿所处的地域,依托地域历史文化资源因地制宜地实施"品味家乡"主题活动?可以从以下几方面考虑。

1.从儿童的视角辨析主题价值

首先要遵循课程主题序列的内在逻辑关系。每个主题都有内在的联系,"游戏·发展·成长"课程的内在联系是"与境玩、与物玩、与人玩",是根据儿童的发展规律而预设的脉络。除了思考课程本身的逻辑关系,还需要结合《纲要》和《指南》目标,让教师的预设、思考有理有据。再者就是梳理家乡优势资源,夯实课程,采用家长网络问卷、实地调研、查阅档案文献、教师走访等方式梳理家乡可供利用的资源,通过浸润、体验、实践的方式体现课程的直接价值。

2.链接儿童的经验,审议预设主题

首先,收集儿童主题前经验,触摸新的生长点,本案例主要通过亲子调查表、与儿童谈话及教师观察分析班级儿童获得。"品味家乡"的主题非常具体,主题资源丰富,家乡的一切都是生活中可见、可闻、可知、可赏的,儿童可置身于熟悉的情境中实地观察、亲身体验、亲自操作。其次,链接已有经验,审定主题目标,厘清儿童经验发展价值,然后进行价值审定,确立合理的、切实可行的"品味家乡"主题目标,积累和提升儿童对家乡的经验。接着,围绕目标分析子主题板块,推进架构内在逻辑线。最后,厘清子主题下教学内容的纵深推进线。主题确定后,对子主题下的教学展开一览表进行审议,理解原教材的真实设计意图,理清主题的行进线索,把握主题的脉络和走向。基于儿童的已有经验、家乡资源,预测儿童可能的兴趣、需要,对原主题下的教学活动进行调整,预设主题脉络。

3.梳理课程园本化实施策略

教材犹如一个素材库,提供了可供选择的众多素材,在"品味家乡"主题活动中,基于儿童的视角,对教材的取舍提炼了一些策略,主要有以下几种。

(1)增减——关联主题目标

增减就是增加和删减,教学活动增减的依据是主题目标,保留与主题目标紧密相关的活动,反之则删减。如《静夜思》主要是表达诗人的思乡情,和整个主题目标和脉络关联不大,就进行了删减。而《西兴灯笼》是西兴的文化标志,有助于增进儿童对家乡文化的经验获得,就予以增加。

（2）调序——聚焦逻辑关系

调序就是对活动重新进行排序。调整的依据是活动之间的逻辑关系,如主题脉络线是"感知体验→探究发现→表达表现",那么"对称的房子"这个活动要在"画画老房子"这个活动前面,儿童探究发现房子是对称的,在画画的时候才会表现出来。

（3）拆分——匹配组织形式

拆分是将一个完整的活动进行分解,给活动"瘦身",将部分环节或内容拆分出来匹配适宜的活动组织形式。拆分的依据是活动容量是否过大、组织形式是否合适、与儿童的接受能力是否匹配等。如"家乡的桥"活动第三环节为"设计自己心中的桥",让儿童自主建构一座桥。审议后,将这一环节拆分,调整为建构游戏更合适。

（4）置换——链接优势资源

置换是指聚焦主题目标和社区优势资源,将教材中的内容置换成儿童可体验、有生活经验的熟悉内容。如茶叶虽然是杭州特产,但儿童对茶叶感知少,且西兴没有茶叶种植基地。而西兴的祖名豆腐干和老街上的豆腐作坊却在儿童的生活经验中,这两个资源都可以去体验,故置换。

（5）补白——补位儿童经验

在儿童经验链的建构中,若某个经验缺失,则会导致后续活动无法开展。补白是指教师及时捕捉这种缺失,把握儿童最近发展区,搭建"脚手架"补上这种缺失,促进儿童稳步前进。如"家乡的招牌菜",对儿童来说,前经验缺少,教师发现后发起家园互动,促使亲子一起参观杭帮菜博物馆,补位儿童经验。

（6）优化——对话研读设计

教师在精读教材、深刻领会编写者的意图后,加入自己的理性思考,结合儿童的兴趣需要、已有经验、能力水平、课程资源,辩证地实践落实,了解怎么教的同时想想儿童怎么学,在原教材的基础上进行优化调整。如对"美食串烧歌"研读处理后,优化儿歌素材。

（7）延展——多维支持探究

教师在推进预设主题时,会思考儿童经验链的组成,如哪些经验可拓展到前期谈话中,哪些经验可在游戏中延伸,哪些探究与体验可通过家园互动完成或拓展到社区空间中完成,多渠道鼓励儿童的探究、发现、操作、表达。如"家乡的宝贝"活动就是延展到游戏中完成。

(8)生成——追随儿童需要

教师在预设活动中提出问题,引起儿童争论,这样教师就可以进一步了解儿童的兴趣点在哪里,了解儿童的生成点在哪里。当然教师要判断这个兴趣点是不是大部分儿童都有,是否符合他们的现有认知水平,是否有助于他们的发展。教师依据分析,即时即景地迅速做出反应,大部分儿童有兴趣又符合发展需要,就生成活动,个别儿童有兴趣的话就开展个别化学习。如儿童对官河上的桥很感兴趣,第二次实践活动时就带上画板进行了写生活动。

以上案例说明不管基于哪套教材的改编,都应以本园的实际出发,以提升幼儿的经验为目标,在实践中不断完善园本课程内容。

2.教材整合型

根据课程整合的出发点,一般分为三种形式。第一,学科本位的课程整合,也称领域的整合,其根据教材中各学科领域知识的关联程度,可以分为学科(领域)主题整合与学科关系整合,通过学科(领域)的课程整合凸显学科的特色,并且实现教育效益的最大化。第二,儿童本位的课程整合,以儿童现实的直接经验、兴趣需要和动机、心理发展水平为核心,以促进儿童的经验增长和人格发展为最终目的,可分为"主题学习"与"综合活动"两大形式。第三,社会本位的课程整合,以儿童的社会生活经验为中心,以解决问题为目的开展探索型主题活动,通过教师与儿童的互动以及儿童之间的互动合作来共同完成学习任务,体现儿童的主体性,实现儿童实践能力和创造力的全面发展。

目前,幼儿园课程开发还存在一些问题,例如课程的整合往往以学科为本位,成了各学科的大拼盘。在园本课程开发中,我们应该以儿童本位的课程整合为主。

3.拓展研发型

园本课程开发可以涉及整个幼儿园课程体系的研发创新,根据幼儿园已有的资源、幼儿特点、本土文化等研发新的教学内容。但相应地,难度也是比较大的,需要幼儿园具备良好的经济基础以及雄厚的师资力量等,以适应不同幼儿的个性发展需求。

在课程开发过程中,幼儿园可以根据自身情况对以上三种研发策略进行比例分配,前两种共占 70%~80%,第三种占 20%~30%。

(二)园本课程师资研修

1.师资资源

园本课程的开发与实践离不开一支具有较高素质的教师队伍。正如皮亚杰所提到的:"有关教育与教学的问题中,没有一个问题不总是与师资培养问题有联系的。如果得不到足够数量的合格教师,任何使人钦佩的改革也势必要在实践中失败。"可以说,培养大量的个性突出的、具有较高素质的教师是园本课程开发与实践的重要前提,一支具有敬业精神与专业知识技能的师资队伍是园本课程开发与实践取得成功的重要因素。国内有学者认为,特色学校与特色教师之间是一种动态性的关系,二者相互依存、相互促进,教师没有特色,形成的园本课程也很难有特色。在园本课程的开发与实践中,幼儿园要重视特色教师培养计划的制订,为教师创设一个宽松的成长环境,挖掘他们的闪光点,总结并不断完善已有的教学经验,让优良的教育传统得以延续和发展,同时注重特色教师群体队伍的建设,充分发挥特色教师群体的力量。

教师参与园本课程开发已经成为一种基本的理念。同时,教师又是课程实施的执行者,园本课程的开发与实践,离不开一线教师对课程的介入、参与与决策。幼儿园课程是幼儿教育中最重要、最繁难的问题,没有一支高素质的教师队伍,园本课程的开发与实施的艰难程度是可想而知的。

2.教师执行力

园本课程开发实施过程中,教师的执行力也非常重要。园本课程的目标是否达到,课程的价值是否得以发挥,主要取决于教师对园本课程的实施是否到位。所以,幼儿园要重视丰富教师的相关理论,提升其课程开发能力,通过一些分享活动,鼓励、加强教师之间的合作,形成紧密合作的团队,确保课程开发与实施质量。

四、时代走向

我国的课程改革正在从分科教学逐步走向综合主题课程,课程不是一种固定的框架,而是一个持续发展的动态流程。[①] 伴随着改革的进程,我们越来越清晰地看到,园本课程的建设基于本土文化核心价值的传承与创新,

---

① 虞永平.学前课程与幸福童年[M].北京:教育科学出版社,2012:138,258.

这是新时代背景下主要的改革方向。

(一)园本课程的特点

园本课程是基于幼儿园资源、文化、师生特点等建构的课程,园本课程既反映了幼儿园自身特色,也体现了幼儿园本身的主体性角色,它的本质和特性体现在以下三方面。

1.彰显园本化的个性

新时代教育背景下,幼儿园必须重视特色化课程体系建设,虽然园本课程不能等同于园本特色,但能够在一定程度上彰显幼儿园教学的特色,从而让教育效果更加显著。我国国家课程往往采用"研究—开发—推广"的专家研发模式,注重全国性课程计划和标准化课程方案的建构,对于各地的幼儿园情况无法顾及,容易出现"千园一面"的现象。现今大部分幼儿园都在使用审定的教材,由于教师自身的专业能力、工作精力有限等原因,很少有教师会在日常教学活动中根据本班幼儿实际情况对活动内容进行调整,更多是照搬教材或简化活动内容,对幼儿发展的助推力明显不足,也一定程度上出现多节课一个模式的结果。例如"我是中国娃"主题,这个主题侧重于幼儿的德育教育和爱国情感体验,更多是通过欣赏文学作品、观看录像、谈话、讨论、讲故事等形式来帮助幼儿了解"中国传统节日""中国之最""中国名胜古迹""少数民族"等,这样"统一"的教学活动方式,让幼儿缺少与真正的环境、资源的互动,没有亲身体验和直接感知,感受和理解变得不够深刻,很难产生情感共鸣,从而让活动变得枯燥乏味。而园本课程是幼儿园以自己为主体,根据本地区、本园以及幼儿的特点和需要积极开发的多样化的、富有特色的课程,不仅能够促进幼儿对课程资源更加透彻、全面地掌握,同时对于彰显幼儿园的教育特色、提高教育影响力也具有重要的意义。

2.行使课程的自主性

园本课程是社会文化的一个重要组成部分,其基本价值取向和课程概念受到国家政治、经济、文化、社会等因素的深远影响。一些幼儿园没有及时追随时代的步伐,不愿主动摆脱单一的课程模式,未能考虑到当代幼儿的发展需要,依旧坚守陈旧的课程观,机械地执行国家课程;而另一些幼儿园则一味功利性地迎合市场,过分重视课程的使用价值,使得课程带有明显的功利倾向。随着课程改革的大力推进,幼儿园对课程建设有了更大的自主权。现今我国幼儿园实行的是三级课程管理体制,首先是国家教育行政部门颁布的《幼儿园教育指导纲要(试行)》(简称《纲要》),规定了总的教育目标、教育内容领域和实施原则,再由各地教育行政部门制定执行《纲要》的具体指导意见,而幼儿园则依据《纲要》和地方教育行政部门的具体指导意见,自行决定本园的具体课程和教学方法。这赋予了地方、幼儿园更多的课程决策权,使幼儿园拥有课程开发的权力。同时,园本课程在实施时,包含了课程选择、改编、整合、补充、拓展以及新编等活动,也无一不体现幼儿园自身的主体性。园本课程的开发场所是幼儿园,并由幼儿教师开发和实施,能从根本上解决课程开发与实施不一致的现象,缩小课程目标与实施效果之间的距离,更好地实现课程设置的理想目标。也就是说,我国幼儿园课程的权利主体和开发主体都是幼儿园,即以幼儿园为"本"。这是教育民主的必然结果,只有幼儿园拥有课程行使的自主权,才可能有真正的园本课程产生。

因此,幼儿园要注意行使课程自主性,主动行使课程的自主权力,除了要以《纲要》等为指导思想和基础,对其进行正确的解读并付诸实践,同时要在复杂的市场化环境中努力坚守科学、正确的课程观,从本园实际情况出发,对园本课程进行更加理性的思考。

3.充满活力的生成性

园本课程充分考虑到幼儿的兴趣和需要,能够不断地、最大限度地回应幼儿的各种需求,它结合社区和幼儿园环境,充分体现了"课程创设环境、环境生成课程"的理念,充满活力。园本课程也不只意味着一个课程方案,它还是一个逐步建设、完善的过程,当幼儿园的现状、环境随着课程的研究不断变化时,幼儿园课程也必须紧跟其步伐,让课程自身的特色不断彰显、日渐鲜明,使园本课程真正适用于本园幼儿的发展,使幼儿园拥有立足之本。所以,园本课程不是外来的课程,而应该是在幼儿园内部逐渐生长起来的课程,这种内部生长性充分表明了其生成性与动态性的特征。

(二)园本课程的功能

园本课程的根本功能是育人,这种育人功能表现为培养富有个性、全面且主动发展的幼儿的功能,也表现为塑造研究型教师的功能、造就专家型教师的功能,同时还具有彰显幼儿园特色的功能以及对幼儿园和社会的统合功能。此外,它还具有激励和评价参与园本课程开发的个体或群体的功能。主要体现在以下几个方面。

1.促进幼儿和谐发展

幼儿园课程的终极目标是有效地促进幼儿的和谐发展,要想真正达到这个目标,必须注重对特定幼儿园、特定班级与特定幼儿的关注。而园本课程的价值在于尊重幼儿发展的一般规律,从本园以及幼儿的实际出发,确定课程目标、选择课程内容、组织适宜的活动,使课程适合本园幼儿的发展,具有针对性。因此,从一定意义上来说,园本课程是幼儿和谐发展的保证。

2.促进教师专业成长

幼儿教师的敬业精神、专业知识技能是影响园本课程开发的重要因素,同时,园本课程的开发与建设也能促进幼儿教师形成良好的素养。幼儿教师不仅是课程的实施者,还是课程的决策者、研究者以及开发者。园本课程的成败与质量高低取决于教师队伍素养的高低。教师在参与探究园本课程的过程中,会面临专业知识、技能、修养等方面的挑战,而正是在应对这些挑战的过程中,教师获得了专业成长和自信。国内已有研究表明,园本课程开发给教师专业发展带来了诸多变化,主要体现在态度、内在需要、观念、反思、教育教学行为等方面。可以说,园本课程有助于教师反思他们的教学科研意识和能力,帮助他们更新教育观念,促进其创新能力的提高。

3.丰富课程理论资源

与普适性课程相比,园本课程的研究与开发更多元化,研究背景更为复杂。课程建设目的多样、实践基础各异、园所文化不同、办园理念有别、课程参与者广泛等,导致了园本课程研究与开发呈现出多样化的态势,进而引发多种问题解决方式,产生多样化的理论与实践研究成果。因此,园本课程研究与开发能引发幼儿园课程理论与实践的新突破,同时大大丰富幼儿园课程的理论资源。

第二节　园本课程的现实困境

教师在探索、建设园本课程的过程中,还存在着认识误区,如不少教师将"编制教材""特色课程"等同于园本课程的开发;同时,又存在着师资专业化水平偏低、对园本课程认识不足、脱离本园与本班实际、盲目照抄照搬、课程资源匮乏、主题特色不突出等问题。

一、园本课程自身问题

当今,不少幼儿教育工作者认为幼儿教育课程改革就是开发"园本课程",误认为这是将正确的教育理念转化为幼儿园教育实践的最佳途径。因此,有些幼儿园在没有了解园本课程本质的情况下,就开始大张旗鼓地开发园本课程,往往"劳民伤财",出现一系列问题。

(一)园本课程开发存在问题

园本课程的建设是一个漫长的过程,同时是一项严肃而科学的工作。开发者必须了解园本课程的实质,了解园本课程开发条件和相关知识。以下是开发者需要规避的几个问题。

1.把园本课程开发等同于教材编写

有些地方衡量课程建设和改革水平的成绩就是看幼儿园是否有出教材,是否有独立的课程。幼儿园开发教材成了园本课程开发的结果。这是对园本课程开发理解不到位所犯的低级错误。当今,人们对于课程的理解已截然不同,课程不再只是文本的教材,也不再只是一种知识传送,课程已成为教师、儿童、环境、材料、家园之间连续交互作用的动态的完整"文化链"。幼儿园的课程理念、课程目标、课程计划、课程内容、活动设计等资料,教师实施课程过程中的观察记录、教育故事,家长的书面意见和建议,各种活动评比结果,教师的工作总结等,都是幼儿园课程资料的重要组成部分。课程文本开发与组织实施是在研修与反思中积累与提升的。因此,衡量幼儿园园本课程开发的质量高低,并不只是看出版多少和课程相关的书和刊物,而是看课程实践的成效,看园本课程是否有利于幼儿发展,是否充分利用了各种课程资源,是否有助于教师的成长和幼儿园教育教学质量的提升。

2.把园本课程开发等同于创建特色幼儿园

滨江区学前教育管理中心针对教师对园本课程开发的认识做了调查,调查中对于"您认为下述哪些属于园本课程开发?"一题,选择开展特色课程的教师占35%。可见,还有许多教师把园本课程的开发和幼儿园特色课程画等号。在浦幼集团教研活动中,也有部分教师阐述了自己的观点,说幼儿园的特色就是园本课程的内容。也有教师表示:"我们的园本课程以培养幼儿的创新意识为目标,也就是科技园特色课程。"他们认为,特色课程就是培养幼儿某一方面的特长,而这些特色课程就是所谓的园本课程。

园本课程的开发不是针对某一特色来完成的,也不是简单的教材中课程内容的删减,而是在实践基础上的优化,让幼儿获得更好、更全面的和谐发展。幼儿园不需要挖空心思寻找特色,而应该在脚踏实地地全面开发园本课程的过程中自然地呈现特色。

3.把园本课程开发等同于自行其是

园本课程的开发是自主创造的过程,同时也是需要加以规范与约束的过程。这种约束来自教育科学与幼教法规,一切违背科学原理的内容和做法都必须加以约束,一切背离幼教法规精神的观念、内容都必须受到制约。因此,园本课程开发的过程,也是科学理论的作用得到发挥的过程,是国家的法规得到创造性地贯彻落实的过程。

(二)园本课程评价模式滞后

课程评价既是启动幼儿园园本课程的关键,也是延续幼儿园园本课程的最佳途径,起着导向和质量监控的重要作用。园本课程的评价并没有统一的模式,与一般的课程评价并无多大差别,所有较为成熟的评价方式都适用于园本课程。然而在具体的课程实践中,由于诸多方面的限制,园本课程评价又有其特殊性。园本课程评价不应该仅仅局限于对既定目标达成程度的描述,而是应强调诊断课程问题、厘清课程线索、改进课程不足,为课程不断发展提供源源不断的有效信息,使园本课程更符合幼儿发展的需要。也就是说,可以将形成性评价与总结性评价、质的评价与量的评价相结合。这对幼儿园来说是比较难的,需要通过不断尝试才能形成自身独特的评价体系。

二、园本课程资源问题

园本课程的研发建立在幼儿园、社区及本土文化资源之上,园本课程资源的地位也越来越高。如果园本课程资源的利用合理、有效,将大大提高园本课程的品质。

(一)政策资源有待加强

《幼儿园工作规程》指出:"幼儿园应充分利用周围的教育资源,注意幼儿的个体差异,因地制宜地组织教育活动。"《幼儿园教育指导纲要(试行)》也强调:"城乡各类幼儿园都应从实际出发,因地制宜地实施素质教育;幼儿园教育应关注个别差异,促进每个幼儿富有个性地发展;教育活动的组织与实施过程是教师创造性地开展工作的过程……"教师要根据《纲要》,从本地、本园的条件出发,结合本班幼儿的实际情况,制定切实可行的工作计划并灵活地执行。可以看出,国家教育政策、法规都提倡幼儿园课程建设应因地制宜、充分利用资源,教师应创造性地开展教育活动。这从一定程度上为园本课程的开发提供了保障,但是政府层面提出的课程改革的指导意见和具体的园本课程建设政策还是比较缺乏的。目前,浙江省教育厅仅在2017年11月发布了《关于全面推进幼儿园课程改革的指导意见》,其中明确提出主要任务:"强化'一日生活皆课程'理念,坚持以游戏为基本活动。编制园本化课程方案,完善课程结构;加强课程建设,丰富课程资源;改进课程实施,提高活动实效;深化课程评价改革,提高教育整体质量,促进师幼共同发展。"这就为浙江省各幼儿园园本课程的建设提供了明确的方向和思路。但是,这样指导性的政策文件在相对落后的地区还未出现。

(二)教师素质亟待提升

园本课程开发过程中存在教师开发能力跟不上的问题。大部分教师的教龄不足,教师队伍比较年轻,教师的理论、专业技术储备不够,缺乏相关的职前、职后培训。一直以来,幼儿园和教师只是在执行指令性的课程计划,其成长和发展都处于传统的保守僵化的气氛当中,对课程开发缺乏积极性、创造性。大部分教师不熟悉课程开发理论,不清楚如何开发园本课程,从而给幼儿园园本课程开发工作带来很大的困难。有个别教师和园长有扎实的理论功底,但是多为个人独自开发,开发的课程较少,同时也缺乏多元化的课程,不能满足幼儿多样化的需求。

(三)区域资源需要整合

园本课程的开发并不是一园所定,也并非一位园长就能完成。有效利用和合理开发资源成为优秀园本课程开发的重要因素。园本课程资源的开发不仅需要园长的协调指挥、教师的积极参与,还需要家长的积极配合、社会主动而有力的全面支持。园本课程资源的开发还应因地制宜地挖掘本土文化特色、社区有利资源、幼儿成长的人文环境等,充分挖掘一切可利用的区域资源。

(四)管理制度有待完善

园本课程的建设需要一个完善的管理制度。一个民主、开放的组织结构和一套科学、完善的管理制度可以有效促进园本课程的建设,在课程的开发过程中,教师、幼儿、家长、社区代表等可以有更多参与幼儿园课程决策的机会。然而,我国幼儿园实行园长负责制,在课程建设中往往采取自上而下的管理模式,导致园长"独裁"的观念,教师只能被动接受并按园长的思路开展课程实践,这往往阻碍了园长和教师之间的平等对话,压抑了教师的积极性和创造性,影响开放、民主氛围的营造。如果这种状况在短时间内难以消除,将严重阻碍园本课程开发。

(五)物质资源需要满足

很多地区在园本课程的开发中缺乏物质基础条件。我国各区域经济发展水平不均,教育投入也不均衡,在相对偏远的地区,教育资金投入较少。尤其是农村幼儿园,教育经费严重不足,办园环境差,甚至满足不了最低标准的教育教学设施要求。如:幼儿园空间狭小,没有足够的室内游戏场地;幼儿园硬件设施陈旧,没有各种多媒体设备;幼儿游戏的玩具、图书和教师的参考书、教具等不足。

三、园本课程实施问题

(一)教师专业水准良莠不齐

目前,园本课程开发并没有统一固定的模式,园长、教师可根据本园情况来进行具体的改编或开发。在具体的园本课程开发过程中,课程目标的确定、教学内容的选取以及对幼儿能力与发展水平的测量,要求教师除了具备较丰富的教育学、心理学等理论知识外,还必须具有一定的课程设计、课程评价方面的知识,同时具有正确的儿童观。然而,这些技能和专业知识现任教师基本上都缺乏。一般来讲,有实力的幼儿园园本课程开发基本依托园长和高校学者完成,教师的参与度非常低;有些幼儿园则直接是"拿来主义",仅将国家规定的教材做适当修改,甚至直接用国家规定的教材。总之,目前我国幼儿教师整体水平偏低,课程资源开发利用的知识与能力十分有限,缺乏课程设计、实施和评价等方面的专业知识与技术。

(二)课程实施路径单一扁平

园本课程的实施是将园本课程计划付诸实践的过程,此过程必须依托一定的形式才能得以实现,教学活动、游戏活动和生活活动则是支撑。在课程实施路径中,更多的还是以主题式集体教学为主,以游戏和其他活动为辅,比较单一。同时,实施的载体也比较贫乏,路径不够多元化,基本以一日生活中的集体教学活动为主,或者一学期一两个主题节,没有充分利用幼儿园的环境资源、各社会实践基地,家长助教资源等也没有得到充分利用。

(三)资源开发视野狭窄封闭

园本课程资源包含的范畴十分宽广,包含了物质资源和非物质资源。物质资源如幼儿园的设备和硬件材料等;非物质资源如文化、自然、人力资源等。我国著名教育家陈鹤琴先生在其教育思想中提出:"大自然、大社会,是我们的活教材。"这些活教材对幼儿的发展具有重大的作用,在生活中很多资源又是幼儿所熟悉的,能够与其原有经验产生密切的联系,可以建构幼儿的新经验,因此幼儿园应该充分利用这些资源。然而,在现实的园本课程开发中,幼儿园对资源的开发利用情况并不乐观,资源开发的视野较为狭窄封闭,大部分教师对于资源开发更多侧重于单一地整合教材而忽视了其他地域文化类的课程资源(如自然、社区、家庭、地方民俗文化资源等)对园本课程开发所产生的隐性作用,使得园本课程资源开发的主体、场所、内容都比较单一,对资源的利用未能形成一个完善的体系。

第三节　园本课程新时代走向

新时代背景下园本课程的开发与实施应"以园为本、以生为本",充分利用社区、家长资源,依托园长、专家、教师实现园本课程的顶层设计,合理选择园本课程价值,注重园本课程生活化、游戏化以及评价的多元化。

一、以儿童发展为本

《幼儿园教育指导纲要(试行)》中指出:"幼儿园教育应尊重幼儿的人格和权利,尊重幼儿身心发展的规律和学习特点,以游戏为基本活动,保教并重,关注个别差异,促进每一个幼儿富有个性地发展。"它突出了"以儿童发展为本"的基本理念,而园本课程从本质上来说是幼儿的课程,也应秉承这一理念,以幼儿充分自由、个性化的发展为最高目标,做到尊重幼儿的主体性和个体性,尊重幼儿的游戏权,让幼儿在园本课程中得到快乐、满足和挑战,促进每一个幼儿在原有水平上得到充分发展。从一定意义上来说,这是对幼儿身心潜能的释放,是对幼儿主体价值的珍视,是对幼儿个性成长的呐喊,是对教育个性化改革趋势的呼应。

二、园本课程结构化

园本课程结构化是课程价值取向的表现形式和组织方式。课程和教育活动结构化的程度决定课程和教育活动的价值取向。幼儿园课程和教育活动结构化程度高,则会注重课程的预设目标,强调教师的规定教学任务,其评价注重目标的达成程度。相反,幼儿园课程和教育活动结构化程度低,则会注重教育教学活动的过程,强调生成的学习任务,其评价注重幼儿的参与性和教师的满意度。从价值取向的角度看待幼儿园课程和教育活动，可以清楚地看到各种类型的园本课程和教育活动的本质，从而不会盲目跟随。

（一）园本课程结构化与价值取向的关系

园本课程预设架构和目标以及组织的形式等都是由教育工作者精心设计安排的，各种不同形式的园本课程和教育方式会呈现不同的效果。朱家雄教授将园本课程和教育活动的结构化程度用一张示意图表示①，如图2-1。

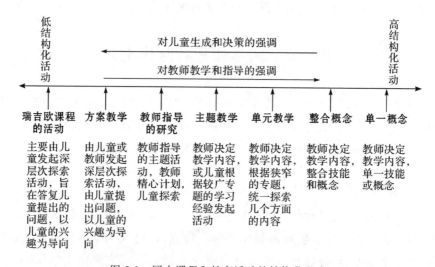

图 2-1　园本课程和教育活动的结构化程度

图2-1能反映出园本课程设计的结构化和课程的价值取向有直接的关系，并得出以下结论。

1. 在园本课程中，为教育教学设计的所有活动，其组织与实施的结构化程度的高低都能在图中找到相应的位置。

2. 一般来说，教育活动的类型、组织方式及其性质基本决定了该教育活动的结构化程度。

3. 虽然园本课程中同类型教育活动的结构化程度基本相同，但是因为组织与实施的策略不同，其结构化程度也会有所不同，可以在图中小范围内变动。

4. 园本课程教育价值取向的两个对立面，就是"过程"对"结果"、"以儿

① 朱家雄.从教学活动的结构化程度谈幼儿园课程的设计和实施[J].学前教育研究,2003(10):5-6.

童为中心"对"以教师为中心"、"儿童兴趣需要导向"对"教师计划实施导向"等,同时也是"生成"对"预设"。

(二)园本课程结构化对课程发展的作用

1.通过图 2-1 可以清楚地分析园本课程结构化程度及教育活动类型的基本性质,并审视园本课程价值取向的合理性。例如,"单一概念"位于箭头最右侧,说明了以教师为中心组织的教学活动、以教师预设教学目标为导向的高结构化教育教学活动的特征。又如,以幼儿感兴趣的话题开展的"方案教学"位于箭头左侧,则说明以幼儿为中心、教师给予支持、在互动过程中展开学习活动,是以关注活动过程为导向的低结构化教育教学活动的特征。

2.园本课程结构化便于教师在设计教学活动时能掌握教学活动性质,同时又能合理掌控结构化程度,根据实际情况做出合理的调整和改造。每一种结构化教育活动都具有固有的性质和特征,直接反映出这种教育活动的价值和优势,同时也会有一定的弊端和局限性。在具体设计和组织教学活动时,需要充分考虑此结构化程度所具有的弹性范围,如超出此范围,则难以反映教育活动本身的价值,同时还会强化其局限性和弊端。

例如,"方案教学"位于图 2-1 中连续体的左侧,若以相对位于右侧的"单元教学"的方式设计和实施"方案教学",即由教师根据狭窄的专题,让幼儿统一探索几个方面的内容,那么,这样的"方案教学"就徒有其名,并不具有"方案教学"本该具有的富有弹性的特征;若以位于右侧的"单一概念"或"整合概念"的方式设计和实施"主题教学",由教师决定教学内容,让所有的幼儿在同一时间内学习同一专题中的同一内容,那么,这样的"主题教学"就只能是一个各学科(领域)的"大拼盘"。相反,对"单一概念"或"整合概念",若主要采用让幼儿发起探索活动的方式加以设计和实施,那么,这样的活动也往往是低效的,甚至是无效的。

3.幼儿园园本课程的整体价值取向确定以后,即可比较清晰和理性地思考课程结构问题和组成该课程的教育活动类型等。

现阶段幼儿园课程主要有两种类型,一种由相似类型的集体教育活动组成,另一种由不同类型的教育活动组成。同一园本课程可以由不同类型、不同组织方式的教育活动组合而成,也就是说,园本课程既可以由若干个相似价值取向的教育活动组合而成,又可以由若干不同价值取向的教育活动组成。当园本课程整体价值取向确定后,教育活动设计和组合就成了实现课程价值取向的关键。如园本课程由相似类型的集体教育活动组成,那么很容易找到与课程价值取向一致的常见教育活动,或设计与此相近的教育活动。如园本课程由不同类型、不同组织方式的教育活动组合而成,那么作为课程成分的各种教育活动,不论他们是同种价值取向还是不同价值取向,当他们组合成课程时,其总体价值取向应该与园本课程价值取向一致。

(三)园本课程结构化与组织实施的关系

由图 2-1,可以进一步分析思考园本课程教育活动的设计、组织、实施和评价的关键点。

1.园本课程教育活动的设计首先考虑目标的制定。高结构化的教育活动目标往往比较具体,以幼儿马上可获得的行为目标为活动目标,如"让幼儿学会画一个圆""让幼儿学会唱一首歌曲"等;相反,低结构化的教育活动目标比较宽泛、简约,指向的不是某一个技能,如"幼儿对影子的变化产生好奇""幼儿感知游戏的快乐"等。从图 2-1 中可以看出,从高结构化的"单一概念"到低结构化的"方案教学",目标的制定逐渐泛化。

从上述理解可以看出,设计教育活动时要求"目标意识强、目标要层层分解、落实到每一个活动环节中",这样的做法其实是"以教师为中心、以教师教学计划为导向、注重活动结果"的高结构化活动。也就是说,目标的定位越清晰、准确,那么教育活动就越背离关注幼儿的需求、关注教育活动过程的价值取向。

2.在园本课程的教学活动设计中,教学内容的选择和组织是非常重要的工作。高结构化的教学活动,教学步骤清晰、内容详细,活动材料具体,可操作性非常强,往往是按部就班的组织方式。相反,低结构化的教学活动,教学目标宽泛、教学过程比较简单、为教师留下大量的选择权和自主的空间,教学内容开放,教学方式灵活,但是对教师的综合素质要求非常高。也就是说,从高结构化到低结构化的教学活动设计,内容的陈述也逐渐泛化,而且具有很大的选择性和生成性。

根据以上分析,我们可以看出,如果教师在设计教学活动时只追求幼儿通过某一活动达成预设的目标,就算教学活动设计、组织得很完美,也不可能真正注重幼儿的差异性、注重教学的过程。这是因为每个幼儿都是独一无二的个体,兴趣和需要各不相同,他们自身发展水平也不同,不可能通过一个活动使每一个幼儿在同一时间达成同一目标,同时又满足幼儿个体需求。反之,如果淡化教学活动预设目标,淡化高结构化的设计、组合和实施,那么每一个幼儿在同一时间、同种活动中获得的是不同的学习经验,每一个幼儿都能通过自我调节在自己原有的水平上建构符合自身需要的经验,那么,教学活动就显示出低结构化特征。

事实上,低结构化的教育教学活动无法达到知识的完整性要求,也就是说,如果严谨地考虑教学活动的知识、技能和逻辑结构,则是无法实施低结构化教学活动的。当然,在设计和实施低结构化教学活动时也需要考虑各领域之间的关系,否则低结构化教学活动可能成为快乐而无意义的活动。

3.园本课程中对教学活动的评价,可以集中反映出教学活动的价值取向。从结构化教学中可以看出评价的主观性和客观性。如高结构化的教学活动主要依据活动的具体目标达成度进行评价,评价标准具有客观性。而低结构化的教学活动则主要依据幼儿参与活动的主动性、师生间的互动性进行评价,注重每个幼儿在原有水平上的发展等,评价往往具有主观性。根据当今幼儿园教育理念,教学活动的评价将逐渐去标准化和去统一化。

幼儿园园本课程需要具有结构化的顶层设计,此顶层设计建立在园本课程整体价值取向的基础上。园本课程需要由一系列的教育教学活动组成,教育教学活动在各自的目标、内容和评价上都具有自身的独立性。如何在高结构化的主题预设中开展低结构化的教育教学活动,值得教师们探索和思考。可将多种或相似类型的教育教学活动相结合,通过多样化的组织与实施方式实现低结构化教育的最大价值。

三、园本课程生活化

园本课程生活化是教育改革的基本理念,是幼儿身心发展的内在需求,同时,也是改变幼儿教育现状的基本途径,是顺应各教育法规、指南的基本要求。生活化是园本课程的基本特点,在幼儿园教育中就要引导幼儿在生活中学习,在学习实践中生活。园本课程的建设必须基于幼儿的生活,把具有教育价值的生活内容纳入园本课程的范畴。

(一)教育生活化的相关研究

国内外教育界一直非常重视生活在人的教育过程中的作用。从 19 世纪开始,国内外学者关于生活化的教育观点就层出不穷,见表 2-2。

表 2-2　国内外关于生活化教育的主要理论

地区	学者	主要观点
国外	杜威、斯宾塞	提出"生活化本位论",首次提出生活化教育目的观。
	杜威	倡导生活化教育,传统的教育脱离了社会生活和幼儿生活,没能成为幼儿生活的需要。
	卢梭	提出"乡村自然教育论",即在乡村与大自然中获得教育和发展。
	裴斯塔洛齐	提倡职业训练,认为职业训练是提高人的工作能力和增加实际生产量的最好途径。
国内	陶行知	提出生活教育论,幼儿教育是"以生活为中心"的教育,包括"生活即教育""社会即学校""教学做合一"。
	张雪门	强调幼儿教育必须与幼儿生活紧密结合。
	陈鹤琴	提出"活教育"观点,认为大自然、大社会都是活教材;提出"活教育"的教学论,即做中学、做中教、做中求进步。

可以看出,国内外学者早已认识到生活化教育的重要性。在当前形势下,实现幼儿教育生活化要从幼儿自身的认知特点出发,增加幼儿对生活的认知和感知,让幼儿在生活体验中获得经验。同时还要充分挖掘幼儿生活中的教育资源,纳入幼儿园的课程中。

(二)课程生活化的相关研究

幼儿在幼儿园的生活应包括身心两方面。幼儿教育不只是生活照料,幼儿园的课程也不只是单纯的科学、语文、艺术等科目,而是要使课程回归到幼儿生活,进行生活化的课程教育。国内外学者都提出了课程生活化的相关理论,见表 2-3。

表 2-3　国内外关于课程生活化的主要理论

地区	学者	主要观点
国外	杜威	特别看重活动,把活动分为主动作业和游戏,认为教育即生活,教育即生长,教育即经验的改造,必须通过"做中学"的方式进行教育。
	卢梭	主张儿童在生活中学习,注重儿童生活经验和主动经验的获得。

续表

地区	学者	主要观点
国内	陈鹤琴	提出"活教育"课程论。
	张雪门	主张课程设置要关注幼儿生活。
	虞永平	认为幼儿园课程生活化是"幼儿教育回归幼儿生活"思想的具体体现。
	吴忠	认为幼儿园课程生活化的途径有开发田野课程和开发游戏课程两种,主张将生活作为课程的一部分。

幼儿园的一日生活皆是课程,园本课程正是扎根于幼儿的生活,渗透于幼儿的生活,在生活中形成,又融于生活。幼儿的成长和课程的发展一同展开,展开幼儿与生活的关联,在此过程中,幼儿才能认识生活,理解世界,理解人与生活、世界的关系,理解生活中的事和物,理解时间、空间,理解自我,理解生命,获得生活所必要的知识,启发生活所必要的智慧。也就是说,生活中的每时每刻,每一件事、每一个环节都被纳入到了园本课程中,园本课程成为生活的延续。园本课程的建设必须回归到幼儿的生活中,以幼儿的生活经验为基础,以幼儿生活的文化氛围为"教材"。

四、园本课程游戏化

游戏对幼儿教育的积极意义毋庸置疑,但在以往的教育实践中,人们常常将游戏独立于课程之外。随着幼儿园课程改革不断深入,对课程和游戏的关系的研究也不断深入,学者不仅发现游戏与课程是互为生成的关系,更是主张将游戏与课程相融合,由此提出"幼儿园课程游戏化"的理念。

国内学者对课程游戏化的理解各有不同。有学者认为,课程游戏化包含两层意思:其一,游戏是幼儿的基本活动类型,是幼儿园课程实施的形式或手段;其二,游戏作为一种童年精神的载体,应该贯穿或融入幼儿园课程的灵魂。[1] 还有学者认为,游戏化是幼儿园课程的基本特征,课程游戏化不是把幼儿园的活动都改为游戏,而是要确保在幼儿自由游戏的情况下,让游戏精神落实到一日生活的各个环节,使幼儿园课程更加生动、丰富、有趣,更加适合幼儿参与。[2]

---

[1] 丁海东.游戏的教育价值及其在幼儿园课程中的实现路径[J].学前教育研究,2006(12):32-34.
[2] 虞永平.课程游戏化的意义和实施路径[J].早期教育(教师版),2015(3):4-7.

综上,应倡导幼儿园园本课程建设遵循课程游戏化的原则,课程游戏化蕴含的"自由、自主、创造、愉悦"等精神能突出幼儿的主体性,体现"以幼儿为本"的课程观。

以游戏精神为引领的园本课程中,幼儿必定处于一种愉悦的、自主的、充满创造性的状态,游戏精神中蕴含着创造的特质,游戏者主动自愿的内部动机、游戏自由的氛围与多变的形式都和提升创造力所需要的元素在园本课程中达成了一致。游戏化课程的主题自由,专注于充分的情感体验,最能激发幼儿的创造热情,从而最有利于幼儿的自主健康发展。因此,园本课程游戏化能更好地促进幼儿的发展。

园本课程游戏化是一个全方位、多角度、有创意的过程,能促进园本课程改革与创新。园本课程游戏化的过程就是园本课程建构的过程,即通过对课程的园本化改造,让幼儿园课程更加适合幼儿,更生动、更丰富、更有趣,从而能够有效促进幼儿的个性化发展。[1]

五、课程评价多元化

园本课程的评价从一般意义上来讲与其他的课程评价差别并不大,但在具体的课程实践中,园本课程的评价又有其特殊性。从目的方面来看,园本课程开发是课程权利与责任重新分配的结果,由此,课程评价更强调发现并解决课程中存在的问题,为课程的不断发展提供源源不断的有效信息,使园本课程开发更符合幼儿发展的需要;从人员方面来看,它主张全员参与,包括园长、教师、幼儿、家长、社区人士、课程专家等,所以评价主体也更多元化,体现"以人为本"的评价机制;从内容方面来看,园本课程开发重视幼儿园教育目标、课程目标、课程方案、课程实施与评价等整体课程发展的动态历程与结果,因此评价内容也很多元,除了指向课程设计、实施及效果,还注重对幼儿的发展进行全方位的考察;从过程方面来看,园本课程开发的过程本身就是一个去粗取精、不断完善的动态过程,因而注重形成性评价与总结性评价、质的评价与量的评价相结合。

(一)评价取向

园本课程研发旨在打破传统的"自上而下"的课程管理模式,赋权于教师、幼儿等主体。因此,园本课程的评价取向更强调多元化、弹性化,其中,

---

[1] 虞永平.课程游戏化的意义和实施路径[J].早期教育(教师版),2015(3):4-7.

比较具有代表性的取向有以下两种。

1.科学实证主义

这是一种比较传统的评价取向,由泰勒经过 1934 年至 1942 年的"八年研究"确立。在科学实证主义看来,为了确保评价结果的信度和效度,必须在控制课程以外各种变量的情况下采用真正实验的方法获取"第一手"的量化数据。评估者也必须遵守职业德行,在评价过程中保持中立态度,避免带有个人的主观色彩。因此,科学实证主义评价取向趋向于将注意力集中在幼儿身上,常常把测验学习能力的得分等数据作为衡量他们优劣的依据。

2.人本主义

人本主义评价取向是一种将评估者置于工作中心的评价模式。作为整个评价过程的一部分,人本主义评价取向的评估者不赞同用直接的或客观的实验数据来衡量具有鲜活生命的、具有不同行为表现的个体,不赞同用统一的、固定的模式去测度能力各异的个体,毕竟社会现象是复杂的,具有主体性的"人"更是千差万别的,而且个体的行为表象往往是与特定的情境相连的。所以,人本主义评价取向主张评估者与实际情境的交互作用。也就是说,评估者要以参与者的身份出现,要站在课程开发者和实施者的角度审视课程计划。人本主义评价取向下,评价资料的获取也不是通过问卷、测试等量化的方式,而是依赖于对现实情境中人、事、物的观察,依赖于面对面讨论和会谈,它是一种"密集的"描绘活动,描绘了所观察的真实情境、真实事件、真实感受,它更多采用的是对实际情形的文字描述,而不是数据分析。

(二)评价内容

评价内容是课程评价的重要依据。一般而言,课程评价内容主要包括三个方面:课程设计的评价、课程实施的评价、课程效果的评价。但这并不是唯一的一套指标,在对课程评价研究的过程中,不同的学者也提出了不同的看法,相应地影响评价内容指标体系的确立。幼儿园需要根据自身的情况确定评价的内容指标体系。

(三)评价方式

1.从评价时间上划分:背景性评价、实质性评价、总结性评价

背景性评价是针对园本课程开发中幼儿园师生发展水平、需求状况,结合资源和政策等方面的信息做出综合判断。它是在课程的准备阶段进行的,作用在于诊断课程开发的相关背景,如幼儿的兴趣与需求、教师的能力

与意愿、幼儿园的现实状况、地方需求与期望、课程材料的特点与质量等，在一定程度上优先预测教育的需要，为课程的设计与发展提供适时、合理的信息。

实质性评价是为考察园本课程开发的构成部分或构成要素以及一连串的学习活动安排是否合理而进行的判断，它发生于园本课程的编制阶段，是对课程设计草案和收集到的经验数据的评估和判断，重点在于评价课程的内在特征，而非课程的使用效果。也就是说，它评价的是课程目标的合理性，课程目标与教学材料的一致性，以及内容的准确度、覆盖面和重要性等问题。

总结性评价是在课程实施之后对课程质量所做的全面判断，关注的是幼儿最终掌握课程内容的程度如何，幼儿各个方面是否都得到了一定程度的发展，从而对整个课程开发过程或具体课程方案进行"总体"评价，旨在检核课程方案的有效性和成功度。

2.从评价关注的问题上划分：内在评价、效果评价

内在评价，即对课程计划本身的评价。它关注的是课程计划的内在价值，也就是"这项课程计划的优势在哪里"。而对课程的各具体要素及其整体编排进行例行的分析则是对这一问题的最好回答。

效果评价，即对课程实施效果的评价。它重点评价的是课程计划对幼儿所产生的效果，也就是评价预先设定的课程目标是否达到以及达到的程度如何。而考察课程对幼儿所产生的影响是判断课程效果的重要依据。

以上评价类型的划分，主要是依据课程发展的时间及课程发展过程中遇到的问题来进行的。事实上，各种不同的评价方式都可以相互融合。园本课程评价需要多种类、多形式评价的有机结合，以增强评价的有效性和准确性。

六、课程管理精细化

园本课程建设是一个不断完善和进步的动态过程，并不是一成不变的。从资源开发的主体而言，它是一个广泛参与的过程，不仅需要专家参与，还需要教师、家长、社区、幼儿及社会人士共同进行课程的制定和编排。从资源的开发与利用角度而言，它又是一个需要长期进行的过程，必须时刻跟随时代的进步而变化，在原有内容的基础上，不断改进、更新、完善，以满足幼儿身心发展和社会进步的需要。园本课程的开发指向形成一个完整的园本

课程开发体系,而非仅仅开发出一项单独的课程。因此,需要一套科学、完善、精细化的课程管理制度。

课程管理的过程其实就是园本课程方案在教育活动的实践中不断进步和完善的过程。幼儿园要根据园本教育目标、教育理念,结合活动实践,不断总结园本教育经验,对不适合幼儿园发展和幼儿教育需要的内容进行删除,再结合园本课程的实践不断进行课程研究。同时,为了确保园本课程管理的科学性,教师要充分发挥主体和决策作用,根据教育目标、幼儿的兴趣和特点,编制适宜的教学内容,调整课程设置,并结合身边的可利用资源,不断丰富教育的形式和手段,提升园本课程的多样性、丰富性和可实践性。还要不断完善课程评价体系,例如,用幼儿评价(从幼儿的进步和发展表现方面来进行)、教师互评、家长意见反馈等形式,为园本课程的管理及时提供信息反馈,提高园本课程管理的有效性。

第三章 课程定位:创建优质课程新体系

核心导读:

浦沿幼儿园(以下简称浦幼)"智慧·玩创"课程的定位在于创建一个优质课程新体系,基于三个层面构建:培养现代幼儿的创造力、借力区域高新硅谷优势、提升办园品牌内在驱动。本章内容围绕这三方面展开论述。

首先从对创造力的探讨开始,阐述创造力的概念和特点。在创造力日益成为国家核心竞争力的时代背景下,推进创造力教育是一种战略选择。而幼儿期是创造力培养的关键期,幼儿园教育对此有重要的责任。进而分析了浦幼所在的高新区(滨江)(下称滨江区)具有的科技创新区位优势,在打造"三优三高"教育新格局中,创造力教育符合"国际滨"教育的期待。因地制宜地整合区内资源,能帮助浦幼找到课程独有的生长点。最后阐述了浦幼"智慧·玩创"课程不断纵深发展的过程。自2012年开园以来,"智慧·玩创"课程经历了三个阶段——萌芽期、形成期、发展期,即将走向第四个阶段——深化期。

第一节 培养现代幼儿的创造力

创造力正日益成为国家的核心竞争力,如何在教育中开发人的创造潜能则是至关重要的着眼点。幼儿期是创造力发展的关键期,幼儿园教育对此有着不可替代的作用和重要的责任。

一、创造力是未来社会的核心竞争力

创造力是人类特有的一种综合性品质。在全球化的背景下,国际竞争日趋激烈,创造力越来越成为一个国家的核心竞争力,推进创造力教育已经成为一种战略选择。很多国家都高度重视创造力教育,这是对时代需求的

顺应。创造力应当成为"核心素养"之核心。

(一)创造力是人类独有的综合性品质

创造行为一直带有神秘的色彩，现代社会对创造活动的需求更迫切。要加强对创造力的研究，需要从各个层面去认识创造力。人与动物最根本的区别是高度发达的大脑，这是创造力的物质基础。创造力的研究经历了一个演进过程，如今它的概念已经不再高不可攀，它被认为是人的普遍特点，并且是一种综合性的能力。

1.人脑是创造力的物质基础

创造是人所特有的一种极其复杂的活动。高度发达的大脑，即是人与动物最根本的区别。不同于感觉功能和体能，人的智能是动物无法比拟的。

大脑在全身体重中所占比例和智力呈现正相关关系，人的大脑约占体重的 2%，远高于动物。并且，人脑的耗氧量占全身耗氧量的 25%，充分说明了其重要性。同时，人脑结构高度复杂、精细，规模宏大，仅大脑皮层中的神经元网络细胞已达百亿数量级。人脑分为左右两侧，两侧基本结构相同又紧密联系，这也是十分神奇的结构特点。

人脑也是劳动实践和社会历史的产物。与动物脑相比，人脑的功能复杂得多，体现在：对信息的筛选和记忆；复杂的联想、想象；对信息进行逻辑加工；能进入信息加工最高层次，即意识状态；形成目标动力，产生能动性、兴趣、价值等。意识状态和逻辑功能是人脑超过动物脑最重要的特点，人的语言则是人脑逻辑加工的飞跃，可以进行抽象思维。人脑对外能够认知庞大的世界，对内可以认知复杂的自我，支持人在实践中产生巨大能动性，深入认识事物的规律，为创造活动提供了基础和可能性。

2.创造力是人的普遍特点

创造是伴随独创性成果出现的、具有丰富创造性体验的实践过程。人类的文明史实质上是创造史，真正的创造活动总是给社会带来有价值的成果。

创造力的研究，始于 20 世纪中后期，经历了一个从单维到多维、不断系统化的演进过程。但给出一个创造力的公认定义比较困难，因为"创造"的概念含义丰富、表现形式多样，一般认为它既是能力，也是复杂的心理过程。从狭义和广义两个角度，创造力分别可以被定义为"第一次提出或产生崭新的东西的能力"和"产生出一切对创造力主体而言有益的新思维、行动、结果的能力"。① 国外则有学者从产品、过程、能力、思维、综合这样五个视角对创造力进行研究,得出了不同的定义。为大多数学者所接受的定义是"产生对社会或个人而言新颖、有用的想法、过程及程序"。因此,创造力就是解决新问题、产生新方法和新产品的能力,其中"新颖性"和"适用性"是两个最重要的特征。

创造力的概念并非遥不可及,它既表现在特殊领域,也表现在日常生活中。少数天才拥有非凡的特殊创造力,但事实上,每一个人都有创造潜力,这是人的普遍特点。遗传特性会导致人的创造力存在差异,但每一个人都有"创造性地展现生命"的内在需求,具有原生态的创造潜能和动力。创造是天性和本能,是人在成长中释放的心理能量,是生命的特征。现实中,由于后天的环境不一,有些人会保持并表现出这样的潜能,也有些人的潜能会被压抑。

3. 创造力是综合性的能力

创造力是一种综合能力,例如在心理学的语境中,它是由知识、智力、能力及优良个性品质等复杂的多因素综合优化而成的。但这并不是简单相加的过程,而是受环境限制和多种因素影响的。

一般认为,影响因素包括认知方式、行为风格、内在动机、环境以及综合因素。创造性思维的主要内容是发散性思维,具有创造力的人经常会用"联想性"或"横向"的认知方式,灵活性、变通性、复杂性是这种无定式、跳跃式思考的特点。认知模式会影响创造力的质量,兴趣宽泛、审美敏感、乐于冒险、坚韧自信、不易从众等趋于稳定的人格特征也会提升创造力,创造者具备诸如强烈的自我需要、高度的自我力量等共同特征,行为风格会贯穿在解决大多数问题的过程中。内在动机帮助人们表现得富有创造力,同时具有深度的责任感,而外在动机则可以和内部动机协同影响创造力。创造力会因环境因素得到激发或者消退,并且和内部动机高度相关。

(二)创造力是当今国际竞争力的根本

国际竞争力是国家发展的关键,而创造力已是一个国家的核心竞争力,是国家软实力的核心,创造力直接影响着国家活力。开发利用创造力资源、提升科学创新能力是我国应对新时代机遇与挑战的战略选择。

---

① 王天力. 一般创造力:概念内涵、存在机理与影响因素[J]. 黄河科技大学学报,2018,20(6):83-89.

1.国际竞争力是国家发展的关键

全球化浪潮席卷之下,国家之间的联系越来越紧密,互相依存的同时,竞争也日趋激烈。在国际舞台上不断提升国际竞争力显得尤为重要。

国际竞争力是国家在国际竞争中表现出来的比较优势,同时,这是一个随时代与环境变化而变化的动态概念。国际竞争力按状态分为静态竞争力和动态竞争力。静态竞争力指向一个国家的资源状况,特别是自然资源和劳动力的绝对数量;动态竞争力指向国家通过科技创新领先他国的程度和态势。[①] 国际竞争力能衡量一个国家的发展程度和潜在实力,区别于单纯的经济实力,也不等同于综合国力。例如芬兰具有很强大的国际竞争力,但不代表它是绝对强大的国家。无论是现在还是未来,国际竞争力都必然是国家发展的关键。[②]

2.创造力资源是国际竞争力的核心

当前世界的政治、经济、军事等竞争,实质是科学技术的竞争。科学技术的创新能力,是决定一个国家在国际竞争和世界格局中地位的重要因素。21世纪是人类依靠自身创造力实现可持续发展的世纪。未来,创造性人才是社会发展的主导资源,开发和利用创造力资源在国际竞争中的重要性越来越突出,是国际竞争力的核心。从世界发展趋势看,国际竞争力主要体现在两方面:产品的不可替代程度和资源配置的合理程度。这两方面竞争优势的形成都和创造力资源开发利用有直接关系。

创造力资源的概念由外国学者率先提出,第一次将人的创造、创新能力提升到资源的高度认识。创造力具有资源的价值属性和物质属性,可以通过对创造力的开发利用实现经济价值,同时创造力也客观地存在于人脑中,以人脑这个看得见的物质载体为条件。区别于自然资源的客观性,创造力资源又是"无形"的,它作为潜在的资源,可以以特定方式被不断地从人脑中激发,不仅不会走向枯竭,反而会越发增强。

3.提升创新能力是中国的战略选择

我国的综合国力不断增强,国际竞争力也不断提高,总体上处于上升态势,但仍与国际领先水平有较大的距离。

中国是世界上最大的发展中国家,也是世界第二大经济体,这样的双重

---

① 康来云.论创造力资源与国家竞争力[J].学习论坛,2003(8):8-10.

② 王江波.科学认识国家核心竞争力[J].社科纵横,2019,34(4):17-22.

特点使新崛起经济大国的优势和身为发展中国家的短板共存。中国的国际竞争力总体处于高水平,但是领域发展不均衡,优势体现在经济高速增长、人口规模庞大、市场规模巨大、自然资源丰富等,劣势体现在资源有效利用程度不高。中国科技创新持续发力,实现了历史性、整体性、格局性的重大变化,但是仍然面临缺乏科学技术人才和科技创新能力的挑战。再以芬兰为例,芬兰作为自然资源匮乏、气候条件严苛、人口稀少的小国,其国际竞争力却连年位居世界前列,至关重要的是它具有创造力资源优势。不断提高科技创新能力、有效开发利用创造力资源、培养高素质创新人才,是中国在未来国际竞争中争取主动权的必然选择,是新时期的战略选择。

(三)创造力是新时代背景下必备的核心素养

在开发和利用创造力资源的系统工程中,教育是一条根本途径,是提高国家创新水平的关键。如今,各个国家都将推进创造力教育作为重中之重,对于中国而言,这更是当前历史背景下的使命。核心素养指向教育目的、顺应教育时代脉动,创造力更应成为核心素养之"核心"。

1.教育是开发利用创造力资源的基础

创造力是科技发展的原动力。创造力资源的开发与利用是复杂的社会系统工程,需要全社会共同努力设计、规划、组织和实施。其中,高素质创新人才是创造力资源的最主要标志,这类人才的培养则主要通过教育。因此,教育是开发创造力资源的基础,是实现创造力资源规模扩大、质量提高的一条根本途径,是创造力资源开发的核心。

创造力可以发展,因为各种有关创造的能力不是固定的,具备流畅性、灵活性、新奇性、精致性的创造力行为可以通过教育培养。随着对创造力的不断认识,当今的学者们不再停留于对少数天才的关注,而是认为每个人都有创造潜能,并且能够通过适当的教育来提高,这不论对于社会还是个人都是意义深远的。创造力发展与教育系统之间的关系被确立,突出了教育的价值以及教育的使命。宏观上看,教育是提高整个民族和国家创新水平的关键,是进步的动力。

2.创造力教育在世界各国迅猛发展

为了在日趋激烈的竞争中占领制高点,很多国家特别是发达国家都对创造的本质、规律和创造力人才培养等进行了全面研究探索,把创造力培养当作本国科技、教育、文化发展的重中之重。创造力教育在国内外迅猛发展,这个过程中,它也成了衡量教育水平高低的一个重要指标。创造力教育,指的是与提升创造力相关的政策、制度、环境以及学校里和创造力有关的教育措施。①

自19世纪起,便有学者提出在教育中培养创造力,在福禄贝尔的幼儿园运动、裴斯塔洛齐的教育理念、蒙台梭利的教育法、杜威关于探究和经验的思想中,创造力都是极为重要的因素。美国一直以创新能力强被世界瞩目,他们开展了多样化的创造力研究,秉承人人必备多元创造力的观念,以政府、学校、社会"三位一体"的形式革新教育体系,将创造性解决问题的原则融合于教学过程中,推进教育评价。加拿大、法国、德国、西班牙等国家均开展了创造力教育,同样取得了良好效果。在我国几千年的教育史中,也有学者在一定程度上重视对创造力的培养,如孔子的教育思想中就有对创造性思维的肯定,但传统教育更重视知识的传授与积累。近代,我国开展了洋务教育、维新教育等,为现代教育打下良好基础,却又几经曲折。② 如今,素质教育实施已有三十年,创新精神和创造力也日渐被提到非常高的地位,但当前效率至上的价值观、应试制度、程序化教育、单一教育评价等因素还是阻碍着创造力发展。③ 对于我国,推动创造力教育进一步强化,是当前历史背景下特殊的使命。

3. 创造力必须以核心素养来定位

对教育而言,要在全球化的时代背景下做选择、寻突破,首先需要明确未来的目标——要培养怎样的人才能与世界范围的发展语境呼应。核心素养这一概念便应运而生,它是新世纪全球化教育背景下对人格的深度探寻,已然成为推动课程教学改革的支点,是一股改革的新动力。核心素养的价值主要体现在:树立人格品质培育的目标,适应教育全球化的要求,实现个体个性化和教学综合化的内在需要。

2014年,教育部提出研究制定"学生发展核心素养体系",指出"核心素养"的内涵,即学生应具备的"适应终身发展和社会发展需要的必备品格和关键能力"。三个方面、六大素养、十八个基本要点构成了该体系。在国际视野下,中国核心素养体系具有基础性、一般性、完整性、发展性、潜在性、复

①　赵丽,吕文皎,邰鹭明.创造力教育在国内外的研究现状及发展趋势[J].当代教育理论与实践,2015,7(11):71-74.

②　杨菁.创造力培养在素质教育中的重要地位[J].成都教育学院学报,2005,19(6):45-47.

③　刘华杰,崔岐恩.我们的教育有利于创造力的培养吗——对创造力阻滞因素的审视[J].教育发展研究,2010,30(6):8-11.

杂性等特点。① 其中，结合本土实际，为了进一步优化当前的教育模式，创造力应该成为核心素养之"核心"。创造力是世界各国培养人才普遍重视的能力，它能促使核心素养体系顺应时代趋势，应全方位渗透于核心素养体系的"科学精神""实践创新""学会学习"等素养中，这是对中国学生发展核心素养体系更深层的要求。②

二、幼儿园教育是创造力教育的基石

幼儿期是培养创造力的关键期，这是由幼儿大脑、心理的发展特点以及幼儿创造力的特征决定的。幼儿园教育是创造力教育的基石，承担着创造力教育的重要责任，应该构建一个创造力教育动力体系。但现实中确实存在一些制约因素，阻碍创造力教育的发展。

(一)3～6岁是创造力培养的重要时期

3～6岁是大脑和心理发展的关键期。良好的教育环境会事半功倍地开发大脑潜能，日积月累的习惯和行为也会以"天性"的方式在日后积极地发挥主动作用。对于培养创造力而言，这一时期是一生中不可错过的关键期。幼儿的创造力虽然是低层次的创造力，却对个体发展有着很高的贡献值，和成人的创造力相比也表现出不同的特征。同时，幼儿创造力的发展也被很多因素影响着。

1.幼儿期是大脑和心理发展的关键期

脑科学研究表明：人自出生的时候便有约140亿个神经细胞，能储存海量信息。这些信息是进行创造活动的基本元素。3～6岁，人的大脑迅猛发育。在这个大脑的重要发育时期，通过教育，细胞突触便会越加发达，从而构成复杂的网络，提高大脑的功能。人脑具有不可限量的潜力，目前，一般人仅仅开发出10%。人脑成熟以后，众多神经细胞将不能被充分利用。在人脑旺盛发育期实施教育来挖掘潜能，是可以事半功倍的。

幼儿期是影响一个人发展的最重要的阶段。③ 3～6岁的幼儿期，能够

① 张生虎，张立昌.核心素养的价值、问题与实践向度[J].中国教育科学，2017(4)：106-127，186-187.
② 郑昀，徐林祥.核心素养之"核心"：创造力与民族精神[J].江苏第二师范学院学报，2017，33(9)：15-18.
③ 刘春蕾.早期教育应把发展幼儿的创造力作为主要培养目标[J].松辽学刊(社会科学版)，1997(3)：102-106.

为一生奠定良好的个性品质基础,这一时期是一生中良好性格习惯、品质品德等形成的关键期。在此期间接受适宜的教育,日积月累的习惯和行为方式容易以"天性"的方式比较稳定地在日后体现出来,并积极地发挥主导作用,有利于幼儿形成良好的思维方式,形成富有探索创新精神的个性品质。

2.3~6岁幼儿创造力的一般特征

幼儿期是一生创造力发展的关键期,幼儿会自然而然地展现出自身的创造潜能,这种潜能会随着年龄的增长和经验的丰富逐渐发展成创造力。也就是说,3~6岁幼儿的创造力可塑性最强,并且遵循"天赋递减法则",越早开发就能开发越多,如果错过这个关键期,将难以形成良好的创造力发展基础。

幼儿的创造力属于初级层次的创造力,是一种表达式创造(以自由和兴致为基础,因情境而生,随兴致而发,但具有某种创意的行为表现),无社会价值,但对自身发展有很大的贡献。幼儿的创造潜能,指的是在日常生活的情境里,幼儿产生对其自身而言是新颖的、对其同伴而言是独特的、对自身的生活来说具有价值的想法、观念、方法、作品的能力。和成人的创造力有所区别,幼儿的创造力往往没有明确的目的。

在幼儿期,幼儿开始对周围世界产生浓厚的探知兴趣。基于好奇心和想象力,他们的创造力是一种可能性思维,包括问题的提出和问题的解决,这两者是创造力的核心。[①] 幼儿的创造始于模仿,并且是不断发展变化的。所有幼儿都有一定的创造力,某些幼儿会比同伴有更高的创造力,或者幼儿在某个领域的创造力可能比其他领域要高。幼儿的创造力无处不在,表现在日常生活中。由于这一阶段幼儿直观、形象、具体的思维特点,其创造力也表现出以下特征。

动机特征,即强烈的好奇心和向师性。内部动机是创造活动产生的重要因素,而好奇是幼儿的天性,这推动幼儿主动积极地探索问题,创造性地解决问题;外部动机上,教师是重要因素,教师对于幼儿而言是一种权威,教师的言行将影响幼儿的思想。

智力特征,即丰富的想象力和强烈的探索欲。幼儿的创造活动来自创造性想象,小班时是无意想象,中班后则以有意想象为主。幼儿通过主动动

① 王小英.幼儿创造力发展的特点及其教育教学对策[J].东北师大学报(哲学社会科学版),2005 (2):149-154.

手操作去创造性地认识整个外部世界，在此过程中不断尝试，不断地在模仿的基础上再加工和再创造。

意志特征。注意力、忍耐力、坚持力是影响创造力稳定性的因素。3～6岁的幼儿以无意注意为主，但如果投入自己感兴趣的创造活动，他们也能较长时间、有质量地集中有意注意，并且表现出耐性和延迟满足。

年龄特征。3～4岁的幼儿在重新定义和组合方面的能力最突出；4～6岁的幼儿想象力最丰富；4岁幼儿的类比能力则最突出。幼儿的发散性思维随年龄逐步发展，5岁是一个转折点。总体上，3～5岁幼儿的创造力发展快，5岁以后呈现下降趋势。

人格特征。创造力高的幼儿常常表现出感情丰富、顽皮淘气、行为有时逾越常规、不固执、较幽默、兴趣广泛、在集体环境中独立性强、爱冒险等特点。创造性思维较好的幼儿善于观察事物，思维跨越性大，能够认识到事物之间的关系，更易形成整体观念，但可能表现出欠缺时间观念等。[1]

3. 影响幼儿创造力发展的因素

创造活动由六种独特且互相联系的资源构成：智力、知识、思维风格、人格、动机、环境。创造过程是对这六种资源调用配置的决策过程，然而这些资源在某方面会存在一定阈值，如果处在阈值以下，将导致个体不能完成创造。资源之间又是互补的，比如，即使环境资源较差，但个体的创造动机很强，也有可能实现创造。资源之间也会发生交互作用，例如智力、思维方式、动机的水平很高，也许可以激发高水平的创造。

总之，幼儿创造力是多种因素综合之下的结果，有遗传生理因素、个体主观因素、环境教育因素等。除了幼儿的个体差异，环境教育因素对创造力的影响也已经被大量研究所证实。如果家庭氛围民主，幼儿通常会表现出更强的独立性和创造性；如果家庭氛围专制或娇惯，幼儿则倾向于表现出依赖性、服从性、幼稚和情绪化。在幼儿园中，园所文化、教育教学水平、教师的态度行为都会对幼儿的创造力产生深刻影响。若教师创设民主平等的氛围，鼓励幼儿大胆提问和自由表达，注重启发幼儿思考，幼儿的创造力会得到更好的发展。

(二)幼儿园教育必须重视创造力培养

幼儿园教育对创造力培养有着不可替代的作用，是基础中的基础。幼

---

[1] 张先敏.幼儿园3～6岁幼儿创造力培养策略研究[D].南充：西华师范大学,2016.

儿园以游戏为基本活动,这是对幼儿童心的满足和释放,充分支持着创造力的发展,是最有效的方式。基于对创造力的本质认识,幼儿园教育应发挥专长,构建一个创造力动力体系,充分体现全面性、情境性和尝试性。但由于传统思想和传统模式根深蒂固,目前很多幼儿园在教学过程、教学评价等方面都表现出一些不利于幼儿创造力发展的制约因素,幼儿的创造力需要被进一步解放。

1. 游戏是培养幼儿创造力的重要源泉

幼儿园以游戏为基本活动,而游戏是培养幼儿创造力的主要方式,因此幼儿园教育对创造力培养有着独到的优势和不可替代的作用。

游戏对于幼儿来说,是童心自然而然的释放和表露。幼儿的童心与创造力是相辅相成的。人本主义心理学家认为,创造性是"自我实现",自我实现者的创造性在很多方面像无忧无虑的幼儿,他们"天真"地自由感知,无抑制地表现。著名学者莫里斯也指出:"创造力从根本上说是童心在成年时期的延续。"从内部看,童心类似于创造性人格的特征;从外部看,童心接近游戏;从动力机制看,童心源自好奇。这三者正是创造力的核心因素。

喜欢游戏是幼儿的天性。游戏为幼儿创造力的生成提供了相对自由、舒适的环境,幼儿可以在没有压力的情况下大胆尝试;游戏让幼儿的好奇心和探索欲得到充分的满足,在此过程中幼儿的创造性想象得到最大程度的发挥;游戏让幼儿的生活经验被巩固,创造不是凭空而来,其基础是生活经验,幼儿在游戏中回忆并运用经验,在模仿中再创造;游戏也增强了幼儿的好奇心,幼儿在游戏中得到满足,体会到探索的愉悦,增强了进一步探究的欲望。顺应幼儿天性,在游戏中进行创造力的培养非常重要,有事半功倍的效果。

2. 幼儿创造力培养需要构建动力体系

创造力培养教育,早些时候类似于一种精英教育,主要针对的是优等生以及在某方面有特长的对象,尤其集中在艺术领域。但随着对创造力的不断研究和理解,人们认识到这种教育应该是全方位渗透的。在一种创造力系统观的视角下,对于幼儿来说,最能激发他们自身创造力的应该是一种综合的、整体的课程,并且认知结构发展水平越低,即年龄越小,课程整合度应越高。曾经有人开发了系列创造力干预课程,但是都针对某一个具体内容,其实是过于单一的。也就是说,实践中需要进一步减少课程内容中的一些人为割裂,注重幼儿整体经验的积累。幼儿园阶段的教育,相比于其他阶段,更能体现出一种整合性的特点。

基于创造力的一些构成元素,幼儿园教育需要体现全面性、情境性、尝试性①,构建一个幼儿创造力发展的动力体系:以知识为能源供给系统,以思维方式为整合系统,以个性为润滑系统,以积极性为驱动系统,以环境为支撑保障系统。在整个过程中,要注重给予幼儿充分的时间和空间,通过游戏的方式增强跨情境性,并给予充分的机会让幼儿去尝试错误、发现原理,能够将认知延展到不同领域,注重培养幼儿运用情境假想、动作探索等策略,在认知和情感的良好交互中创设多样的表达方式。教师要能及时地发现幼儿的创造性表现,尊重幼儿的创造性倾向,并且用各种方式重视幼儿的创造实践,真正给予支持和鼓励。②

3.幼儿园教育中对创造力的制约因素

培养幼儿创造力是基础教育的重大责任,幼儿园教育又是基础中的基础。然而,当前还存在一些不容乐观的地方,制约着幼儿创造力的培养和发展,主要体现在教育价值的效率至上、教育过程的封闭化设计、教育评价的单一性三个方面。

创造力是一种综合品质,不是单一技能或固定知识,它不像知识,可以被机械地传授、灌输给幼儿,也不能通过短时间的重复训练获得,它的成效往往是"远功"而非"近利"。但现实中,很多教育者秉承教育功利主义价值观,深受教学效率至上论影响,追求在短时间的"创造课"中培养创造力,殊不知这样会错过幼儿创造力发展的黄金阶段。

确定性是现代主义的核心理念,即世界是外在于人的客观世界,一切都是确定的,可以被预测。确定性在教育上则体现为一种认识:教育过程是发现和认识已有的东西,而非生成原先没有的东西。教学是对教学目标的展开和实现,但是恭敬地执行教学目标的过程是封闭的。教师往往被赋予一个权威的角色,却很少对此感到不适;教学往往排除了与创造力密切相关的因素。幼儿在这种环境下逐渐偏重对已有真理的认识,个人效能感淡化,从而收起了好奇心和质疑,丧失了深层次思考的欲望和能力。程序化、逻辑化的教学模式也经常排斥创造力所需要的隐喻和非理性思维的表达。③

---

① 刘学兰.儿童创造力教育的体系构建[J].教育导刊(上半月版),1996(10):7-9.
② 文云全.儿童创造力发展的动力体系及运行策略[J].现代中小学教育,2017,33(12):82-86.
③ 丁相平,常丽丽.学校教育中阻碍学生创造力发展因素研究[J].太原师范学院学报(社会科学版),2013,12(3):119-122.

幼儿园教育中，虽然没有用考试的制度评价幼儿，但也存在评价指标单一和评价标准绝对化的问题。教师常常表现出对机械秩序的追求，在一种高控制欲的氛围下强调纪律，幼儿提出的是"老师喜欢"的问题，表现的是"老师喜欢"的行为习惯，这样的高度束缚违背了幼儿创造力的发展规律。创造需要自然地发生，如果没有宽松自由的心理环境，创造力培养将是低效甚至无效的。一方面，成人的创造力常常可以通过流畅性、变通性以及独创性三个方面进行评价，更强调"产品"及其社会价值，即创造的结果。但是幼儿无目的、自发、广泛的创造强调的是个体价值，不能用成人的标准去衡量幼儿的创造力。另一方面，幼儿之间有明显的差异性，他们有不同的经验水平、认知能力，不能用一个统一的标准去衡量所有幼儿的创造力。在现实中，这两种情况却很常见，限制了幼儿创造力的培养。

幼儿园教育需要进一步改变传统的教育教学方式，解放幼儿的天性，解放头脑、双手、时间和空间，激发他们的创造性思维，为幼儿创造力的发展提供充分的机会和平台。

第二节　借力区域高新硅谷优势

伴随高新区（滨江）（下称滨江区）社会经济的高速发展，"国际滨"教育也迎来迅猛发展的时代，滨江区努力打造"三优三高"教育新格局，力争实现从杭州教育强区向杭州教育最强区的跨越。创新是滨江区的名片，也是其腾飞的秘诀，创造力教育符合"国际滨"美好教育的新期待。滨江区有着独到的优势，可以助推课程发展。

一、"国际滨"创新特质催生"国际滨"教育

浦幼所在的高新区（滨江）是国务院批复建设的国家自主创新示范区，是省内最有影响力的科技创新基地，在科技部国家高新区综合评价中排名第三。区内聚集了一大批科技型企业，"发展高科技，创新驱动"是其发展战略；培育发展信息产业，优化完善创新体系是其发展重点。教育是该区的核心竞争软实力，近几年也得到了高速发展。在新的节点上，滨江区未来十年教育规划出台，致力于创建"三优三高"的教育最强区。可以说，创新是该区的符号，也是教育的秘密武器，"互联网＋"、智慧教育、教育国际化都成了该区域的亮点，不断探寻"以学习者为中心"的培养模式，秉承"立足天性"的教

育观,关注创新能力的培养,这一切都与创造力教育不谋而合。创造力教育,正符合"国际滨"走向美好教育的新期待。

(一)高新区(滨江)是国家自主创新示范区

杭州高新区(滨江)由高新技术产业开发区和滨江区合二为一而成。高新区始建于1990年,是国务院批准的首批国家级高新技术产业开发区之一。1996年,滨江区正式设立。2002年,高新区、滨江区合二为一。2015年,国务院批复建设杭州国家自主创新示范区,高新区为示范建设的核心区。

多年来,全区咬定争创世界一流高科技园区的目标,以科学发展观为统领,全面实施"产业引领、创新驱动、产城融合、民生优先"战略,发挥体制、机制、管理、服务、区位等优势,吸引创新资源,优化创新环境,不断完善区域创新体系。内生增长、创新驱动的经济增长模式让滨江区经济社会保持健康快速发展,体制机制优势和区位优势的叠加效应凸显,具备雄厚的经济竞争力、创新力、发展潜力。滨江区在省科技进步水平综合评价中连续八年第一,在科技部国家高新区综合评价中排名第三位。

滨江区具有以下优势。

产业结构优:全区始终努力发展高新技术产业,走出一条主导产业突出、高新特色鲜明的产业发展之路,围绕自主创新打造信息技术的完整产业链,形成千亿级智慧经济产业。

创新能力强:结合国家创新驱动发展战略纲要的发展方向,依托区内已有优势产业,支持前沿新技术研发,努力抢占全球制高点。

城市形态新:始终坚持用一流的城市环境吸引一流人才,加快城市化进程,提高区域对高端人才和企业的承载力。

体制机制活:滨江区是体制创新的产物,是体制创新的先行军,不断激发市场活力。区内建成了一批国家级科技创新平台,包含国家创新型科技园区、国家创新型产业集群、国家创新人才培养示范基地等,科技成果产业化水平领先,创新环境在国内数一数二。同时不断建立和完善与新技术、新模式相适应的体制机制,深化有利于创新驱动发展体系的改革,秉持"滨江就是一个大孵化器"的理念,布局众创集群区,吸引先进理念技术、优秀人才和资本。通过政策引领,强化创新驱动;借助孵化培育,壮大创新主体;依托专利优先,巩固创新成果。

作为高新区,全区始终遵循普遍规律:紧紧围绕"高"和"新",从无到有,从小到大,持续创新。这种创新包含了多个层面:政府创新、企业创新、技术创新、模式创新等等。正因如此,滨江区拥有了如今的先发优势。坚持"高"和"新",滨江区走出了一条主导产业突出、高新区特色鲜明的产业发展之路,真正担负起了引领杭州市创新驱动发展的责任。

可以说,创新是滨江区的竞争王牌,是发展的第一动力,也是第一使命。随着地位和影响力的不断提升,滨江区站在了新的起点、新的高度,必将抓住机遇,展望未来,迎接挑战。

(二)努力打造"三优三高"教育新格局

滨江区作为国家级高新区,高速发展的经济为教育的发展奠定了雄厚的基础,也对教育提出了更高的要求。同时,教育又是影响经济社会发展的极其重要的因素,没有好的教育,就不能留住好的人才,也难以培养更多的人才来实现可持续发展。教育是吸引人才的至关重要的软实力,从根本上来说,教育是至关重要的城市竞争力,必须被摆到优先发展的位置。

在这样深刻的认识下,滨江区一直把"科教兴区"奉为建设幸福和谐滨江的基本战略,不断加大教育投入力度,大力改善教育教学条件,切实优化教育发展环境,并且成效显著。近几年,全区教育始终保持着高速发展,打造富有滨江特色的高品质教育的步伐从未停下,表现在教育事业总量扩张、质量提高、结构优化、效益提升等各个方面。

2012年,滨江区提出"教育振兴五年行动计划",成功创建全国社区教育示范区、浙江省首批教育强区、杭州市学前教育强区,并在2014年2月、2016年1月先后被认定为"全国义务教育基本均衡发展县(市、区)""浙江省基本实现教育现代化县(市、区)",完成了教育的一件又一件大事。2017年9月,《杭州高新区(滨江)教育强区建设行动计划(2017—2027)》发布,这一份行动计划的发展目标是:以高水平均衡发展为主线,从2017年到2022年,该区将初步建设成为杭州教育强区,到2027年,成为杭州教育最强区。创建全市教育最强区已经成为滨江区教育发展的新标杆,教育创新发展已经成为全区教育人不可推卸的责任,教育强区之路刻不容缓。

教育最强区的标准是与区域经济社会发展相匹配的"三优三高",即规划最优、硬件最优、师资最优,教育质量最高、教育开放度最高、人民满意度最高。为此,确立了如下一系列主要措施。

高位均衡发展,打造一流教育资源——优化教育资源规划,高位打造新建学校,改造提升现有学校。

激励专业成长,打造一流教师队伍——加大教师引进力度,大力培养名师、名校长，改革教师激励制度，注重师德师风建设。

促进内涵发展，打造一流办学品质——促进学生个性发展，推进课程系列改革，提升教育国际化水平，创建智慧教育样板，打造"科创教育"平台。

创新治理体系，打造一流管理体制——推进治理体系改革，改革业务指导系统，完善考核评估机制。

《滨江区教育事业发展"十三五"规划》也强调：到 2020 年，学前教育、义务教育、社区教育、特殊教育布局清晰，基本建成结构合理、开放多元、特色鲜明、充满活力的现代教育体系，教育主要指标达到发达国家前沿水平，全面实现高标准、高品质的教育现代化，为建成全市教育最强区奠定基础。同时，制订了一系列详细的任务与相对应的措施。

（三）创造力教育符合"国际滨"教育新期待

创新，是滨江区的名片，也是滨江教育实现跨越式发展的秘密武器。近年来，全区围绕高新区特色，深入实施"课改"工作，遵循教育的规律和学生成长的规律，不断改革育人模式。

目前，全区的"互联网＋"教育模式走在全国前沿，带来很多革新。例如，以移动互联技术、移动终端触控技术及云计算技术为支撑，打破了物理时空的限制，改变了传统课堂的授课模式，学习变得更生动、更轻松、更有效。智慧教育模式推动了教学模式的创新，助力了学习方式的变革。智慧教育已经是滨江区教育的一大亮点，并在全国崭露头角。早在 2015 年，三年行动计划就已初具雏形，围绕"一个基础，两大平台，三种展示方式"来推进智慧教育相关项目。

滨江区被称为"国际滨"，国际化是滨江教育的又一大亮点。推进教育国际化的行动计划制订了系列目标，其中和课改相关的内容有引进一些国外的课程、国际理解教育进校园、国际公民教育进校园等，同时在一些学校开设了双语教育。通过扩大对外交流、丰富对外合作途径，国际人才在滨江享受到了优质、开放、多元的教育，形成了与"国际滨"相配的教育国际化创新典范，从而可以培养具有国际视野的学生。

在新一轮的课改中，滨江区会围绕以上几个方面进一步深化改革，抓好课程资源的整合，使基础性课程与拓展性课程更好地融合，进一步贴合学生的成长需求，体现全面育人的需要。以创新为特质的"国际滨"教育致力于探索"以学习者为中心"的人才培养模式，以打造"滨江教育"品牌、推进教育均衡优质发展为核心，不断促进学前教育高起点均衡发展，强化个性需求、个性差异的研究,深化个性化培养,促进幼儿综合素养的提升,自觉培育诸如 STEAM 教育的滨江经验。

面向未来需求、培养创新能力、顺应儿童天性、关注个性发展的创造力教育,正与滨江教育的愿景不谋而合,符合"国际滨"美好教育的新期待。

二、立足高新区优势整合教育资源

滨江区的众多区域优势对于教育的发展而言是得天独厚的,多维度、全方位地为课程实施提供了立体的保障和支持。前沿的政策是课程开发强有力的后盾。区内众多的高新企业有利于形成园企联盟的模式,为幼儿提供多样化的体验平台。将丰富的资源进行有效整合利用,则能高效地拓展课程的内容。

(一)前沿政策奠定课程基石

滨江区有着独到的优势,包括政策支持、先进理念导航、优质的师资培养机制、多样化的交流平台等,为课程的开发和实施提供了强力的保障。

首先,一系列行动计划为滨江教育的发展指明了方向,政策法规则提供了强有力的支持和保障。本区域的"十三五"教育事业发展规划明确要求学前教育要在集群式发展的路径下,大力发展特色办园。

师资培养对课程而言非常重要。一方面,该区加大教师引进力度,大力引进重点师范院校和重点大学优秀毕业生及区外优秀在职教师,每年直接招聘的教师不少于 50%,努力打造一支杭州市一流的名师团队。另一方面,该区根据教师的特点和层次进行有针对性的培养,支持教师最大限度地打通进阶通道。

滨江区重视理念引领,推动校园内涵发展,这也为课程开发与实施带来切实的帮助。该区通过名师来引领课改,用名校工作室、名师导航站、联盟学校责任名师等来带动课程,由名师来引导普通教师,共同探讨面临的问题,处理好课程建构中个体与系统、节点与结果的关系,不断翻越高墙,寻找新的可能性。

区内还创设了多种多样的平台,推进课改的深入。例如,每年都会举办的"白马湖之秋"论坛,吸引了全省的优秀教师到滨江展示课改最新成果,针对课改前沿的问题共同出谋划策。各式高规格论坛的举办,为该区学前教育品质的进一步提升打下坚实基础,让教师们在交流中梳理课程成功经验,凝练内涵,夯实基础,开启更美好的未来。该区还十分注重对优秀传统历史文化的保护和传承,对长河、西兴、浦沿三个古老集镇原貌进行了有效保护,让新兴的现代元素与深厚的历史人文底蕴和谐相融,为教育保留了广阔的空间与更多的可能。

区域政策的前沿性也为浦幼园本课程的发展奠定了坚实的基础。

(二)区域资源拓展课程内容

滨江区突出的区域资源优势在于坐拥众多实力雄厚的高新企业,依托这些高新企业的技术支持和资金保障,可以大力推进创建校企联盟,幼儿从小便可以在智慧教育中体验革新的学习方式。

浦幼与中天模型和乔智科技两家企业建立了园企合作,开辟了幼儿"智慧·玩创"课程实践基地,为拓宽浦幼课程实施的资源空间及提升科技专业水平提供了有力的保障。

中天模型是一家集科技教育、科技体育产业和科技体育模型研发为一体的国内领军企业,同时,该企业也涉及交流、培训、旅游等。它为浦幼科技节提供了各类适宜幼儿动手探索的科技类模型产品,幼儿还可以实地参观模型基地,收获与科技的近距离体验。例如,"电子百拼"产品提供了从简单的电灯电路到复杂的中波收音机电路,不用焊接,不用工具,可以在较短的时间里直观地实现各种电路的装配,合上开关就显示出有趣的视听效果。幼儿在富有趣味性和挑战性的动手操作中,不仅认识了各种元器件,初步了解了简单的电路原理,也培养了操作兴趣以及细心、耐心、专注等品质。

乔智科技由海归人员创办,是一家把 AR(Augmented Reality,增强现实)等高新技术创新地运用到智慧课堂教学中的创客公司。他们与著名幼儿教育专家和优秀幼儿园一线教师共同研讨,研究并开发了"巧智绘"AR 科技互动型智慧课程,是集课堂教学、AR 动漫科技、幼儿操作互动课件、教师指导用书、教具、教研服务为一体的幼儿园智慧课堂系列解决方案。在与乔智科技的合作中,浦幼教师团队遵循幼儿的年龄特点和兴趣需要,科学地设计了系列"巧智绘"课程教案,在乔智科技的技术支持下,生成了包含"绘画＋AR 技术生成三维立体影像＋故事创编＋配音配乐＋合作录音＋存入成长档案＋家园互动"的全新课程,支持幼儿在个性化学习中丰富知识经验,更快乐地探索,发展语言表达、逻辑思维、艺术鉴赏、团队协作等综合能力。

此外,浦幼还依托区域科技资源,举办了科技动漫嘉年华活动项目,组织幼儿参观科技动漫展厅、动画制作 DIY 工作室、中南科技儿童体验城等。

中南卡通为活动提供了可交流互动的 3D 打印、裸眼 3D 电视、全息成像台、投影触摸墙、智能中控机器娃娃等高科技设备供幼儿体验互动。

在打造"智慧校园"的过程中,浦幼还与坐落在滨江浙大科技园的浙江翰林博德信息技术有限公司展开交流。这是一家专业从事教育云计算、移动互联网教学的高科技公司,其先进的技术能够为丰富教师教学手段提供便捷途径,各项智慧设备能够为幼儿的生活、学习、游戏提供个性化平台。浦幼已经成为全国首家"翰林博德"智慧课堂教学系统解决方案试点幼儿园。浦幼还积极为幼儿提供感知创新文化的机会,每学期都有参观阿里巴巴的活动,可以让幼儿近距离感受互联网给生活带来的便利和乐趣。

滨江区还有众多的科技馆、博物馆,这样的区域资源都拓展了浦幼课程的内容。

(三)园内资源助推课程实施

浦幼的园内资源也是课程资源的重要部分,开发园内课程资源,能为课程的实施推进不断注入新内容,创造新形态。

浦幼的生源主要有三部分,一部分是本地居民的子女,一部分是周边高校教师的子女,还有很大一部分是周边高新企业员工的子女。为了了解家长对孩子培养目标的需求,课程领导小组制作了一份关于幼儿学习品质的家长调查表。通过对六百多份调查表的统计研究发现,60%的家长注重培养孩子良好的习惯,以及独立、好奇、专注、创新等优良品质。此调查数据为浦幼的课程目标定位提供了重要的参考依据,指导浦幼开发、创建能满足幼儿进一步探究体验需要的课程资源,引导幼儿以观察、体验、访问、实验等方式实施"智慧·玩创"活动。

案例一 有趣的航拍

小一班林雨彤的爸爸带着航拍仪器,为孩子们带来了一次别开生面的家长助教活动——"有趣的航拍"。活动前期,作为科技公司技术总监的林爸爸认真准备了活动内容。活动前,他为大家带来了许多航拍的照片和视频,让孩子们欣赏了解,并与老师一同仔细研讨了教学过程。活动当日,孩子们在林爸爸的讲解下,了解了航拍仪器的构造,体验了起飞、通过 GPS 自动定位返航、以 Wi-Fi 连接手机、空中无线查看相机画面、遥控拍摄照片和视频等一系列功能,同时观看了林爸爸操控飞行器航拍的全过程。活动的最后,还有轻松自由的问答环节。整个活动气氛十分活跃。

浦幼不仅注重在日常教学活动中引导孩子玩科学、玩科技,培养幼儿的创造能力,同时积极发现、吸纳家长群体中具有一定科创兴趣和科研能力的人,成立家长科技坊,为幼儿开展助教活动,为家长和幼儿搭建互动平台,带给幼儿最真实的科学体验。当主题内容和保护空气有关时,PM2.5 检测车就开进了幼儿园;当主题和生命科学有关时,浦幼就利用社区资源,开展生命科学互动微课程,比如寻找苗木种植专业户、农家乐等,与其建立合作关系,为幼儿深入从事科技种养活动开设实践基地。

浦幼依托滨江区的区域优势,基于本土资源展开顶层设计和课程架构,在资源的挖掘中拓展共赢模式,因地制宜地开拓并整合园内外课程资源,找到了课程独有的生长点,这些都能有效助推园本课程的实施。

第三节　提升办园品牌内在驱动

园本课程开发之路是基于历史传承、现实体验并展望未来的不断纵深的可持续发展之路。自 2012 年开园,浦幼的"智慧·玩创"课程发展经历了萌芽期、形成期、发展期,并即将走向第四个阶段:深化期。萌芽期(2012—2014 年),课程内容初具雏形,但都是零散的;形成期(2014—2016 年),形成明确的课程目标,初步构建起了课程内容体系;发展期(2016—2019 年),在整合中不断进行理念更迭,课程体系趋于完善,成为省精品课程。以上是浦幼"智慧·玩创"课程的 1.0 时代。经过几年的积淀,"智慧·玩创"特色课程的持续纵深实施优化了办园品牌,在实践中,浦幼将继续夯实课程,丰富课程内涵,以 2019 年为新的起点,推进"智慧·玩创"课程走向 2.0 时代。

一、萌芽期(2012—2014 年):起源、零散

2012—2014 年是浦幼"智慧·玩创"课程的第一阶段,即萌芽期。顶层设计是"智慧·玩创"课程的源头,奠定了至关重要的基础。基于培养创造力的目标,立足区域、园所优势资源,自开园起,浦幼便确立办园思想为"用我们的爱和智慧办一所孩子们的家园、乐园、创造园",以"玩科学·爱创造"为办园特色。一以贯之的顶层设计点亮了课程的核心,课程内容初具雏形。

这一阶段,浦幼注重不断整合资源、搭建平台,紧紧围绕对幼儿好奇心、科学精神的培养进行实践研究,逐渐摸索出一些有价值的幼儿科学教育经验。

首先,浦幼以"创造适合幼儿发展的教育"为理念,为幼儿提供了现代化的教育教学环境与设施。引进了先进的多媒体教学平台,可以提供丰富、生动的三维信息。创设了适合幼儿自主探索学习的场馆:鲁班木工坊、科学探究馆、中国创造体验馆、艺术创意馆、社会体验馆、生活体验馆、图书馆、奥尔夫音乐室、感觉统合训练馆等。户外开设了富有创意和贴近自然的山坡、沙池、创创天地、空中花园、小农场、"南水北调"等十二个场地,为幼儿营造了开放、有趣的天地。

其次,浦幼遵循幼儿年龄特点和身心发展规律,充分以"主题节"为载体,注重结合幼儿的兴趣爱好促进其多元发展,开设了科技节、艺术节、运动节、国学节、读书节等,每一位幼儿都有展示自我的平台。其中,为了推进科学启蒙教育,丰富幼儿园科学活动内容,2013年11月,浦幼开展了为期一个月的首届科技节,举行了创意涂鸦比赛、创意积木大赛、橡筋动力模型飞机比赛、空气动力快艇比赛等活动,让幼儿在动手操作中体验科技的魅力,还以各个科学主题探索周的丰富活动不断激发幼儿的探索热情。

同时,浦幼创新教育教学管理模式,努力构建切合园本实际的"教研训"一体化园本培训模式,立足现状,对教师展开分层培训,根据教师兴趣和需求组建研修团队来促进个人反思和同伴互助,充分发挥骨干教师的示范引领作用,邀请专家对教师展开教科研专题培训,积极通过园外交流让教师学习新的理念,促进教师教科研水平的提升,全面助力教师的专业成长。

这一时期,浦幼形成"玩科学·爱创造"特色发展项目,着力培养幼儿对科学现象的兴趣,让幼儿在动手、探索、体验中充分感受科学的乐趣,并挖掘每个幼儿的个性潜能。在此过程中,力求逐渐形成体系,带动幼儿园的整体发展。

本阶段为"智慧·玩创"课程的完善奠定了坚实的基础。本阶段的课程内容虽然形式多样,但目的比较泛化,自发性比较强,缺乏系统性,存在以下需要改善的地方。

科学游戏项目碎片化——有"为科学游戏而游戏"之嫌,与形成特色课程体系的目标相差甚远。

教师各自为政——教师多是"单打独斗"地设计、开展幼儿科学活动,尚未形成研发、执行的合力。同时,由于教师自身创新素养的差异性,不少教师把简单、低层次的游戏活动等同于幼儿的创造活动。

资源开发单一——资源开发缺少广度和深度,与企业、家庭等对接、合作意识淡薄,局限于"关起门来搞幼儿科创活动",使得幼儿的科创活动始终处于单一、平面、低效的状态。

第一阶段存在的问题促使浦幼深入思考下一个阶段的课改重心:在实践中进行有效整合,依托特色项目,构建成体系的课程内容。

二、形成期(2014—2016 年):目标、体系

2014—2016 年是浦幼"智慧·玩创"课程的第二阶段,即形成期。这一阶段,浦幼有了明确的课程目标,并初步构建起了课程内容体系。随着对幼儿科学启蒙教育的深入认识和了解,浦幼在借鉴经验的同时,开始走具有自身特色的实践之路,逐渐形成明确的"慧玩、乐探、创享"课程目标。

这一时期,在"玩科学·爱创造"的幼儿园特色品牌文化课程建设之路中,浦幼继续以"玩科学·爱创造"为基点,利用课题引领幼儿园全面发展,以省级规划课题"玩科学·爱创造——幼儿园办园特色构建与实践研究"为龙头课题,带动各个市、区级子课题。同时,浦幼不断拓宽社区资源,将科技馆、高新企业等参观体验活动常规化,相关家长助教活动凸显成效,"玩科学·爱创造"的特色不断彰显。2015 年,浙江省幼儿体育大会暨第八届模型与电子制作表演大赛在浦幼举行,这场高规格的大型活动由省科协、省教育厅、省体育总会、省学前教育研究会主办,区教育局及浦幼承办。大赛的项目有:航空模型赛、航海模型赛、纸船承重赛、"未来之星Ⅱ"2.4G 电动遥控赛车绕标赛、幼儿"电子百拼"竞赛、幼儿创意积木竞赛(挑战赛、创意赛)等,共有来自全省的 700 余名幼儿参赛。赛后,浦幼交流分享了特色项目整体实施经验。浦幼不断在高规格的大型展示活动中亮相,被评为省优秀科技园。

在此过程中,浦幼不断萃取和吸纳优秀教育理念,将触角延展到支持幼儿创造力发展的教育上,在"玩科学·爱创造"的基础上丰富了"智慧教育"的融合探索。浦幼结合本园特色,开设了智慧科技馆,内设智慧课堂、AR交互地形模拟投影沙盘、3D 打印机等。为打造智慧科技特色园所环境,增设了"花卉百科区""科技奥秘长廊""木马藏兵""神奇火车"等特色游戏区域,添置了智能、高科技启蒙玩具,引进了机器人,支持幼儿与人工智能产品亲密接触。同时,浦幼对教师展开培训,提高其智能软件设备应用能力,帮助教师熟练利用信息工具(电脑、网络等)对信息资源进行有效的收集、

组织、运用，从而掌握现代化教学方法和手段，吸引、调动幼儿的积极性。积极展开园企合作，浦幼作为全国首家"翰林博德"智慧课堂教学系统解决方案试点幼儿园，被邀请参加教育部信息管理中心举办的关于微课程的课题研究。

　　浦幼课程的成效和广泛影响力吸引了很多省内外专家、考察团前来观摩交流。"智慧教室"参加了杭州市智慧教育"融·创"学习共同体第十七次活动的教育产品展示。2015年，浦幼成为杭州市首批智慧教育示范校。浦幼积极探索通过"互联网＋教育"的模式引导幼儿乐玩、乐学、乐创造，将智慧教育建设纳入园本课程，形成智慧一日生活圈，以科研、教研促实践探索，进行了"自由探索角的设置对幼儿创造性思维的影响""基于智慧课堂设计促进教师信息能力发展的实践研究"等研究，同时开展智慧教育（扫描图 3-1 的二维码可观看报道），构建了以"巧智绘"课程、科学主题活动等为内容的初步的"智慧·玩创"课程体系。

图 3-1　浙江科技频道报道浦幼智慧教育

　　本阶段初步构建了课程内容体系，但还需要进一步完善。为了使课程内容保持生命力，需要不断随社会的发展进行教育理念的更迭，在课程实施过程中丰富课程的内涵。

三、发展期（2016—2019 年）：融合、完善

　　2016—2019 年，是浦幼"智慧·玩创"课程的第三阶段，即发展期，"科研训"三位一体助推课程内容不断完善。首先，秉承上一阶段的成果，随着浦幼的智慧教育持续深入推进，"智慧一日生活圈"日益凸显，"智慧、科技、创新"已成为园所的特色符号，多元、开放、联动的教育环境进一步丰富了"智慧·玩创"课程平台的载体和内涵。浦幼智慧教育案例被收录在《2018 年中国互联网学习白皮书》，该案例呈现的是中国教育信息化在互联网时代的发展进程，致力于推进以信息技术支撑和引领教育创新发展的中国实践。这是浙江省学前教育唯一被收录的案例，标志着浦幼在浙江省学前教育的智

慧教育领域走在前列。由于智能化、信息化、个性化的"互联网＋教育""AI（Artificial Intelligence，人工智能）教育"的出色成效，浦幼还成为中国教育技术协会中小学专业委员会新晋常务理事单位，同样是浙江省唯一入选的单位。

在这个阶段，浦幼重点以省级规划课题及其子课题为载体，完善了"开放、互动"的科学探究环境，对幼儿园课程资源进行了整合。通过研究，教师越来越体会到游戏这一学习方式的重要性，进行了"基于 STEAM 的项目探究"教育理念的更新。STEAM（Science，Technology，Engineering，Arts，Mathematics）教育与 STEM 教育相比，将艺术（Arts）作为一个重要的人文因素融合了进去。艺术有着不可替代的作用，可以让幼儿从更多视角认识不同领域之间的联系，并且帮助幼儿以美好的形式表达自我。近年来，各个国家的深入研究证实，STEAM 教育更有利于培养全面发展的创新型人才。STEAM 教育是一种教学创新，以问题学习和项目学习为主要学习方式，在与现实生活相关的实践项目中，立足实际问题，以跨学科整合的方式协作解决问题。幼儿能够在探索与创造的过程中主动发现知识、获得经验、运用经验，是一种做中学的教育。① STEAM 教育非常适合在幼儿园落地，与浦幼"玩科学·爱创造"的办园理念完美契合。因而浦幼在课程实施中积极地推进 STEAM 教育，并获得了良好的成效，成为浙师大杭幼师学前教育 STEAM 研究中心首批成员单位。

项目式学习是 STEAM 教育的一个特征。STEAM 教育中，最有效的教学方法就是 PBL（Problem-Based Learning）教学法。PBL 教学法以幼儿为主体，以问题为核心，构建知识经验体系，其过程包括"产生问题→形成项目小组→明确任务→制定探究计划→收集资料并开展主题研究分析→总结资料→完成作品→成果展示→多元化评价"九个阶段。浦幼在课程的实施中，探索 STEAM 教育视野下的 PBL 教学法，进一步以幼儿创造力的培养为导向，以课题"全面推进幼儿园课程改革背景下的 PBL 设计与实践研究"为抓手，深化幼儿深度学习路径的研究。

为有效推进课程的园本化实施，进一步提升教师专业素养，浦幼还成立了自上而下的课程领导小组和由点带面的课程实施小组，不断推进 STEAM 教育理念项目活动的园本研修和主题审议，将课程理念贯穿于一日生活，让

---

① 范文翔，张一春.STEAM 教育：发展、内涵与可能路径[J].现代教育技术，2018，28(3)：99-105.

课程落地。园本研修中,研究班本项目活动中的学习形式、教学过程、教学评价方式的变革,给予幼儿发现问题、解决问题、运用经验进行实践的机会。主题审议中,站在幼儿的视角,切实关注幼儿的经验构建和学习过程,助推教师探索支持幼儿深度学习的有效策略,让课程更适宜幼儿的发展。浦幼的课程园本化实施及主题审议获得杭州市二等奖并且代表滨江区参加市级展示,获得广泛好评,这是对课程实施有效性的重要肯定。

基于以上围绕"核心"的吸纳和融合,浦幼将"玩"定位为幼儿重要的学习方式,将"创"融于生活和游戏,整个过程在实践中探索融合,生成了基于STEAM 教育并以"玩享生活、玩向创意"为理念的"智慧·玩创"园本课程。这是遵循幼儿认知特点及经验生成规律,寓幼儿探索兴趣、创造力培养于游戏、娱乐、玩耍中的园本课程。"玩"是形态和载体,"创"是目的和主旨。即以游戏、活动、实验等为路径,幼儿园自主研发以培养幼儿大胆、丰富的想象力和观察、操作、合作、创造等素养为内核的特色课程。同时,以省级规划课题"架构'智慧一日生活圈'——'玩·创'选择性课程的设计与深度实践研究"为基础,继续进一步完善课程体系的构建。十五个与"玩·创"相关的课题在省、市、区级立项并获奖。浦幼在持续研究和实践中,不断丰富课程的内涵和形式。

浦幼的"智慧·玩创"课程从顶层设计、课程研发,到全面铺排、深度实施、细化梳理,最终形成完善的体系。为推进课程灵活、高效、深度实施,浦幼还设计了多样化的载体,研发了丰富的课型及操作机制,架构了一个基于幼儿创造力发展的"点·链·群"全覆盖的"玩·创"时空。浦幼通过对园本课程的进一步审视和反思,使课程目标、架构、实施路径和评价方式更具科学性,更加系统化。2018 年,"智慧·玩创"课程参加了杭州市精品课程展示,并于 2019 年 1 月入选浙江省幼儿园精品课程。

伴随课程的深度实施,浦幼形成了"智慧·玩创"特色办园品牌,已在同行中和社会上产生了较大的影响力和辐射力,成了区域内一所品牌成熟的幼儿园,在同行、专家、家长等群体中口碑良好。近几年,从全国各地慕名来浦幼的考察团多达 100 余批次,有近 3000 人前来参观学习,"智慧·玩创"给他们留下了深刻的印象。

四、深化期(2019 年至今):走向未来

园本课程走的是一条跟随新时代不断纵深的可持续发展之路。以上三

个阶段是浦幼"智慧·玩创"课程的 1.0 时代，深厚的积淀为课程的后续发展提供了强有力的保障，也对课程提出了新的要求。2019 年是浦幼"智慧·玩创"课程的一个新起点，它即将迎来第四个阶段——深化期，即走向未来的2.0 时代。

园本课程要发展，就要面向未来，顺应课程的未来趋势，全方位实现变革。首先，要从最高点思考与审视课程的价值和目的，儿童本位的基本理念越来越被强调，这也将是探索课改实践的基点。理念的革新带动的是课程本体的重构，课程一旦成为体系，便不再是简单的部分相加，融合交互中需要不断去平衡好高结构化与低结构化的关系、部分与整体的关系，这是课程价值的直接表现。其次，真正推动课程支持幼儿自主创造、释放潜能的催化剂是秉持生活化、游戏化的实施原则，同时也使得课程评价向以儿童为主体发展，体现多元、弹性的转变。每一个环节都层层相扣，不可或缺，构成了课程改革的循环圈。

浦幼"智慧·玩创"课程的 2.0 时代，便是在新时代背景下，从上述几个层面进行课程的深化，进一步明晰、提升整个课程的顶层设计，拓展课程资源的广度和深度，在变革中确保课程始终保持活力，为幼儿的成长提供一方天地。具体来说，浦幼将着重实现从课程内容研究到课程实施途径研究的跨越，并且有针对性地解决 1.0 时代的问题，如更多地关注实证性数据的采集对比，利用观察量表客观检测项目实施效果并运用多元化的评价方法等。浦幼将立足对幼儿核心素养的思考，在保证幼儿全面发展的基础之上，不断致力于研究如何发展幼儿的探究精神和问题解决能力，培养幼儿的创新意识，深化课程内涵。

第四章　顶层设计：以优质课程服务幼儿成长

核心导读：

本章主要从"智慧·玩创"的核心概念和理念、课程目标和特质、课程开发和选择三个维度出发，阐述课程的顶层设计。浦幼课程研发团队借鉴皮亚杰的认知发展理论、陈鹤琴的"活教育"思想以及 STEAM 教育理念，将"智慧·玩创"课程界定为：通过整合信息技术与人工智能技术相融合的学习、游戏、生活环境和教育资源，帮助幼儿获得有益经验，培养人工智能时代的创新型人才的各种活动的总和。本章详细阐述了"智慧·玩创"课程的总目标、分目标、年段目标，为课程架构提供了合理的支持。在课程内容开发上，为了兼顾课程的基础性、全面性和个性、特性，浦幼将"智慧·玩创"课程分为共同性课程和选择性课程，分别占比 80％和 20％。在课程内容的选择上，除了确保幼儿园课程的基础性特质，还重点关注"智慧·玩创"课程的基础性、生活性、多样性，与园所特色深度结合。

第一节　"智慧·玩创"课程的界定及理论

对园本课程的内涵界定是课程设计、实施及达成课程目标的前提。在幼儿园漫长而曲折的园本课程开发过程中，研发团队需要不断借鉴前沿、适宜的教育理念，为课程开发之路奠定基础，把正航向。

一、核心概述

（一）课程定义："智慧·玩创"园本课程

浦幼基于人工智能时代的特点，将其与学龄前儿童的年龄特点和学习方式相结合，提出了"智慧·玩创"课程理念，为培养面向未来的幼儿提供课程保障。下面对"智慧·玩创"课程进行概念解读和内涵界定。

1. 什么叫"智慧"

《现代汉语词典(第7版)》将智慧释义为"辨析判断、发明创造的能力"。而在知识管理领域,"智慧"被界定为一种面向未来的创新能力。信息化管理的DIKW(Data, Information, Knowledge, Wisdom)模型则阐述了从数据、信息、知识到智慧的演变。与数据、信息、知识往往关注过去的经验不同,智慧面向的是未来,试图理解过去未理解的东西,做过去未做过的事。并且智慧是人类所特有的,是唯一不能用工具实现的内容。

党的十九大报告指出,要做好"教育信息化",这标志着我国进入教育信息化2.0时代。与传统的以信息技术推动的教育信息化1.0时代不同,教育信息化2.0时代是由以AI为核心的新一代信息技术来推动的。教育信息化2.0时代在发展形态和人才发展目标上,都将由网络化和信息化全面转向智能化和智慧化,可谓人工智能时代的智能教育。[1]

基于以上分析,浦幼"智慧·玩创"课程中的智慧是指智慧教育,本书中的"智慧教育"则是指:通过整合信息技术与人工智能技术相融合的学习、游戏、生活环境和教育资源,提高教师的教学水平,促进幼儿个性化和创新化发展,培养人工智能时代的创新型人才,具体包括智慧课堂、智慧运动、智慧游戏、智慧评价、智慧安保等七项内容。

2. "玩创"的内涵

在《新华字典》中,"玩"有"游戏、观赏"的意思。幼儿具有好动、好奇、好问、爱模仿、易冲动等性格特征,基于幼儿的天性,游戏,也就是"玩",是幼儿学习的基本方式,他们在游戏的过程中不断释放天性,感知世界。浦幼的"智慧·玩创"课程也是基于幼儿这一天性,将"玩"作为课程实施的主要形态和载体。

"创"则有"开始做、创造、创新"之意。"智慧·玩创"中的"创"就指向"创造力"和"创新能力"。创造力是人类特有的一种综合性品质,也是未来人才的核心特征,是未来社会的核心竞争力。研究证据显示,幼儿时期,尤其是3~6岁这一时期,是创造力发展的一个关键期。浦幼课程中的"创"指向课程对幼儿创造力和创新能力的培养,是课程的目的和主旨。

"玩创"即"在玩中创、边玩边创",基于幼儿认知特点和关键经验,培养

① 郑旭东.智慧教育2.0:教育信息化2.0视域下的教育新生态——《教育信息化2.0行动计划》解读之二[J].远程教育杂志,2018,36(4):11-19.

幼儿的科学、创新素养。浦幼将幼儿的兴趣探索、创造力培养与游戏、娱乐、玩耍等融为一体,打造了园本课程。其中,"玩"是形态和载体,"创"是目的和主旨,即以游戏、活动、实验、项目等为路径,以培养幼儿大胆、丰富的想象力和观察、操作、合作、创造等素养为目的,开发幼儿的创造力,并实现可持续发展。

3."智慧·玩创"园本课程

基于以上对"智慧""玩创"的分层解读,"智慧·玩创"园本课程是指:以指向幼儿创造力发展的办园目标为出发点,遵循幼儿身心发展规律,借助园区所在区域高新企业集聚、老街传统文化丰富等课程资源优势,研制鲁班制造、智慧劳动、创意 STEAM、体验探究四大课程项目及共同性课程,通过"点·链·群"多元融合和"坊·园·场·馆"全域覆盖的实施路径及策略,架构起一个服务每一个幼儿慧玩、乐探、创享的智慧一日生活圈,形成富有园本特色的新课程体系。

(二)课程目标:发展幼儿的创造力

由于创造力的内涵丰富、表现多样,学者们一直很难给创造力一个公认的定义,为大多数学者所接受的定义是"产生对社会或个人而言新颖、有用的想法、过程及程序",他们认为创造力的重要特质是"新颖性"和"适用性"。创造力是一种综合性的能力,在心理学的语境中,它是由知识、智力、能力及优良个性品质等复杂的多因素综合优化而成,但这并不是一般化、概化、简单相加的过程,而受各种环境限制和多种因素影响。[1] 幼儿创造力的发生、发展有以下鲜明特质。

自我实现。每一个幼儿都有创造的愿望和动机,都有实现和取得自己创造成果的信念和能力。同时,他们能以自主行为的实践,对新的事物进行再次发现和重新组合,从而形成新的模式,获得新的经验。

创造品格。幼儿富有创造性想象和表达,对周围事物充满好奇心,对客观世界有着浓厚的兴趣,对未知的领域有着强烈的探索欲望和探究心理,善于用不同的方法解决身边的实际问题。

无限潜能。每一个幼儿内心都潜藏着创造的可能,而且这种创造潜能是一个动态发展的过程,即随着年龄的增长和经验的丰富,幼儿的创造将由

---

① 王天力.一般创造力:概念内涵、存在机理与影响因素[J].黄河科技大学学报,2018,20(6):83-89.

简单向复杂、由初级向高级、由无目的向有目的发展。①

基于以上分析,浦幼将幼儿的创造力定义为:幼儿利用已有经验,进行经验的选择、重组、加工,从而产生解决问题的新模式、新方法、新思路的能力。

"智慧·玩创"课程的设计理念是通过为幼儿创设丰富多样的科学探究平台及科技体验环境,让幼儿借助多种探索性游戏和活动丰富已有经验,以此激活、保护、提升、拓展幼儿解决问题的新模式、新方法、新思路,从而挖掘幼儿无限的创造潜能,充分激发幼儿的创造天性。

二、理论支持

课程,是实现幼儿园教育的重要载体。纵观中国各地幼儿园课程,田园课程、科技启蒙课程、艺术课程等都有探索和发展,但是与智慧科技幼儿园相匹配的儿童智慧科学启蒙课程,却很难找到可以借鉴的范本。这意味着,浦幼需要在一步步摸索中尝试、创设、实践、推倒、重设。而这一个漫长的课程创建过程需要找到相关理论做支撑,推动课程有依据、有信念地前进。浦幼"智慧·玩创"课程基于对学前幼儿特点的认知,通过借鉴 STEAM 教育理念、皮亚杰的认知发展理论、陈鹤琴的"活教育"思想,创设适宜学前儿童身心发展特点、适应社会发展方向的课程体系,从而推动幼儿成长为未来社会的创造之星。

(一)基于 STEAM 教育的启示

STEAM 是科学(Science)、技术(Technology)、工程(Engineering)、艺术(Arts)以及数学(Mathematics)五个学科英语单词的首字母缩写,它代表着不同领域的学科在不同主题下相互联系并应用在现实生活中。② 这与学前教育所提倡的融合教育、综合教育不谋而合。STEAM 教育是在 STEM 教育的基础上加入艺术这一学科发展起来的,加入艺术这一学科后,更易于学前幼儿的表达与表现,也进一步激发了幼儿的兴趣。STEAM 教育致力于培养幼儿具有适应未来的"4C"能力,即沟通能力、批判性思维能力、团队协作能力、创造与创新能力。

STEAM 教育具有以下特点。

---

① 赵宇.儿童创新能力的特点与培养[J].大连教育学院学报,2001,17(4):70-71.
② 王娟,吴永和."互联网+"时代 STEAM 教育应用的反思与创新路径[J].远程教育杂志,2016,35(2):90-97.

1. 项目为导向

与传统的主题教学不同,STEAM教育主张以项目为活动实践单位,让幼儿通过完成项目去解决问题,锻炼动手能力,这样不仅能够激发幼儿的学习动机和学习兴趣,还能够增强幼儿的团队协作能力和沟通能力,真正做到"做中学,学中做"。而项目活动又能打破时间、空间的限制,以幼儿兴趣为导向,可以适当调整活动内容和进度,帮助幼儿形成完整且连贯的经验链。在项目基础上,浦幼采用了问题驱动式推进,从幼儿生活中遇到的实际问题出发,借助实验、调查、制作模型等方式,在解决问题的同时不断拓展项目的内容。幼儿在自主性游戏中常常发出各种疑问并引发集体兴趣,这样有意义的问题通常可以链接多学科概念进行系列探索,教师尊重并寻求幼儿对生活中事物的兴趣,以自然游戏为基点,以幼儿为中心,进行问题推进式项目活动。

2. 注重综合性

STEAM教育包含各个领域的内容,将多个学科综合起来,当不同领域的内容无痕融合在一起时,可以使幼儿的经验体系化,增加趣味性,让幼儿能够融会贯通,拓宽知识面。同时,通过STEAM教育,幼儿能够将所学知识和生活实际相结合,真正做到学以致用。

例如,浦幼有一座"网红桥",是大五班幼儿在幼儿园搭建的一座真正的桥。他们在项目活动中制作设计图,学习选择材料、测量材料、寻找帮手,在此过程中体验合作。将手中的纸桥模型变成一座真正的大桥,他们用了整整一个月的时间! 这当中融合了工程、设计、艺术、数学等内容,幼儿在玩的过程中发展了多元能力。

3. 强调创造性

中国目前的升学体制,让教师、家长乃至整个社会都将重点放在了学习结果上,反而忽略了学习的本质是激发学习兴趣,从而学会学习,学会思考,最终拥有发现问题和解决问题的能力。而STEAM教育特别强调活动的过程性,注重创造性,旨在让幼儿在解决问题的同时体验科技的力量。

一个个以STEAM教育理念为支撑的项目正在浦幼不断生成,这些内容也许与课程主题有连接,也许与生活有联系,都是基于幼儿经验的再探究和再深入的产物,是幼儿经验链的重要一环。

(二)皮亚杰认知发展理论的奠基

让·皮亚杰(Jean Piaget),瑞士人,是近代最有名的儿童心理学家之一。

他的认知发展理论是儿童心理学的学科典范。皮亚杰的理论主要包含两方面内容：一方面内容是认知发展的四个阶段，即感知运动、前运算、具体运算、形式运算，其中，学龄前儿童的认知水平大都处在前运算阶段；另一方面内容是影响幼儿认知发展的四个因素，即机体成长、练习经验、社会经验、自我调节。其中，皮亚杰关于幼儿经验建构的理论也为浦幼课程建设提供了方向性的理论指导。

1. 幼儿在实践中主动建构经验

皮亚杰指出，知识在本原上既不是从客体发生的，也不是从主体发生的，而是经由主体和客体之间的相互作用——最初便是纠缠不可分的——发生的。[①] 与"知识是由主体与外部世界不断相互作用而逐步建构的结果"这一观念相对应，幼儿是具备主动学习能力的建构者，而不是等待被填画的白纸。主动与外部世界互动，并在互动中产生新经验，这是幼儿作为知识建构主体的重要特征。这强调了为幼儿提供探索、实践机会的重要性。而浦幼的"智慧·玩创"课程理念也是主张让幼儿在实际操作中解决问题，为幼儿提供充足的机会，让他们实际操作、亲身体验。同时，该课程主张教师应当成为观察者，为幼儿提供探究的材料、创设民主的氛围、提供必要的帮助，从而促进幼儿主动建构知识。

2. 游戏为幼儿的创造性提供可能

皮亚杰认为，如果过早地向幼儿传授未经操作的知识，单纯地灌输，更多地让他们进行顺应而非同化，容易造成不平衡状态，难以建构应有的认知结构。更严重的是，缺乏实践操作的活动容易扼杀幼儿的创造性。而事实上，幼儿期恰恰是一个人最精彩、最具创造力的时期。[②]

游戏能集中体现一个人童年时期的创造力。皮亚杰认为："从感知运动的练习与符号这两种主要的形式看来，游戏乃是把现实同化于活动本身；活动具有其必然的持续性而且按照自我的需要改变着现实。"幼儿一方面在游戏中把现实同化到活动本身之中，另一方面努力在游戏与实际生活中自发地交换，以达到同化与顺应之间的平衡。[③] 基于此，浦幼的课程设计形式多以游戏、STEAM 项目活动为主，主张让幼儿将游戏中操作的内容运用到现

① 左任侠,李其维.皮亚杰发生认识论文选[M].上海:华东师范大学出版社,1991:3.
② 布兰吉耶.皮亚杰访谈录[M].刘玉燕,译.台北:书泉出版社,1996:210.
③ 王振宇.儿童心理发展理论[M].第二版.上海:华东师范大学出版社,2016:186.

实中,实现虚拟和现实的转换,从而达到同化与顺应之间的平衡。

(三)陈鹤琴"活教育"思想的借鉴

陈鹤琴是我国近代著名的儿童教育家、儿童心理学家和教育理论家,他一生都专注于儿童教育理论的研究和实践,著有《家庭教育》一书,编写了幼儿园、小学教育读物及儿童课外读物,还参与了儿童玩具、幼儿教具的研发和普及工作。在其儿童教育思想体系中,"活教育"思想是最具代表性和生命力的。"活教育"思想的核心是强调科学实验的重要性,主张根据中国国情和地方特色开展活动。这为浦幼开发园本特色课程,创设以实践为主的课程体系提供了强大的理论基础。陈鹤琴用大量的教育实践活动证明了"活教育"思想的重要性,直至今日,其教育理论仍然影响着我国的素质教育。"活教育"思想主要包括目的论、课程论、方法论三方面的内容。

1.目的论

"活教育"的目的论在于"做人,做中国人,做世界人"。其中,"做中国人"要求"做现代中国人"。"现代中国人"应具备五个条件,即健全的身体、创造的能力、建设的能力、合作精神、服务精神。

要有创造的能力,需要会劳动的双手,也需要有懂科学、会思考的头脑。浦幼"智慧·玩创"课程重视幼儿的动手操作能力、探究能力和创造性思维,正是这一理念的重要体现。

要有建设的能力,提倡让学生在学校里从事种种建设工作。其实,建设工作与 STEAM 项目活动在一定意义上有着异曲同工之妙,基于 STEAM 教育的 PBL 项目开展是"智慧·玩创"课程的重要形式之一。

合作精神体现在"智慧·玩创"课程中,一方面是注重幼儿在合作中对高新技术的感知和操作,另一方面是提升幼儿合作解决问题的能力。很多活动需要幼儿通过团队协作的方式达成目的。幼儿在从事幼儿园活动的过程中,贡献自己的知识,交流自己的想法,合作的习惯就是这样养成的。

要有服务精神。幼儿在从事幼儿园活动的过程中,往往要动手、动脑解决问题,不断地尝试或探究,可以有效地整合多领域的经验,培养服务精神。

2.课程论

陈鹤琴为避免教育造就没有问题解决能力和实践能力的"书呆子",强调从源头解决问题,主张提供"活教材",而非不断趋于同化的活动教材、日渐固定的活动内容以及单一呆板的教学形式。那么,"活教材"是指什么呢?

幼儿通过接触自然和社会,通过参与各种实践活动获得各种有益的经验,这些经验都是书本上很难获取的内容。"活教育"强调社会实践的重要性,同时结合书本内容,实现培养现代中国人的目标。"活教育"课程论认为,教材是社会生活和实践经验的集中反映,不应当脱离社会生活孤立存在。而浦幼基于当下社会发展趋势和区域优势开发的"智慧·玩创"课程,同样强调实践活动的重要性,重视幼儿在活动过程中问题解决能力的培养。

3.方法论

方法论是实现"活教育"所需的教学方式和方法。陈鹤琴提出,学与做是儿童教育的基本方法,即"做中学,学中做,做中求进步"。"做"是基础和出发点,具有非常重要的作用,儿童在"做"的过程中发展思维。在其理念中体现出以"做"为基础的儿童教育观,强调培养主动学习意识。浦幼"智慧·玩创"课程以"玩"为幼儿学习的主要形式,重视操作、实验的重要作用。

幼儿需要适应事物的复杂性和多样性,这意味着幼儿需要具备高度的个性化和差异性,要具备应变能力。因此,浦幼尽可能多地为幼儿提供开放、多元、前沿的活动内容。"智慧·玩创"课程研制了鲁班制造、智慧劳动、创意 STEAM、体验探究四大课程项目及共同性课程,通过"点·链·群"多元融合和"坊·园·场·馆"全域覆盖的实施路径及策略,不断推动幼儿经验的多元化、开放化,树立动态的课程观。

以上教育理论对浦幼"智慧·玩创"课程的开发影响深远:皮亚杰的理论强调游戏的重要性;陈鹤琴的"活教育"思想影响着"智慧·玩创"课程目标的设定,影响着教师课程观和教学方法的转变。STEAM 教育则更多地指向课程评价和课程内容的变革和选择。其实,每一种理论都在不断推动浦幼团队课程理念的更迭,不断推动教师开发合理、科学、适宜的活动内容,寻找适宜的教育方法和评价方式,以期达到推动幼儿全面发展的目的。浦幼试图通过基于时代背景的"智慧·玩创"教育,让幼儿学会生存、学会生活,在实践中获得问题解决能力,并且通过实践多元的课程,让幼儿成为对世界充满爱心和自我认同的人,成为既独立自主又有合作精神的人,成为具备未来生活能力的人,成为既有创新精神又有实践能力的未来社会小公民。

三、课程特质

幼儿园课程是从幼儿身心发展的特点和特定的社会文化背景出发,有目的、有计划地组织和实施,并贯穿于幼儿一日生活之中的课程。浦幼的"智慧·玩创"课程是基于园所幼儿发展需要、园区资源以及区域发展特色设计的园本化课程,在呈现出启蒙性、生活性、游戏性、活动性和直接经验性、潜在性等特点的同时,在课程目标、内容、载体、资源、评价等方面也有着自己的特色。

培育具备创造力的新时代幼儿是课程目标的主要指向。在培养方向上,注重幼儿全面发展的同时,更多地关注幼儿适应未来社会发展的能力。而创造力是竞争力的核心,培养创造力是"智慧·玩创"课程培养幼儿的重要目标。结合目标,课程内容在整合多领域内容的基础上,将促进幼儿探究能力和科学素养的内容放在重要的位置。打破时空的限制,建立同伴、教师、家长的三角关系,架构"三位一体"的实施模式。借助多样化的场馆载体,优化时间安排,合理安排一日活动、周活动和主题节活动。借助滨江区的区域资源优势,不断开发智慧教育资源,推动园所"互联网+"教育平台的构建。将大数据评价引入幼儿园课程和幼儿评价体系,让课程评价可视化和智慧化。

第二节　"智慧·玩创"课程的目标与特质

课程目标是指幼儿活动所需要达到的结果,在课程编制中占据着核心地位,它是课程编制的起点,也是课程编制的终点。课程目标是进行课程内容选择、组织和实施的重要依据,也是进行课程评价的重要标准。课程目标引领着课程内容、课程实施方式、课程评价等,影响着课程的特质。

一、"智慧·玩创"课程目标

基于课程的核心理念,浦幼从园所幼儿发展和社会发展需要出发,以《幼儿园教育指导纲要(试行)》《3~6岁儿童学习与发展指南》为依据,并结合本园园情和园所文化,在课程专家的统筹下制订了课程目标。

课程目标是课程中幼儿需要达到的结果的一个重要指向,基于"智慧·玩创"多元融合的课程内容,课程目标需要进行细致、有针对性的划分,让其更具可操作性。因此,"智慧·玩创"课程制订了课程总目标、分目标以及年段目标。课程总目标是对课程最终培养蓝图的绘制,分目标针对各领域特点制订,年段目标根据幼儿年龄特点制订,多层、细化的制订方式让课程目标体系更加科学、合理、全面、完善。

(一)"智慧·玩创"课程总目标

课程总目标是培养"悦动善群、慧玩乐探、乐言创想"的新时代玩创幼儿,通过"玩中学",使其成为具有"身心健康、自立善群、好奇善思、热爱艺术、乐于表达、勇于探究"等优秀品质的幼儿。

如图 4-1,总目标分为悦动善群、慧玩乐探、乐言创想这三个不同的维度,主要是从感知体验、操作探究和表达表现这三个经验习得维度设定的。悦动善群主要指向社会、健康领域,慧玩乐探主要指向科学探究领域,乐言创想主要指向语言、艺术领域。

图 4-1 "智慧·玩创"课程目标框架

(二)"智慧·玩创"课程分目标

根据《3～6 岁儿童学习与发展指南》以及课程的总目标,浦幼制订了较为详细的课程分目标,见表 4-1。

表 4-1 "智慧·玩创"课程分目标

维度目标	领域目标	具体目标
悦动善群	阳光强健	积极参与活动,有健康的体魄、积极的心态,提高运动能力和行为安全性。
	自立悦纳	自理、独立、相互悦纳,形成文明的生活态度和习惯,并积极和同伴建立良好的合作关系,具有一定解决问题的能力,具有初步的责任感。

续表

维度目标	领域目标	具体目标
慧玩乐探	好奇好问	亲近、关心大自然,对周围世界、科学现象、科技和人类生活的关系产生兴趣,具有初步的环保意识,并尝试去观察、思考、猜想,锻炼批判性思维。
	反思探究	尝试通过观察、比较、操作、验证等方法积极与周围环境发生关系,积极参与到动手动脑解决问题的创新活动中。
乐言创想	交流表达	积极运用语言及非语言方式表达和表现,具有一定的想象力和创造力。
	审美创造	接触多元文化,在丰富的体验活动中,发现和感受生活中的美,培养审美情趣。

在悦动善群、慧玩乐探、乐言创想这三个维度的目标中,以阳光强健、自立悦纳为课程基础,更多地强调注重幼儿身心健康以及良好社会交往能力的导向。慧玩乐探指向好奇好问、反思探究,在大方向上关注幼儿的操作能力、探究能力,关注科学素养的提升。乐言创想则关注幼儿的表达表现能力,重点指向审美创造和交流表达。课程目标在总目标下进行了各领域小目标的分解,让教师在操作实施时能做到心中有数,把握课程的总体走向。

(三)"智慧·玩创"课程年段目标

围绕"智慧·玩创"课程的总目标以及分目标,结合《3～6岁儿童学习与发展指南》的各年龄段目标,浦幼将课程年段目标预设如表4-2。

表4-2　"智慧·玩创"课程年段目标

年段	领　域	具体目标
小班	阳光强健	情绪稳定、愉悦,具有一定的适应能力,能比较快速地融入集体环境,动作发展比较协调,喜欢参加各种户外运动,具有一定的自我保护能力。
	自立悦纳	在成人的指导下,具有基本的生活自理能力,愿意与同伴一起玩,愿意与同伴沟通以解决问题。
	好奇好问	喜欢接触大自然,对周围的很多事物和现象感兴趣。初步感知生活中的数学,并对此感兴趣,愿意去观察学习。
	反思探究	能用多种感官或动作去探索物体,关注动作所产生的结果。初步了解和体会常见的动植物与生活的关系,能注意到物体较明显的形状特征,并能用自己的语言描述。
	交流表达	喜欢大自然中动植物的美,喜欢欣赏各种画展、表演等,并能大胆和别人交流。
	审美创造	会哼唱、模仿、表演,并且愿意用多种形式表达事物的美。

续表

年段	领域	具体目标
中班	阳光强健	经常保持愉悦的情绪,会适当调节自己的情绪,能较快适应环境的变化。具有一定的平衡能力,动作发展协调,具有一定的灵敏性。喜欢参加体育活动,具有一定的运动能力。
	自立悦纳	喜欢与同伴游戏,与同伴发生冲突时能在他人帮助下和平解决。尝试认识自己、接纳自己,敢于尝试有一定难度的任务,能遵守基本规则。
	好奇好问	亲近大自然,对周围的现象感兴趣,喜欢接触新事物,经常问一些与新事物有关的问题。
	反思探究	敢于动手、动脑探索材料与事物之间的关系,并能通过学习、观察、比较等方法发现事物的特性以及人和事物的关系。初步感知、理解数量和图形之间的关系。
	交流表达	在欣赏自然界和生活环境中美的事物时,关注其色彩、形态等特征,并且大胆和同伴交流,表达自己的情感。
	审美创造	会唱唱跳跳,能用绘画、泥塑等喜欢的方式表达自己对美的感受。
大班	阳光强健	能保持愉悦的情绪,会控制和调节自己的情绪。适应能力较强,具有一定的平衡能力,动作协调、灵敏。养成良好的生活习惯和运动习惯。
	自立悦纳	能与同伴友好相处,并且在与同伴发生冲突时能自己协调、解决问题。能与同伴友好合作,同时接纳、尊重与自己生活方式或习惯不同的人。理解规则的意义并遵守,具有初步的归属感。
	好奇好问	对生活和大自然中的各种现象感兴趣,并且会根据现象不断追问。
	反思探究	尝试用各种方法解决问题,如通过观察、比较、操作、验证等方法去了解事物和现象,积极参与动手动脑解决问题的创新活动。
	交流表达	主动寻找身边美的事物,并且会和同伴交流,将美的感受、想法与同伴分享。
	审美创造	积极参与各类艺术活动,并且用各种方式创作,表达对美的感受,能美化环境和生活。

由于各年段幼儿认知发展水平不一,一刀切的课程目标势必导致课程内容和课程实施方式的机械化。根据幼儿年龄特点,制订难易程度不一的年段目标,能让教师清晰地了解同一维度中不同年龄幼儿的发展要求,在课

程实施过程中更加有理可循、有据可依。

二、"智慧·玩创"课程内涵

"智慧·玩创"课程是浦幼秉承发现、发挥幼儿与生俱来的好奇心、想象力、探索精神以及尊重幼儿发展需求的初心,立足园所、区域课程资源和社会发展趋势,结合《幼儿园教育指导纲要(试行)》《3～6岁儿童学习与发展指南》等文件精神,在课程专家引领下,自主研发的园本化课程体系。与一般的艺术课程、语言课程等相比,"智慧·玩创"课程的内涵体现着时代性、智能式和个性化。

(一)时代性

课程的时代性是指课程内涵反映了一个时代的政治、经济、文化、技术等共性的特征,是对当下社会特征和发展趋势的反映。

"智慧·玩创"课程内涵的时代性主要体现在两个方面。一是在课程培养目标方面,浦幼将创造力培养作为课程目标,这是基于当下智能化的时代特征的考量。3～6岁是幼儿创造力发展的关键期,浦幼"智慧·玩创"课程将创造力培养作为课程目标,是具备前瞻性的,真正做到"教育应当面向孩子的未来"。二是在课程内容选择方面,相比于一般的学科课程,课程内容在实现多领域融合的基础上,积极尝试当下适宜幼儿探索能力培养的STEAM课程和项目,开展场馆教育,更加适应当下提倡的多样化模式。

(二)智能式

在人工智能快速发展、教育信息化建设进入 2.0 时代的今天,浦幼借助高新企业集聚、老街传统文化积淀深厚等区域课程资源优势,积极构建信息技术与人工智能技术融合的学习、游戏、生活环境,整合教育资源,将各类信息化产品、教具应用到教学及幼儿园管理中,让幼儿园课程走向多元化、信息化。在杭州成为中国"新型智慧城市"标杆的背景下,作为首批"杭州市智慧教育示范学校",浦幼的智慧课堂、智慧游戏、智慧运动等率先得以立体化实现,利用多样的教学设备和智慧游戏,让幼儿在操作中体验虚拟成像、动作捕捉、3D 打印、机器人互动等智能技术。同时,在课程评价上不断探索,引入大数据评价,让课程评价摆脱主观臆断,开启智能模式,走向客观、可视化的数据评价。

(三)个性化

浦幼"智慧·玩创"课程的个性化有两方面含义。一是指基于浦幼当下发展实际开发园本化课程,区别于一般的审定教材,"智慧·玩创"课程具备浦幼特有的印记和特征。二是指浦幼希望通过实施个性化的课程,推动每一个幼儿形成个性化的能力。为推进"智慧·玩创"课程灵活、高效、深度实施,在内容上安排了以省编课程、体验式课程、"完整儿童""游戏·成长·发展"课程参考资源为蓝本筛选并改编的"主题活动"为共同性课程;研制了鲁班制造、智慧劳动、创意STEAM、体验探究四大课程项目作为特色课程;通过"点·链·群"多元融合和"坊·园·场·馆"全域覆盖,实现课程实施。园内每年定期举办艺术节、科技节、读书节、国学节和运动节等,努力为每一个幼儿的个性化发展提供平台。

三、"智慧·玩创"课程特质

幼儿园课程是从幼儿身心发展的特点和特定的社会文化背景出发,有目的、有计划地组织和实施并贯穿于幼儿一日生活之中的经验,这种经验是幼儿园施加教育影响的一种中介,以引导和促进幼儿朝着社会所需要的人才的方向发展。[1] 基于3～6岁幼儿的年龄特点、认知方式及身心发展需要,幼儿园课程呈现出启蒙性、生活性、游戏性、活动性、直接经验性、潜在性等特点。浦幼的"智慧·玩创"课程在具备这些共性特质的基础之上,还拥有自己的独特气质。

如表4-3,与一般幼儿园课程相比,"智慧·玩创"课程的特质主要体现在课程目标、课程内容、课程载体、课程资源、课程评价上。

表 4-3　"智慧·玩创"课程与一般课程的对比

项目	"智慧·玩创"课程	一般课程
课程目标	在德、智、体、美、劳全面发展的基础上,聚焦幼儿创造力培养	德、智、体、美、劳全面发展
课程内容	四大领域(语言、社会、艺术、健康)课程＋"科学小玩童"课程	五大领域课程
课程载体	"坊·园·场·馆"多维时空载体	主题活动等
课程资源	在常规资源的基础上,积极开发高新技术企业资源	以常规的园所、家长、社区资源为主
课程评价	在常规评价体系的基础上引入大数据评价	常规评价体系

---

① 徐越.论幼儿园课程的本质[J].文存阅刊,2018(18):65.

(一)课程目标:培养具备创造力的新时代幼儿

课程目标是对幼儿在一定学习期限内的学习效果的预期,它是指幼儿在某一阶段通过课程学习之后,在情感、知识、技能等方面期望实现的目标,这是后续选择课程内容和教学方法的基础。课程目标包括行为取向性目标、生成性目标、表现性目标三类。其中行为取向性目标更多关注学习结果,它具有导向功能、控制功能、激励功能与评价功能。生成性目标是指在教育情境之中,随着教育过程的展开而自然生成的目标,它关注的是学习活动的过程,更多考虑幼儿的兴趣,强调目标的适应性、生成性。表现性目标关注教育情境中幼儿的个性化、创造性表现,重视幼儿在活动中表现出来的创造精神、批判思维。

"智慧·玩创"课程的总目标决定了该课程注重幼儿行为品质和探究创造精神的培养,更偏向于生成性目标和表现性目标。在确保幼儿各方面能力得到综合发展的基础之上,核心指向幼儿创造力的培养。在"互联网+"时代,幼儿需要适应事物的复杂性和多样性,这意味着幼儿需要高度的个性化以及创造能力。为了适应人工智能时代的浪潮,浦幼"智慧·玩创"课程致力于激发幼儿的创造力,使其适应社会发展需求,成为真正的新时代人才。

(二)课程内容:推动幼儿共性与个性和谐发展

课程内容指由符合课程目标要求的一系列比较系统的间接经验与学生的某些直接经验组成的、用以构成课程的基本材料。"智慧·玩创"课程由两部分内容组成,一部分是基于审定教材的园本共同性课程,占比80%,另一部分是选择性课程——"科学小玩童"课程,占比20%。

共同性课程是在审定教材的基础上进行删减、重构、重组、增添而形成的课程,它是"智慧·玩创"课程的基石,重点在于促进幼儿全面发展。

"科学小玩童"课程是以项目探究形式开展的科学特色课程,它包含鲁班制造、智慧劳动、创意STEAM、体验探究四大课程项目,旨在发展幼儿的探究能力、合作能力、创造能力。这一特色课程能使幼儿在各方面和谐发展的基础之上,实现创造力和科学素养的提升,具备浦幼印记。

(三)课程载体:打破时空限制的动态实施

"智慧·玩创"课程的实施,从空间上打通了园内主题场馆和园外实践基地;从时间上全覆盖,渗透到一日生活内;从学习主体上建立了同伴、教师、家长的三角关系,架构"三位一体"的实施模式。详见图 4-2。

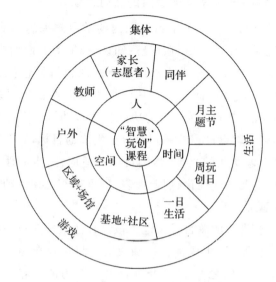

图 4-2 "智慧·玩创"课程实施载体

1.优化时间安排,日、周、月系统推进实施

时间是课程实施最基本的载体。浦幼从日、周、月入手,制订相应的作息和活动计划,让教师在执行过程中更具有可操作性。"智慧·玩创"课程的理念、目标、内容既渗透在一日生活之中,也通过每周五下午的"智慧·玩创"项目体验活动、每月的主题节来体现。如图 4-2 所示。

2.根据空间特质,优化各活动室时间安排

浦幼设有多个室内主题场馆供幼儿操作、探索,在原先一刀切、每天轮流进活动室活动的基础上进行了一定的改变,根据幼儿兴趣和活动室特点来弹性调配各年段班级的"智慧·玩创"课程项目。除此之外,浦幼室内、户外的特色区域也是重要的实施载体。浦幼根据各个活动室特点,积极发挥其作用,对活动室的安排见表 4-4。

表 4-4 "智慧·玩创"课程活动室安排

活动室名称	活动时间需求	活动时间安排建议
儿童生活馆、社会体验馆、绘本图书馆、智慧科技馆、中国创造体验馆	没有强烈的连续使用的需求	安排不同的班级轮流进入室活动

续表

活动室名称	活动时间需求	活动时间安排建议
科技探究馆	幼儿探索需要思考、观察、尝试的过程,时间上的连续性更有利于幼儿深入的探究	两周内连续安排同一个班级入室活动
艺术创意馆、STEAM 创意木工坊、STEAM 创意建构区	幼儿建构、创造作品需要阶段性的时间保障,这更有利于完成主题、作品	根据各班幼儿活动情况,在一周内连续安排同一个班级入室活动

(四)课程资源:融合智慧与探究的多维资源

浦幼非常注重环境"隐性"课程的价值,不断融合多维资源,努力营造乐玩、乐探的整体环境,在室外开辟了十五个特色区域:树屋、草坡、地道、小山坡、建筑工地、智慧种植区、水乐园、"南水北调"、戏水池、滴水成溪、玩沙区、环保创意火车体验站、空中花园、木马藏兵、智慧小庄园。在室内,开辟了八个科技特色智慧区域:AR 互动地投、AR 互动墙投、音乐楼梯、AR 互动智慧沙盘、AR 奇妙电路、人工智能机器人、科技长廊、智慧游戏科学区。教师在课程实施过程中应当充分发挥各个室内外场地的作用,按照计划执行。

在班级环境创设过程中,强调为幼儿创设和提供与主题相关的环境、区域、操作材料等。注重为幼儿提供安全、真实、有挑战性、富有弹性的环境,注重园内外环境的结合。在材料选择上,注重复杂与简单结构的结合,强调多样性、可操作性。基于多维度、多样化、体验与操作结合的课程资源,实现幼儿个性化成长和创造力激发。

(五)课程评价:探索指向幼儿智慧成长新评价

幼儿园课程评价是对课程整体及各部分的系统价值进行判断的过程,在幼儿园课程系统中十分重要。幼儿园课程评价是幼儿教育工作的重要组成部分,有助于了解教育工作的适宜性、有效性,从而调整和改进教育工作,提高教育质量,更加有效地促进每个幼儿的发展。[①]

浦幼的课程评价体系主要包括课程设计评价、课程实施过程评价和课程实施效果评价。第一,依据课程目标,设定了三个指标,即共同生活(慧玩)、探索世界(乐探)、表达表现(创享)。第二,实现评价主体的多元化,幼儿园管理人员、课程专家、教师、家长、幼儿等都是课程评价主体,同时,实施

---

① 虞永平.让幼儿园课程评价情境化、真实化[J].教育导刊(下半月版),2009(12):13-16.

月、学期、年度等多样化评价。第三,基于"智慧·玩创"课程特色,通过智慧运动和智慧区角,借助大数据对幼儿进行智慧评价,为幼儿智慧成长和后续发展提供真实、有效的数据支持。

通过对课程目标和课程特质的准确分析,浦幼"智慧·玩创"课程的整体基调已然形成。教师只有真正把握课程整体走向,才能在课程实践中做到心中有主线、选择有依据、实施有方向。但同时,需要把握的一点是,"智慧·玩创"课程目标偏向于过程性目标,教师切勿过多追求结果导向目标,而忽视了幼儿在游戏、探索过程中的个性化、创造性表现。

第三节 "智慧·玩创"课程的开发与选择

课程开发与选择是指通过需求分析确定课程目标,再根据这一目标选择某一个学科(或多个学科)的教学内容和相关教学活动,进行计划、组织、实施、评价、修订,以达到课程目标的整个工作过程。课程开发过程中,在确定课程目标后,首先要研究课程架构,这是课程开发的灵魂和骨架。

一、课程内容组织架构

课程的总目标必须通过有价值的课程内容和实施方式来完成。"学什么"和"怎么学"是两个关键问题,前者指的是学习内容,后者指的是学习方式。幼儿的学习方式是教师教育行为及评价方式变革的出发点与依据,因此,有学者明确指出:"学习方式的变革是课改的核心。"[1]基于"玩中学,玩中做"的教育理念,浦幼将省编教材园本化作为共同性课程,以"科学小玩童"作为选择性课程。课程架构如图4-3。

浦幼以省编教材、探究式教材为蓝本开展主题审议活动,筛选改编部分"主题活动"作为共同性课程;开发了以幼儿兴趣为导向,以动手操作、设计、探究、验证等为主形态的项目活动作为选择性课程("科学小玩童"课程),研制了鲁班制造、智慧劳动、创意 STEAM、体验探究四大课程项目。通过"点·链·群"多元融合和"坊·园·场·馆"全域覆盖的实施路径及策略,借鉴 STEAM 教育理念,架构起一个服务每一位幼儿慧玩、乐探、创享的智慧一日生活圈。其中,共同性课程占 80%,选择性课程占 20%。

---

[1] 任长松.新课程学习方式的变革[M].北京:人民教育出版社,2003:1.

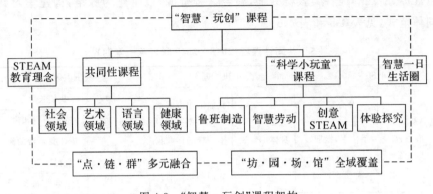

图 4-3 "智慧·玩创"课程架构

二、课程内容开发

课程内容开发是指根据课程目标和组织架构,重新编制、增删、润色、整合适宜幼儿发展的各类直接、间接经验和活动,以此推动课程实施。

我国学校课程大致可以分成以专家学者为主体开发的学院式课程和一线学校开发的经验式课程两类。学院式课程内容严谨,更多关注课程的全面性和基础性,而经验式课程则更具个性和特性。为了兼顾课程的基础性、全面性和个性、特性,浦幼将"智慧·玩创"课程分为共同性课程和选择性课程,共同性课程是学院式课程,而选择性课程是浦幼自主研制的园本经验式课程,两者的结合使课程兼具严谨和个性。共同性课程和选择性课程在内容开发上也各有千秋,不可一概而论。

(一)共同性课程的开发

共同性课程是以省编教材、探究式教材为蓝本筛选、改编的部分"主题活动",具备推动幼儿全面发展的基础性作用。幼儿园课程改革的基本导向已由强调教师传授知识和技能逐步转化为强调幼儿的发展和一般能力的获得,由注重课程的标准化和统一性逐步转化为注重课程发展和实施的多元化和自主性。同时,幼儿园课程园本化是推动课程建设的基础,是实现课程适宜性的关键所在。为建构适合本园的幼儿课程,根据浙江省教育厅颁布的《关于全面推进幼儿园课程改革的指导意见》文件精神和浦幼幼儿自身发展需求,浦幼定期开展集体主题审议式的教研活动,充分利用园内外的各种教育资源,进行课程选择、课程重组和课程管理。

现阶段,结合浦幼特点和课程总目标,共同性课程以省编教材为蓝本,以江苏、浙江等地各类教材为辅,整合课程资源,以主题为脉络,构建学习共同体范式,见表 4-5 和表 4-6。

表 4-5　共同性课程(2018—2019 学年第一学期)

小班主题		中班主题		大班主题	
我自己	开心宝宝	身体的秘密	我们的中班同学	特别的我	我们长大了
	手拉手,做朋友		不一样的你和我		特别的我和你
					请让我来帮助你
	甜蜜蜜派对		我们都是好朋友	我的祖国是中国	祖国真大
					宝贝真多
秋天到了	秋叶飘,桂花香	多彩的秋天	秋天的色彩	秋天多美好	寻秋
			好玩的秋叶		
	酸酸甜甜的水果		树叶的秘密		探秋
			丰收了		悟秋
奇妙的冬天	冬天来了	冬天到了	冷了怎么办	快乐的一年	爱上冬季
	雪娃娃		过冬		
	有趣的冰	新年到	迎新年		一天又一天
	拥抱太阳		过新年		
	过新年		热闹的超市		新年快乐

表 4-6　共同性课程(2018—2019 学年第二学期)

小班主题		中班主题		大班主题		
过年真好	红色大收集	过春节	欢乐春节	红红的年	压岁钱	
亲亲小动物	我喜欢的动物	我的动物朋友	在农场里	疯狂动物城	动物家族我喜欢	我要上小学
	小兔乖乖		在动物园里		动物大探秘	
	乌龟爬爬		有趣的昆虫		我们大家是朋友	
	小鸡小鸭		逗蚂蚁			
春天来了	小草醒了	春天到	大树的秘密	春天里	长呀长	
	可爱的豆宝宝		花花朵朵		踏青去	
让我试一试	吹泡泡	勤劳的人们	医生,您好	再见了,幼儿园	我真棒	
	方方和圆圆		建筑工人辛苦了			
夏天真热	清洁宝宝	我爱夏天	玩沙玩水真快乐		我会记住你	
	夏天真好玩		夏天			

在审议中,浦幼深入剖析教材本义,把握整体思路、主题之间的内在联

系,分析每一个主题所蕴含的教育价值;充分利用园内外资源,扩大视野,有机地编排内容。在此基础上,浦幼进行了教材的园本化,建构园本内容,保证幼儿和谐、全面、有序发展。

(二)选择性课程的开发

选择性课程源于浦幼多年的教育积淀,充分注重本园课程的历史基础,从而进行教育模式的优化。浦幼一直秉持"最大限度支持幼儿爱玩、爱创造"的理念,积极助推"智慧·玩创"教育品牌,致力于打造"智慧·玩创"园。由此,浦幼在已形成的一系列具有园所特色的"智慧·玩创"活动基础上进行了进一步系统性的整合,形成了基于 STEAM 教育理念的选择性课程,即"科学小玩童"课程,进一步支持幼儿玩中启智、玩中学习、玩中创造。

"科学小玩童"课程以"智慧·玩创"课程的"玩享生活、玩向创意"理念为核心,是课程目标"慧玩、乐探、创享"的直接反映。课程的顶层架构是围绕课程目标研制了鲁班制造、智慧劳动、创意 STEAM、体验探究四大课程项目,每个门类下设置平行维度的内容,由此再展开小、中、大班三个年段紧密联系、层层递进的主题,其中系统地整合了省编教材中与此相关的内容和本园在教育积淀中形成的科学特色活动,以及生成的科学主题项目探究活动,课程主要内容见表 4-7 和表 4-8。各年段班级根据情况选择相应的子主题开展,同时体现了班本化特色。

表 4-7 "科学小玩童"课程主题

"科学小玩童"课程	鲁班制造		智慧劳动			创意 STEAM			体验探究			
	木工创意	美工创想	花卉种植	果蔬种植	动物饲养	立体建构	STEAM建构	创意建构	科学小实验	智慧课堂	智慧游戏	智慧运动
小班	材料大搜罗等	亲亲小动物	好玩的泥土	酸酸甜甜的水果	亲亲小动物	玩具总动员			光、影、声音等		AR智慧沙盘、墙投、地投、音乐墙等	
中班	有趣的滚动等	春天到、新年到	植物的生长	地球的四季	我的动物朋友		有趣的滚动		光、影、声音、电、磁等	"巧智绘"课程(中班)	AR智慧沙盘、STEAM奇幻水流等	
大班	疯狂动物城等	春天里、再见了幼儿园	大地的秘密	我们的树朋友	疯狂动物城			城市工程师	光、影、声音、电、磁等	"巧智绘"课程(大班)	编程小蜜蜂、机器人等	

表 4-8　可供选择的课程主题

小班主题		中班主题		大班主题	
好玩的泥巴 (特色备选)	亲亲小脚丫	石头大变身 (特色备选)	小小采石迷	大地的秘密 (特色备选)	不一样的泥土
	泥巴趣		宝贝爱石头		泥土大用途
			石头大玩家		泥土大变身
玩具总动员 (特色已试行)	一起玩玩具	有趣的滚动 (特色已试行)	滚动乐园大收集	城市工程师 (特色已试行)	我们的城市
	我没有见过的玩具		滚动的秘密		城市工程师
	没想到的玩具		滚过来,滚过去		
	玩创嗨翻天		神奇的滚动		我爱我的城市
生活好帮手 (特色备选)	生活中的电	好玩的电、磁 (特色备选)	奇妙的电路	电和磁的秘密 (特色备选)	磁铁的秘密
	生活中的磁铁		弯弯和绕绕		电从哪里来
	磁铁变形记		神奇的指南针		"电子百拼"设计室
智慧游戏 (特色已试行)	AR 墙投	AR 巧智绘 (特色已试行)	多吃蔬菜身体棒	AR 巧智绘 (特色已试行)	神秘的恐龙
	AR 地投		在农场		中国最棒
白天与黑夜 (特色备选)	黑夜我不怕	地球的四季 (特色备选)	春、夏、秋、冬	一天又一天 (特色备选)	二十四节气
					日历
	冬至	创意小鲁班 (特色备选)	桥这一家子	我是中国娃 (特色备选)	走近老底子游戏
			青花瓷		中国的传说
小小灯光师 (特色备选)	找影子	光影大世界 (特色备选)	影子在哪里	第十放映厅 (特色备选)	光和影
	影子朋友		调皮的影子		声动世界
	好玩的影子		影子真好		光的魔术
变废为宝 (特色备选)	垃圾宝宝	我的创意家园 (特色备选)	生活中的垃圾	我是环保 小卫士 (特色备选)	我是小河长
	垃圾分类我行动		变废为宝		保护幼儿园 边上的小树林
材料大搜罗 (特色备选)	瓶瓶罐罐	材料大用途 (特色备选)	各种各样的布	材料大变身 (特色备选)	纸的故事、 和纸做游戏
	声音对对碰		布艺		木头大本营
好玩的水 (特色备选)	亲亲水宝宝	小小气象站 (特色备选)	天气变化我知道	奇妙的水和风 (特色备选)	小水滴旅行记
	水的小秘密		我和空气做朋友		风来了

三、课程审议和选择

虞永平教授指出,幼儿园课程审议是一个集理论和实践双重价值为一体的问题。课程审议指课程开发的主体对具体教育实践情境中的问题反复讨论、权衡,以获得一致性的理解与解释,最终做出恰当、一致的课程内容选择。课程内容在开发后需要进行合理的审议,合理的审议能充分利用园所资源,让课程更好地支撑幼儿发展。审议应当从幼儿的经验、兴趣、发展需要及园所资源出发,链接《3～6岁儿童学习与发展指南》等梳理主题脉络,关注课程涉及的领域和各类活动的均衡性,做好经验承接,发挥每项活动的价值。在一日生活中应贯彻课程目标,落实课程内容,有目的、有计划地设计和组织好生活、运动、游戏、学习等活动,发挥各类课程和教育活动最佳组合的有效功能,达到预期的课程目标。

教师在实施"智慧·玩创"课程时需要遵循以下几个原则。

1. 确保课程内容的基础性

幼儿园教育是人生教育的启蒙阶段,幼儿的认知和心理发展还不成熟,以"整体"出现的经验更能推动幼儿经验的迁移。在这一阶段,不用过分关注幼儿知识性机能的习得,而应当重点培养幼儿各方面的能力,以适应未来社会发展的需要。因此,所选择的课程内容应该包括使幼儿成为社会合格一员所必备的经验和能力,同时要注意到学科知识的广度与深度之间的平衡。

首先,浦幼教师需要明确,"智慧·玩创"课程由两部分内容组成,即基于教材选择改编的园本化共同性课程和以发展幼儿探究能力为宗旨的"科学小玩童"选择性课程。其中,共同性课程占比80%,选择性课程占比20%。应当从内容和时间安排上确保共同性课程的基础性地位。

其次,要明确课程的功效。共同性课程推动幼儿全面发展,应当从时间、材料、活动等各方面合理分配资源,科学地落实;选择性课程增强幼儿的探究创新意识,在选择内容时应从班级实际出发。

2. 注意课程内容的生活性

幼儿的身心发展特点决定了幼儿园课程要与幼儿的生活融合在一起,幼儿教育应当使幼儿的个体生活感性、具体,精神世界的经验不断增长。课程内容应当基于幼儿的生活经验,和生活紧密连接,这样才能真正促进幼儿自然、自由、充分地发展。但同时需要注意,课程内容应当在与现实社会具有相关性的前提下,面向未来的社会。

如浦幼实施的主题活动"城市工程师",根据幼儿兴趣开展了"城市二维码"的项目活动。初期,幼儿对这一内容表现出强烈的兴趣。因为杭州是一座智慧城市,二维码已经渗透到了幼儿的日常生活中;同时,广泛使用的微信、支付宝等软件与浦幼"智慧""科技"的特色不谋而合。因此,这一项活动是非常值得开展和研究的。但活动内容止步于支付宝扫码支付、微信扫码加好友、二维码坐地铁等。教师预设进一步用支付宝蚂蚁森林、公益捐款等功能深化,但发现相关内容脱离幼儿生活,不具备继续开展的意义。这再一次说明,课程内容的选择要贴合幼儿生活实际,才能更好地引发幼儿的兴趣,促进其发展。

3.关注课程内容与形式的多样性

关注课程内容与形式的多样性,一方面是课程内容多元化的需求,另一方面也是幼儿个性发展和兴趣激发的重要手段。

在进行"智慧·玩创"课程内容选择时,要重视主题教学活动,开展项目活动,以游戏为基本活动,以此选择多样化的活动内容。除了要选择经验关联性强的主题活动之外,还要选择以幼儿体验、探究、动手操作为主的活动。充分利用园所资源,开展场馆活动、科技体验活动。积极围绕主题,整合家长、社区等资源开展多样化的活动,如建构展、项目故事展、科技游园、创意表演等。例如,家长科技坊开展过"科学老爸助教"、PM2.5空气检测车检测雾霾、破译二维码、参观污水处理厂、无人机航拍仪进幼儿园、参观高新企业等,以此丰富课程内容和形式。

4.课程内容与园所特色相结合

课程内容与园所特色相结合是园本化课程的重要特征之一。教师在筛选课程内容时,结合"玩享生活、玩向创意"的课程理念,从可操作性、可体验性出发,让幼儿在游戏中感知、操作、体验,发展幼儿的科学素养,提高幼儿的科学探究能力。

需要注意的是,为了确保班级课程质量,在课程内容选择过程中,教师应当征求课程小组的意见,进行讨论,从而保证课程内容科学、合理、动态发展。表4-9是教师判断课程是否可以替换的参考指标。

表 4-9　判断课程是否可以替换的参考指标

指标	判断依据
幼儿的兴趣和需要 (价值判断)	1.幼儿是否具有强烈的兴趣和需要,是否符合社会的要求。 2.是否既能满足幼儿即时的需要,也能促进幼儿长期的发展。
课程目标	1.是否符合年龄发展目标,是否符合浦幼"智慧·玩创"课程目标。 2.是否有利于更进一步推动幼儿"玩享生活、玩向创意"的发展。

续表

指标	判断依据
开展活动的准备	1.开展活动所需要的各项内容、计划、操作材料是否准备齐全。 2.幼儿的相关经验是否有前期铺垫。
对预设课程 的思考	1.预设课程是否符合本班幼儿兴趣。 2.如果不符合，是否需要继续安排时间完成，何时完成。

由于教师的专业水平和能力不一样，他们自主调试课程的能力也不同，因此课程小组对不同专业发展阶段教师的自由度做了分层规定。

(1)烈阳教师

具有市级综合荣誉，有卓越的组织管理能力、高水平的教科研能力，具有全面引领作用的教师。这类教师可以尽情围绕主题目标，按照实际情况设计并实施主题内容。

(2)盛阳教师

具有市、区级综合荣誉，有较强的教科研、管理能力，思想理念创新，起"领头羊"作用的教师。这类教师可以对主题计划中的某些内容进行替换，但替换内容必须经教研组或者烈阳教师的审核。

(3)艳阳教师

具有区级综合荣誉，敢于创新，勇于实践，有丰富的班级管理经验和一定组织能力的教师。这类教师可以对主题计划中的某些内容进行替换，但是内容必须经过教研组研讨。

(4)朝阳教师

具有区级荣誉，擅长单方面或多方面技能，具有比较丰富的班级管理经验，有一定组织管理能力的教师。建议按照主题计划中的内容实施活动。

(5)初阳教师

刚从事幼教1到3年，工作态度认真、积极向上、好学、对幼教事业充满激情的新教师。必须按照主题计划中的内容实施活动。

若有教师自愿进行创造性课程实施的，可以向教研组提出申请。

此外，课程执行者在选择内容时还要关注：是否与幼儿的当前经验相吻合；是否是多数幼儿感兴趣的内容；是否与特定年龄段幼儿的教育目标一致；是否能让幼儿积累在成长中必须获得的关键经验；是否有可利用的社区、幼儿园和家长资源；与其他主题之间的关系如何，是否有相关的经验进行衔接与连贯。

　　课程的开发与选择绝非一蹴而就，需要在实践中不断丰富和完善。要关注课程开发主体的多样化，课程开发小组和教师并不是课程开发的唯一主体，应当积极邀请幼儿、专家、家长等人员参与课程的开发。在课程开发过程中要给予一线教师一定的自主权，同时又要通过建构各种课程保障机制保证课程质量。此外，不断拓宽课程的价值判断依据，关注幼儿各类学习品质和创造力的形成和激发，以此丰富课程内容，促进幼儿个性化发展。

第五章 幼儿本色:"坊·园·场·馆"全域覆盖

核心导读

"坊·园·场·馆"全域覆盖(如图 5-1)主要指向"智慧·玩创"中的四大课程项目,即鲁班制造、智慧劳动、创意 STEAM、体验探究这四个项目。项目开发主要基于幼儿的兴趣和问题,以体验、动手操作、设计、探究、验证等为主形态,活动内容整合预设和生成两大板块,各项目借助鲁班木工坊、创意美工坊、智慧小庄园、创意建构场、乐乐科学馆、智慧科技馆六大载体实施。

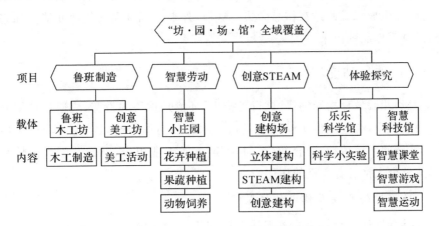

图 5-1 "坊·园·场·馆"全域覆盖架构图

第一节 鲁班制造项目

鲁班制造项目主要指依托鲁班木工坊和创意美工坊开展的艺术创意类活动。由于创意美工坊各园所都有,且各具特色,故本节主要阐述具备浦幼特色的鲁班木工坊。鲁班木工坊活动是指幼儿以木质材料为资源,经历想象(think)、创造(create)和制造(make)等一系列过程的一种手工制作活动,目的是发展幼儿的多元想象力以及动手操作能力。

一、操作定义

《3～6岁儿童学习与发展指南》中对幼儿的社会交往、语言表达、科学认知、艺术审美等方面提出了严格的教育目标,需要教育工作者以有效而多元的教育措施丰富幼儿的课堂,帮助幼儿在动手中思考、在制作中创造,全面培养幼儿的想象力、创造力、实践力、专注力。而浦幼的鲁班木工坊活动融设计、制作、认知、项目活动等内容于一体,有利于幼儿园课程的多元化发展。

浦幼的鲁班木工坊是幼儿集中进行木质作品创作的活动室,该活动室为幼儿提供榔头、锯子、螺丝刀等工具,让幼儿利用钉子、胶枪等对各类木板、木块、木条进行锯、钉、敲、装等创意组装活动。同时,浦幼的鲁班木工坊活动区别于其他幼儿园类似活动区的一点是幼儿作品的呈现方式。在鲁班木工坊,幼儿作品除了进行实物展示,教师还会帮助幼儿一起录制视频介绍作品,并生成二维码贴在作品旁边。这样,外来参观者和其他幼儿能更加直观地感受作品的由来。

二、项目功能

《幼儿园教育指导纲要(试行)》指出,环境是重要的教育,应通过环境的创设和利用,有效地促进幼儿的发展。木工活动作为幼儿园中一项可选择的、特殊的区域活动,融合数学、科学、艺术等专业内容,对幼儿强身健体和形成健全人格有着积极的作用。

1.促进幼儿在合作中积极探究

具有强烈可操作性的木工活动区别于其他区域活动的一点是,它需要幼儿长时间专注于与材料的互动,不断地在操作中解决问题。幼儿在操作中需要考虑如何运用不同的经验、如何使用工具,投入问题的解决过程,甚至不断调整、优化方案设计,通过实际操作与合作探究,获得探究经验和协作能力。

浦幼的鲁班木工坊活动与各种项目活动相结合,需要幼儿在较长一段时间内不断探索、合作。比如大五班在进行"桥"的项目探索时,发现制作木桥需要经常用到木工材料和工具,他们便邀请了保安小戴叔叔一起参与木工制作。

案例一 锯子怎么用

"老师，木头好久都锯不断。"

"老师，我发现锯木头的时候，这个锯子要和木头这样对牢（指垂直），不然，木头会歪掉。"

"我们需要一个力气很大的帮手！"

"找小戴叔叔！"

"小戴叔叔教我钉钉子啦！好酷！"

幼儿园的木工坊是个制作桥的好地方。先来制作桥面吧！在敲敲打打中，桥面初具雏形。每颗歪掉的钉子都是小小木匠们留下的手工艺术品。

幼儿在制作的过程中，需要不断地探索工具的使用方法，了解各类木材的特质、钉子的用途，合作使用胶枪、锯子等。

2.发展幼儿的手眼协调能力

手眼动作的协调性是指人在视觉配合下手部精细动作的协调性，对幼儿来说是非常重要的。幼儿的手眼协调性不好，不仅会直接影响幼儿的日常生活和学习，还会间接影响到幼儿的身体发育和心理发展。

操作材料是鲁班木工坊不同于其他学习性区域和活动室的重点所在。榔头、锯子、胶枪等工具在具备可操作性的同时也具有一定的危险性。而进行敲打、瞄准、拉锯等动作，需要幼儿全身心投入。灵活调动手眼协调能力，协调手部肌肉动作，有利于幼儿在创作的过程中提高安全意识，提高手部动作的灵敏性和手眼协调能力，从而提高动手操作能力。

3.提高幼儿的民族文化认同感

鲁班是我国古代著名的工匠，木工工艺也是中华民族传统文化的重要组成部分。当幼儿尝试制作并且试图美化、欣赏优秀木工作品，同时了解古代榫卯工艺时，他们的好奇心得到了激发和满足，从而在日常生活和游戏过程中对我国传统的木工技艺与古老的木制建筑产生更多的兴趣，形成对这一项传统文化的正确认知。木工活动有利于提高幼儿的审美能力，同时也是对幼儿进行传统文化熏陶的一种方式。

三、环境创建

鲁班木工坊是幼儿集中进行木质作品创作的活动室，它融合了设计、绘画、操作、模仿等诸多动作的计划、实施、思维串联内容。因此，在鲁班木工坊创设时,在材料选择上,体现多样化的材料融合;在制作项目选择上,融入"智慧·玩创"理念,开展基于 STEAM 教育理念的项目主题,促进幼儿思维发展。

(一)环境布局及创设

环境是无言的教育者,丰富、有趣、多样的环境能方便幼儿的操作,能激发幼儿的创造激情和想象力,让幼儿在与环境的互动中获得各类能力的发展。浦幼的鲁班木工坊主要从空间布局、墙面装饰、材料收集以及规则制定等方面进行了创设。

1.鲁班木工坊平面规划

首先,在空间布局上,浦幼专门开辟了一个 40 平方米的场地,为幼儿进行木工活动提供了一个专用的活动室,详见图 5-2。

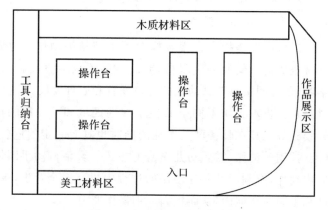

图 5-2　鲁班木工坊平面规划

为体现幼儿的主体地位,激发幼儿的创造热情,在鲁班木工坊打造初期,园部没有在环境上多做文章,而是在工具和材料的选择上秉承适宜性和可操作性,让幼儿在"玩"的过程中激发"创意"。活动室设置工具归纳台,主要归类、陈列了一些较常见的工具,如刀锯、弓锯、羊角锤、螺丝刀、胶枪、三角尺、钉子、螺丝、护目镜、手套、围裙等,场地中间设置操作台,台上有锯床、磨床、钻床等。同时,活动室两侧放置操作材料,包括原木、木块、木地板、麻绳、树枝、树皮、木棍、刨花、竹片以及其他废旧的木质材料,以供幼儿选择。值得一提的是,在提供各类木质材料的同时,还提供了画笔、颜料等美工材料和毛球等手工配件,方便幼儿在后期对作品进行深入设计和美化。同时,为幼儿提供作品展示区,幼儿可将作品及作品思维导图、设计图、作品电子资源的二维码一同放在该区域展示。

2.鲁班木工坊环境布置

浦幼充分利用家长资源,让家长提供一些常见的木工工具、小块木头、木工作品等,同时积极邀请家长收集各类木工操作书籍,并组建家长木工队,适时请家长助教进园,和幼儿一起进行木工创作。

为了让木工坊更具艺术和创新气息,也为了突出幼儿的主体性地位,园部在进行木工坊墙面创设的时候,邀请幼儿参与了创作。木工坊的作品台也需要幼儿作品的进一步填充,让环境愈来愈丰满。

由于木工坊的特殊性,操作各类工具都要遵循一定的程序和安全守则,所以需要和幼儿一起制定规则,这也是幼儿了解工具操作方法的一个过程。每班幼儿自定规则,并推选一套最明了和易于理解的规则,张贴在各个角落,避免幼儿在实践操作时出现意外事故。

(二)材料投放与使用

有了适宜的环境和场地,幼儿完成一项 STEAM 项目或者手工制作,还要借助一定的工具或材料。幼儿正是通过使用工具或材料,进行深入的尝试和探究。基于学龄前幼儿的特点,结合木工坊日常实践,在材料投放中,我们重点遵循了以下几点原则。

1.安全性原则

安全性原则是指在木工坊投放的各类材料不能威胁幼儿身心健康。在木工坊使用的各类工具性材料具有较高的危险性,如锯子、榔头等。因此,在投放材料时,要选择危险系数低的材料。例如小班幼儿初学使用榔头时,可向其提供软质橡胶榔头,不易受伤,安全系数较高;由于选用的榔头材质较软,相应的木料也得是材质较为松软的,以此确保幼儿在安全使用工具的情况下同样能收获成功的体验。

同时,木工坊要投放各类防护性材料。如护目镜,可以避免崩起的木屑戳伤眼睛;如操作手套,可以避免钉子、榔头敲伤小手;有条件的还可以提供防护服,为幼儿提供全面的保护。

2.适宜性原则

适宜性是指为每名幼儿提供适合其年龄特点、适合其个性、适宜操作的各类工具和材料。如果为幼儿提供的各类工具和材料存在质量问题,抑或操作程序复杂、实用性较差,就会导致幼儿在操作过程中产生制作以外的困难。而这些问题往往是幼儿难以靠自己解决的,这就会一定程度地伤害幼儿的活动积极性,甚至打击幼儿的自信心。只有提供适宜的工具和材料,才能让幼儿心无旁骛地投入工作,将各类想法付诸实践,在活动中获得更多的操作经验。

例如小、中班幼儿在初步接触木工作品组装创作时,部分材料需要进行黏合,根据幼儿的动手能力和发展水平,建议提供木工胶,它使用简单,安全系数高,尽管存在黏合时间较长的问题。中班下学期及大班幼儿的动手能力及自我保护意识都得到了长足的进步,则可向其提供热熔胶枪,让其能够更快、更方便地进行作品制作。

3.丰富性原则

在保证幼儿安全操作的前提下,要做好充分的准备,尽可能地提供丰富的、多样化的工具或材料,以便在制造环节给予幼儿更多的选择,也有助于激发幼儿不同的想法,触发幼儿更多的动作。可以在提供一般性木工材料和工具的基础上,再增加美工装饰类材料。如提供小木块让幼儿涂色,提供珠子让幼儿串成漂亮的挂链;邀请家长和幼儿一起进行手工创作,利用纽扣、树枝、木条等拼成装饰画;利用刨花独特的形状,让幼儿把刨花制作成颇具创意的画,等等。

四、主题研发

活动主题的研发是活动开展的重要支撑。为了让木工坊活动更加科学、丰富、多样,在主题研发的基础上,要事先对活动目标进行设定和思考。木工坊活动具有综合性,它不仅能丰富幼儿使用工具的经验,还能推动幼儿多方面能力的发展。因此,在目标制定和主题选择上都应当更多地兼顾主题研发的综合性。

(一)活动目标

1.在木工创作活动中,促使幼儿学会与同伴建立良好的合作关系,懂得互相帮助。

2.让幼儿敢于动手、动脑,探索材料与事物之间的关系,培养幼儿的问题解决能力以及自我保护意识。

3.以日常生活中的事物为基础,让幼儿尝试通过观察、设计、操作,积极参与动手、动脑的木工创造活动,激发其想象力和创造力。

4.让幼儿感知、理解数量和图形等概念和它们之间的关系,在设计与创作中加以运用。

5.让幼儿在创作与装饰过程中能大胆表达、展示对美的感受。

(二)主题架构

木工坊活动主题架构结合"智慧·玩创"课程主题而搭建,精心筛选主题内容,根据各年龄段幼儿能力发展水平确定创作主题,过程中关注幼儿操作计划的制订和实践。最重要的是,基于幼儿年龄特点,小、中、大班三个年段需要分别筛选适宜的、幼儿感兴趣的内容进行项目实践,详见图5-3。

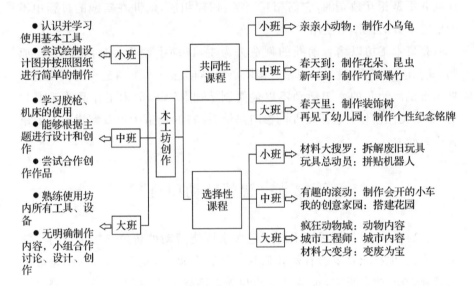

图 5-3 木工坊活动主题架构

例如小班"亲亲小动物"这一主题,内容涉及四种动物:小乌龟、小鸡、小鸭、小兔子。

考虑到小班幼儿尚不具备加工部件的能力,制作方式也以拼搭、粘贴为主,再加上小乌龟的形象更为简单,便于初步接触设计图的幼儿进行绘制,故将制作内容定为具体的"制作小乌龟"。其他主题选择也都出于类似考量。

中班幼儿动手能力相较小班幼儿有所提升,并基本能够使用木工坊内所有的工具、设备,能够尝试较为复杂的加工与制作,故制作主题不再精确到具体事物。但中班幼儿存在制作主题随制作进程不断发生改变的情况,所以只是适当地将范围稍稍放宽,在给予幼儿明确制作主题的前提下,让幼儿能够充分发挥创造力,鼓励幼儿通过合作来创作作品。

大班幼儿已经能够熟练使用各类工具、设备,有着丰富的制作经验和创意构想,并能准确地通过设计图进行表现;能够进行小组合作,可以尝试制作较为复杂、大型的作品。因此,他们的主题范围更为广泛,不限定具体物体、制作形式、作品大小等,给予幼儿宽松自由的创作环境,让幼儿根据自身能力或团队创意进行创作,充分激发幼儿的创造潜能。

教师应根据"智慧·玩创"课程内容,从工具的操作与使用、简单组装活动、模仿组装活动、绘图组装活动等不同层次出发选择内容。当然,这些层次间并不是相互独立的,它们相互交融,相辅相成,幼儿在实践的过程中不断熟悉工具的操作与使用。

鲁班木工坊以培育幼儿的创造力为主,以动手制作为辅,依据这一原则,其相应的实施流程是:想象→构图→分享创意→木工制造→交流改进→展示解说。幼儿的木工活动不以最终制造出什么样的木工作品为主要目的,而是关注创作过程中幼儿的参与热情、独特的创造力以及解说作品的语言组织能力。

第二节　智慧劳动项目

党的十八大以来,习近平总书记多次围绕劳动的价值与精神进行了深刻的论述,他指出:"要教育幼儿们从小热爱劳动、热爱创造,通过劳动和创造播种希望、收获果实,也通过劳动和创造磨炼意志、提高自己。"经济合作与发展组织教育技能司司长安德烈亚斯·施莱歇曾在《教育要面向学生的未来,而不是我们的过去》一文中提出:"过去的教育,重在吸收前人的智慧;未来的教育,应重在启迪个人的智慧。"3～6岁是习惯养成的关键期,在幼儿期开展劳动与创造相结合的智慧教育具有重大意义。

一、操作定义

智慧小庄园是智慧劳动项目载体的总称。智慧劳动项目包含了花卉种植、果蔬种植、动物饲养等内容,主要借助智慧种植区、班级区角种植、一米格种植、生态小农场、循环大果园等载体实现。在这些项目中,一方面鼓励幼儿结合植物种植技术进行实践,另一方面鼓励幼儿和教师通过各类植物识别软件了解植物信息。最重要的是结合"智慧·玩创"课程目标,激发幼儿"乐言创想"的能力。浦幼借助二维码将植物信息与幼儿联系起来,让幼儿和教师通过二维码记录植物成长过程、介绍植物来历等。

浦幼开展的智慧劳动项目融合劳动、科学、艺术和语言,让幼儿从小萌发劳动意识,培养幼儿热爱劳动、擅长劳动、智慧劳动、创造性劳动的个性化品质。浦幼占地面积约15亩,建筑面积6000多平方米,致力于打造幼儿的"家园·乐园·创造园",为开展智慧劳动项目创设了多元化的环境:花圃、山坡、隧道、树林、沙池、河流、空中长廊、树屋、动物之家等,让幼儿在自然、和谐的环境中劳动、探索、表达、创造。

二、载体创设

为了让幼儿有更多的机会进行观察、劳动,浦幼利用园区的空间,结合园所的"智慧""科技"特色,开辟出多种类的、基于体验科学种养的"小农场""一米格",引领幼儿在种植和护理花、草、果、蔬的过程中,体验科技的力量,用科学的探究方法了解生命的特点,感受劳动的喜悦。浦幼在种养基地的创设中,注意新技术与种养的结合;合理安排种养内容,平衡生态内容;利用多维空间,丰富操作载体。

(一)关注技术的合理运用

浦幼"智慧小庄园"在关注新技术运用的同时,也注重前人总结的种养技术经验的传承,让幼儿感受科技的魅力,了解劳动人民的智慧结晶。

为此,园所在劳动项目创设上积极寻找适宜在幼儿园投放的新技术方式,如引进的全自动智能植物生长机、热带鱼水族箱就非常适宜幼儿观察。这些设备放置在园所大厅,让幼儿在一日活动中潜移默化地感知现代化种养技术的便利和神奇。同时,利用二维码生成植物信息和幼儿养护信息。还采购了自动孵化器,使小鸡、小鸭的孵化过程更加直观。另外,教师在植物角的创设中会投放温度计、记录本、尺子、回形针等,让幼儿探索植物的生长规律;与幼儿一起搭建塑料大棚、制作自动滴灌系统、进行光照对比试验、尝试嫁接等,让幼儿感受劳动人民的智慧。

(二)合理安排种养内容

为了确保生态平衡和生物多样性,园所在建设前期进行了合理规划。首先,确保种养内容符合地域自然条件,比如适合北方种植的棉花就不适宜在南方种植,只能舍弃。其次,关注种养内容的季节性和养护难易度,尽量使园所四季都有可以探究观察的内容,如春季可以观察竹笋的生长情况,能引发幼儿的探究欲望。园所本来有养殖孔雀的计划,但由于养护成本较高、与幼儿亲近性差,最后被舍弃。

(三)开发多维种养空间

利用有限的空间创建多种类的种植区。浦幼在园区内已有的灌木丛及花卉盆景的基础上,规划出小菜园、小农场、花卉百科园等种植区,同时在园区屋顶上开辟出一个全新的种植园。按种植的难易程度,将园区内大小不一的种植区分别划分、包干到各个班级,成为各个班级实施科技种养活动的特定区域。利用走廊区域,由教师组织幼儿按四季特点分别开展个性化种植、护理、养殖等活动。

三、主题研发

根据浦幼现有的场地资源、植被资源、技术资源及教学资源,智慧劳动项目研发了以下内容,详见图5-4。

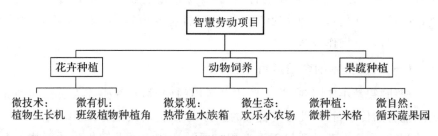

图 5-4 智慧劳动项目主题

智慧劳动项目根据种植内容分成花卉种植、动物饲养、果蔬种植三个主题,微技术、微有机、微景观、微生态、微种植、微自然六个板块。微技术和微景观注重智慧劳动技术的体验和观察;微有机、微种植注重在劳动中对幼儿观察、探究、种养能力的培养;微生态、微自然则是更接近自然生态系统的微缩体验,是对农业文化的深层次感知。

(一)花卉种植

1.微技术——植物生长机

园所引进了全自动智能植物生长机 iGrow,以组织幼儿观察花卉、庄稼的种植、培育为主要内容,引领幼儿体验"自动控制光照+自动控制营养液与水分补给进行水培植物"的科学种养,直观感受植物的生长变化过程。同时,幼儿可以通过控制水分、光照、营养等条件,了解影响植物生长的几大要素。这一内容让幼儿充分了解科技在农业中的运用,感受科技带来的变化。

2.微有机——班级种植区

班级种植区是激发幼儿对周围世界的好奇心,培养他们探究物质世界、了解生命生长的兴趣,同时让幼儿建立保护大自然的意识的重要活动区域。班级种植区有幼儿自己精心照顾的植物以及班级观察、记录、实验的材料,这都有利于幼儿持续、长时间地观察和探索。

(二)动物饲养

1.微景观——热带鱼水族箱

在鱼缸中养护了五彩斑斓的热带鱼,供幼儿观察,让幼儿了解物种的多样性。

2.微生态——欢乐小农场

顾名思义,除了植物种植内容之外,小农场还加入了动物养殖内容。浦幼的欢乐小农场占地 30 平方米,养殖了天上飞的——黄金单身鸽,地上走的——怀孕的羊姐妹、小鸡一家、鸭妈妈和小鸭,种植了水稻、南瓜等不同品种的农作物,形成了一个自循环微生态系统,弥补了班级种植区没有家禽类动物的缺憾。与微耕一米格和班级种植区不同的是,欢乐小农场是一个公共养殖基地,需要各班利用集体的力量进行养护、劳动,是培养幼儿集体意识和集体责任感的重要途径之一。

(三)果蔬种植

1.微种植——微耕一米格

微耕一米格是指由 4 根 1 米长的木条围合成的面积为 1 平方米的种植地,同时,利用木板将 1 平方米均分成 9 个面积相同的小方格。浦幼为每个班级都配备了一米格,幼儿和教师可以在一米格内同时种植 9 种不同的农作物,从而进行观察、对比。如大五班在某年春天同时投种了红豆、绿豆、黄豆、蚕豆等,观察不同豆类的发芽时间和生长速度,幼儿在观察、对比的过程中,深刻、直观地感受到了大自然的神奇和物种的多样性。

2.微自然——循环蔬果园

浦幼利用园区面积优势,在自然而富有创意的户外环境中融入"森林"教育理念,丰富幼儿身边的探索项目。浦幼种植了近 200 种不同的植物,除了季节性变化明显的乌桕、无患子、枫树、柳树、木绣球、桑树、木芙蓉等观赏植物之外,还种植了大量的季节性果树和蔬菜:春天有樱桃、桑葚、竹笋等;

夏天有李子、枇杷、杨梅、葫芦、丝瓜、黄瓜等；秋天有柚子、石榴、柿子等；冬天有金橘、枣子等。尤其是在夏季，杨梅和李子陆续成熟，幼儿自己上树采摘，得以充分体验收获和劳动的喜悦。

四、推进策略

智慧劳动项目作为一种生成性、综合性的实践活动，主要从幼儿兴趣出发开展项目主题设计。它不仅能让幼儿体会新技术带来的生产力，还能锻炼幼儿研究性学习的能力和品质，提高动手操作能力、观察力、注意力、想象力和创造力，同时也能在潜移默化中让幼儿感受周围的环境，亲近自然，爱护动植物，体验劳动的快乐和艰辛，更进一步感受农耕文化。

（一）劳动与科学探究项目的整合

劳动，通常是指能够对外输出劳动力或劳动价值的人类活动，是人维持自我生存和自我发展的唯一手段。按照传统的劳动分类理论，劳动可分为脑力劳动和体力劳动两大类。本章所阐述的智慧劳动项目更多地指向体力劳动。幼儿劳动的对象是园所内的各类植物、动物等自然要素，而这些内容又是幼儿科学探究的重要对象，两者实现了内容的重合，从而实现劳动与科学探究项目的整合。幼儿在劳动过程中，需要了解动物的习性、植物的生长状态等，它们向幼儿呈现出自然的生命状态，为幼儿的观察探究提供了生动、直观的探索材料。

比如欢乐小农场，总能引发幼儿探究的兴趣和欲望。每天午饭后，农场都会被幼儿围得水泄不通，他们似乎永远看不腻这些小动物，教师和保安就会在边上充当讲解员的角色，解答幼儿层出不穷的问题，让幼儿的学习发生在日常的不经意间。幼儿在养殖小羊的过程中发现，羊的牙齿是方形的、平平的，从而联想到其他食草动物的牙齿，在这一过程中巩固并丰富了自己的经验。

亲身观察获得的知识远比书本上的深刻许多，而幼儿们小小的发现也会成为活动生成的重要来源。比如，在养护鸽子时，大五班幼儿一个小小的问题就衍生出了一个项目活动，教师抓住机会，对其进行了梳理，取得了不错的效果。

案例二 鸽子日记——天生的科学家

大五班有一支鸽子研究小分队,他们就像是天生的科学家。

鸽子喝水只是一个简单的行为,但幼儿们的探究却一点儿也不简单,经历了提出问题、小组讨论、第一次实验、质疑实验结果、控制变量再次实验、查阅资料、记录分享等过程(见图 5-5)。这次实验点燃了幼儿的"科学"梦,他们和教师一起制作了鸽子的观察日程表、观察记录本,继续深入研究了鸽子的睡觉、鸣叫、飞翔等行为和鸽子的记忆力等方面的知识。教师和幼儿一起整理了整个活动的科学知识建构过程,见表 5-1。

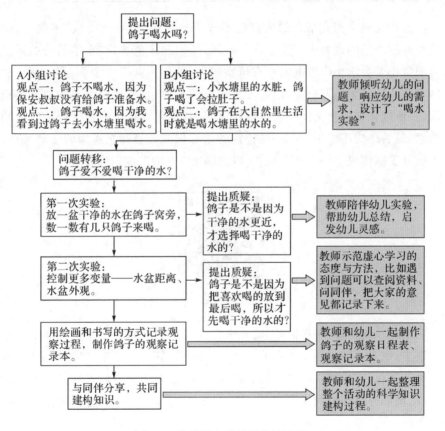

图 5-5 幼儿探究鸽子喝水的流程

表5-1 "鸽子日记"活动中的科学知识建构过程

关键点	科学知识	活动	问题	验证方法	结果
吃	1.鸽子爱吃什么? 2.鸽子的进食习惯是怎样的?	1.户外观察记录。 2.肢体模仿律动(模仿鸽子啄食、喝水)。	1.鸽子会吃哪些东西? 2.鸽子最爱吃哪样东西? 3.为什么幼儿离鸽子很近的时候鸽子不愿意吃东西? 4.鸽子会喝水吗?它怎么喝水?	1.观察鸽子窝里原来有哪些食物。 2.将食物放在鸽子窝里,幼儿远远地、安静地、长时间地观察。 3.根据食物被吃掉的量判断鸽子爱吃哪些食物。 4.查阅资料。	1.鸽子最喜欢吃玉米粒、稻谷、豆子,其次是面包、小米,不吃胡萝卜。 2.前一天投放的包子第二天包子皮不见了,猜测鸽子也吃包子,但是不吃里面的肉。 3.鸽子是用啄的方式吃东西和喝水的。 4.鸽子喜欢在安静、不被打扰的环境中吃东西。

　　劳动与科学探究结合的内容远不止于此。在"疯狂动物城"主题下,幼儿在养殖小羊的过程中产生了许多疑问,他们起床就议论"小羊是公的还是母的""小羊会吃小山坡上的所有植物吗"。他们一共提出了90个问题。教师与幼儿一起将问题归类,内容分为小羊的身体、食性以及小羊的朋友等板块,并形成详细的网络图。后续一段时间内,幼儿对这个项目进行了深入的探索,最后还为小羊举行了一场特别的送嫁仪式。教师把送嫁的活动准备、人员分工制作成了一个小视频,可以扫描图5-6的二维码查看。

图5-6 "小羊出嫁啦"活动二维码

　　通过一次劳动、一次活动,幼儿未必能完全体会到科学家建构理论体系的艰辛,也未必能完全学习到真正严谨的科学态度和方法,但能肯定的是,对幼儿来说,这样的学习经验是非常深刻的,这将成为他们未来进一步探索世界、理解科学理论的重要基础。享受求知、求真的乐趣,这就是科学家的本色。

(二)劳动与语言活动的整合

　　从语言发展的角度来看,"智慧小庄园"环境的营造为幼儿提供了完善的语言环境。比如在种植活动中,每一个幼儿都有强烈的表达自己的需要,他们对于照顾植物,对于植物的描绘都有自己的意见和思考。于是,教师为幼儿准备了观察记录本,引导幼儿进行观察记录,推进幼儿前书写技能的提升。再者,教师利用晨间、区角活动时间,让幼儿表述自己的发现,锻炼其语言表达能力。在这一过程中,真正实现了劳动与语言的整合。

多种多样的动植物构成了多姿多彩、变化多端的自然环境,幼儿在劳动、观察的过程中能够亲身接触到书本上、故事中"主角们"的实体,无疑会接收到更多的感官刺激,更好地触发好奇心和想象力,并能大胆表达、分享自己的想法。比如雨后隆起的小土堆引发幼儿无穷的想象与交流:"是蚯蚓,还是蚂蚁? 它们在泥土下面有一个城堡,然后有很多很多通道,也许还有很多食物。对了,食物放在哪里呢?"

最后,结合浦幼的"智慧""科技"特色,园所邀请幼儿和教师、家长一起,为自己认识的幼儿园植物、大班班级纪念树、与小动物的故事等录制介绍视频,并做成二维码贴在相应的地方,供参观、考察人员扫描观看。幼儿也借助这一平台,有了一个展示、表现的机会。

(三)劳动与社会教育的融合

通过劳动,幼儿了解到劳动的重要性,体会了劳动的快乐和艰辛。通过种植植物、养护动物,幼儿了解了劳动成果来之不易。这些活动培养了幼儿热爱劳动、珍惜粮食、爱护生命的良好品质,从而实现劳动与社会教育的融合。

园所也有意通过智慧劳动项目的开展,让幼儿有机会接触和理解农耕文化。大班上学期开展了"秋天多美好"主题活动(图 5-7),在审议之后,教师对内容进行了重构和删减,增加了"晒秋"活动。秋收之后,农民将各类果实晾晒并收藏,"晒秋"也就成了一道风景线,象征农民丰收的喜悦和美好的愿望。各班将前期收集到的各类果实进行晾晒,让幼儿在感知粮食多种形态的同时,也进一步在动手中感受丰收。同时展出的还有幼儿的"秋天的诗、画、造型"等内容,在实践中引导幼儿初步感知农耕文化,感知秋季的美好并尝试进行表达,从而提高幼儿的理解能力、共情能力。

这一项目中,也融合着生命教育。生命教育有广义和狭义之分,狭义的生命教育指对生命本身的关注,包括个人与他人的生命,进而扩展到一切自然生命;广义的生命教育则是一种全人的教育,既包括对生命的关注,又包括对生存能力的培养和生命价值的提升。[①] 智慧劳动项目中所有的相关对

---

① 　汪基德.新课程对生命价值的关照[J].课程·教材·教法,2004,24(5):78-80.

图 5-7 "秋天多美好"主题活动二维码

象,都是自然界有生命的物质。比如小班的"亲亲小动物"主题,为了让幼儿了解小鸡的生长过程,教师将孵化器放在科学区角,让幼儿通过孵化器看到自己选出的鸡蛋的变化。对小鸡的关心,促使着幼儿们每天一趟又一趟地跑到孵化器旁边观察,期待新生命的诞生。而精心养护的小兔子的死亡,也让幼儿第一次感受到死亡带来的不同情绪。教师们也会抓住机会,利用这种陌生情绪,开展一些具备仪式感的活动,借助这样的机会,让幼儿对这些无形中教育自己的动物表达感谢,或者是对自己没有照顾好动物进行反省,同时也产生一些对生命和死亡的模糊感知。

智慧劳动项目的内涵是广泛而丰富的,它不是教师可以预设的内容。它与环境相融合,蕴含着语言、科学、社会、艺术等多个维度,是"智慧·玩创"课程的重要内容和载体。

第三节 创意 STEAM 项目

浦幼将 STEAM 教育理念融合于建构区,在"智慧·玩创"这一个大的主题背景下,从平面到立体,创设了不同地点、不同材料、动静结合的建构空间,满足幼儿设计、建模、建构的兴趣,培养幼儿成为"玩科学、爱创造"的未来社会小公民。

一、操作定义

浦幼基于 STEAM 教育理念开展幼儿园建构活动,通过"创意建构场",促进幼幼互动,培养幼儿的团队合作精神。幼儿在游戏过程中对新问题、新想法进行持续的评估、决策,有利于提高其社会适应能力和问题解决能力。[1]

① 崔鸿,朱家华,张秀红.基于项目的 STEAM 学习探析:核心素养的视角[J].华东师范大学学报 (教育科学版),2017,35(4):54-61.

建构场一般指利用各种材料建构游戏的场地,有利于培养幼儿的空间知觉,发展幼儿的空间想象力、动手操作能力及交流合作能力。浦幼"创意建构场"指基于 STEAM 教育理念的创意建构项目活动载体,主要包括室内、室外两个维度,室内建构场有立体乐高墙、STEAM 编程积木、班级建构区等;室外建构场有战区搭建、创创天地、巴布工程等。

(一)室内建构场

室内建构场是指融合在室内活动空间中、以小型积木搭建为主的室内建构游戏场地。室内建构场的材料主要有塑料搭建材料、积木以及各类纸砖、瓶罐等。

1.立体乐高墙

立体乐高墙基于墙面立体搭建,使用配套的立体建构积木,突破了空间的限制,从平面延伸到墙面,可以利用积木本身的插槽,将各种形状的积木有序拼搭在一起。同时,立体乐高墙还能进行空间的无限延伸,搭建立交桥、小区等城市模拟内容。还配套有智慧沙盘,利用投影技术创设高山、海洋等具体情境,用沙子进行智慧搭建,让幼儿在搭建中快乐学习。

2.STEAM 编程积木

根据学前儿童的认知水平和心理发展规律,STEAM 编程积木采用大颗粒积木及电子模块启发幼儿,通过多种组合拼接方式满足其无限的创作需求。此外,还结合双模编程,让幼儿轻松迈入编程世界。幼儿通过实际操作和游戏了解生活中各种机械设备的结构和运作原理,认识和感受互锁结构、齿轮啮合传动、连杆传动、齿轮变速等多种结构配合使用的方法,感悟科技与生活的联系。扫描图 5-8 的二维码即可查看 STEAM 编程积木的演示。

图 5-8 "STEAM 编程积木"二维码

3.班级建构区

班级建构区按闹与静、大与小分为两块区域。教室外面的区域比较吵闹,投放了各种废旧的可搭建材料,如牛奶盒、塑料瓶、自制低结构材料等,幼儿可以合作搭建作品;午睡室则比较安静,投放了轻而小的材料,如桌面积木、隧道等,幼儿能够专注地独自搭建。

建构区的平面空间贴有参考图片和幼儿操作照片,让幼儿边欣赏、边学习,促进幼儿的全面发展,增强知识的实用性。

(二)室外建构场

室外建构场是指融合在户外自主性游戏区域内、以大型积木搭建和情景搭建为主的户外建构游戏场地。基于"智慧·玩创"课程,园所提供了大量大型搭建材料以发展幼儿的创造力。户外建构区主要以万能工匠、建构螺母、木箱、沙袋、砖块为主,在发展幼儿空间能力的同时,锻炼幼儿的体力和参与情景游戏的能力。

1.战区搭建

战区搭建是指模拟野战游戏情景,为幼儿提供大量的沙袋、木箱等材料,让幼儿结合想象和游戏情景,合作搭建战壕、堡垒、高地等结构。与其他建构内容不同,在战区搭建完成后的环境中,幼儿可以进行实地游戏,真正将建构内容运用到实际生活中。

2.创创天地

创创天地是指操场中间围合的大型搭建场地,扫描图 5-9 的二维码即可查看。幼儿可以使用成套的建构螺母、万能工匠、纸砖、木块等材料进行搭建。在搭建过程中,鼓励幼儿使用思维导图和计划图纸进行合作搭建,不断对图纸进行对照、修改、执行,直至最后成功地完成图纸内容。

图 5-9 "创创天地"二维码

3.巴布工程

模仿建筑工地设计的巴布工程使用真实的砖块、瓦片、稻草、工具车等素材进行建筑工程情景搭建。巴布工程主要鼓励大班幼儿参与,先设计建模,再进行搭建。幼儿可以结合主题活动,进行合理的设计,如搭建小区快递柜、小区服务大厅等。

二、环境创建

(一)室内建构场创建

室内建构场地的创设是幼儿园活动组织的重要内容,不仅要考虑幼儿的身心发展规律,还应针对幼儿园的场地布局、本班教室的面积大小、区角性质、环境的主题、材料投放等情况,具体分析,具体创设。

1.立体乐高墙

立体乐高墙是浦幼根据"玩科学、爱创造"理念设计的立体墙面,选择了一个较大的立体空间,利用大片墙面放置玩具,同时考虑墙面的高度以及材料取放的方便,将活动场地设置在空间利用灵活性较大的智慧科技馆。幼儿可以在此进行个性化的立体搭建。

本区域主要投放乐高积木以及相应尺寸的情景化材料如小人、车等。另外,布置了基础积木拼接方法、幼儿操作留痕等内容,让环境更丰富。

2.班级建构区

根据班级空间和区域划分,首先要考虑的是"动静"分区。建构区属于"动"区,较为热闹,所以应尽可能与安静的区角相隔离,减少活动时的相互干扰。同时,教师还与幼儿一同设计了墙面,制定了区域规则。

班级建构区根据幼儿年龄特点,投放了小积木、瓶盖、小木棍等材料或师幼自制的低结构材料,同时利用家长资源,收集各类辅助材料,如各类瓶罐、纸棒、纸盒等。通过观察发现,建构材料不是一次性投放得越多越好,应站在幼儿的立场,观察幼儿的建构需求,进行有目的、有层次的投放。材料投放应考虑到不同幼儿发展水平的需求,分批投放,由易到难,由浅入深。教师只有深入观察并了解本班幼儿的年龄特点,才能使材料投放更具有针对性。例如小班主要投放形状简单、颜色鲜艳、易拼插的中大型建构材料,辅以数量充足、搭配合理的多种建构材料。这是因为小班幼儿对建构的动作感兴趣,常常把建构材料堆起垒高,然后推倒,不断重复,从中得到快乐和满足。

同时,要关注个别幼儿的个性化游戏需求。例如,对于建构水平较高或对建构本身比较关注的幼儿,应注意及时减撤辅助材料,增加更多的结构材料以保证其建构规模。对于建构水平不高或热衷于利用建构物进行象征游戏的幼儿，在观察的基础上应为其及时添加合适的辅助材料，以激发其建构兴趣，提高建构成就感和进行象征游戏的满足感。建议每次添加一到两种辅助材料，以免对幼儿的新鲜感刺激过强，然后根据幼儿在游戏中的喜好和社会性表现等情况来判定辅助材料的合适性。

（二）室外建构场创建

幼儿园的室外资源在建构场地的创设中也不可忽视，为此，浦幼在室外建构场创建中加入了 STEAM 教育理念，旨在培养幼儿的问题解决能力、创新能力和团结协作能力。在 STEAM 教育理念下，浦幼建构环境创设主张为幼儿提供丰富多样的建构材料，创设真实的问题情境，强调计划性和操作性，鼓励幼儿间的合作互动。

为此，园所充分挖掘幼儿园室外资源，将多元化的自然建构区与STEAM 建构相结合，让幼儿与自然对话、与游戏交融，在建构中利用模型、图纸等材料锻炼思维，用"自然建构游戏场"点亮快乐童年。

1. 战区建构

战区建构通过开辟林中区域，创设游戏情景，提供战壕建构材料，让幼儿在自然的环境中搭建，顺应幼儿的生命需求，促进幼儿对自然的探究欲，支持幼儿的自然探究。在实践中，自然建构游戏场的空间应注重全面性、融合性，投放的材料应注重多元化、低结构，开展的活动应注重整合性、自主性。

本区域的材料投放应特别注重材料的情景性，主要投放大型沙袋、小沙包、木板、砖块、木箱、小铲子等适合情景搭建的材料。需要注意的是，由于材料比较大型，建议小班可以适当减少个别材料的投放，确保活动难度适中。

2. 巴布工程

巴布工程创设在比较贴近自然的草地中间，使用原始自然的砖块、茅草等材料，提供推车、手套、安全帽等工具，并设置白板、笔，让幼儿置身于"我是工程师"这样的情境中。

在多元材料的基础上，教师还可以引导幼儿收集、制作一些常用的辅助材料，如各种各样的小汽车、自制的漂亮小房子、交通标志、小花、小树、草垫等，把这些辅助材料也投放在建构区，不仅能满足幼儿不同的建构需要，也能有效激发幼儿的想象力和创造力，有效促进幼儿建构水平的提高。如在大班关于社区的主题活动中，当幼儿提出要建构一个小区的场景时，大家一起从家里收集了不同的纸盒、水管来制作楼房、商店等,制作了小区里的一些标志性建筑,还用橡皮泥捏制了绿化带等,有效促进了幼儿对主题中一些社会性知识的了解。

3.创创天地

创创天地的地点是幼儿园的整个操场,搭建的材料按顺序摆放在各个场地,风雨操场区域有万能工匠、建构螺母等,操场西南角有木块、水管等,山坡旁则有轮胎。总之,操场上的材料只要能取得,都可以用来做搭建的材料,甚至是装玩具的塑料筐也可以成为搭建作品中的一部分。小班的幼儿可以使用场地里的单一材料进行搭建,随着年龄的增长、能力的提升,幼儿可以选择更多的材料,建构的场地也可扩大到整个操场,有能力的幼儿可以自由使用操场上的任何材料进行组装,还可以从教室里带来需要的材料,突破材料的限制,放飞想象。

另外,在投放材料时,还应注意以下几个方面。

(1)材料的投放以低结构的材料为主。低结构的材料可操作性强,给予幼儿发挥的空间,有利于培养幼儿的创造力、想象力。

(2)提供多种类型、形状的积木。积木丰富了单调的木质材料,提升了幼儿动手操作的兴趣。

(3)材料架上的材料需分类摆放整齐。

(4)充分利用废旧材料。瓶盖、奶粉罐、纸盒、纸杯、冰棒棍、线……只要是生活中无毒、无害的安全废旧物品,都可以拿来利用。例如,在中班主题活动"各种各样的交通工具"中,幼儿可以尝试用纸杯、纸箱、纸盒等材料来建构停车场、加油站、大轮船等一个个鲜活又生动的场景,通过不断丰富游戏材料,挖掘每种材料的价值,使建构游戏呈现出别样的风采。

三、主题研发

建构场是幼儿进行自主游戏和项目建构的重要场地,浦幼一直秉持"最大限度地支持幼儿爱玩、爱创造"的理念,为幼儿建构提供充足的时间和较大的自由度。室内自主建构场更多的是幼儿自主游戏的空间,所以教师不设定相关搭建主题。

室外STEAM建构区融合了STEAM教育理念,适当加入了图纸、建模、工程等内容,教师会与幼儿一起进行主题研发。这些主题有时候是幼儿自发生成的情景游戏主题,有时候是根据班级主题延伸的活动主题。比如在开展"有趣的滚动"主题活动时,幼儿就在创创天地搭建小车。教师只对建构主题进行简单架构,有利于幼儿建构更加多元、丰富的游戏主题,进一步支持幼儿在玩中启智、玩中学习、玩中创造。

(一)由班级主题活动内容衍生主题

美国杰出的教育心理学家桑代克提出,当两种学习之间具有相同因素时,会发生迁移。而幼儿的经验是在迁移和练习中不断内化的。为了进一步深化幼儿的经验链,让幼儿真正做到"玩中学",教师会有意引导幼儿进行经验的迁移,即根据当下主题活动的内容,在建构场进行重现和搭建。大班就进行了相关的主题迁移,衍生出新的主题。

案例三 屋子里的水管

煊在巴布工程搭建一栋两层的砖瓦房,楠楠看见了,走过来问道:"煊,你们的房子有没有安装水管呀? 添添他们那个房子安装了水管。"经楠楠一提醒,煊一拍脑袋:"哎呀,我忘记安装水管了。阿喆,你快点帮忙运点水管来,我们的房子忘记装水管了。"阿喆听后,很快运来了水管。两个人开始想办法把水管搭进房子里。可过了一会儿,两个人还是没有搭成功。"煊,你们应该把这层先拆掉,这样就可以搭了,不然搭不好的。"楠楠在旁边说道。"啊,我们两个人搭了很久,又要拆掉?"阿喆和煊有点不想拆。"要不我帮你们一起搭吧。"楠楠主动提出要帮助他们。"好的,你和我们一起搭吧。"说完三个人开始把二楼拆掉,把水管搭进房子里。

"我们这里要搭一个水龙头,可以洗手用。"煊说道。"好的,来个弯头,一个就够了,"楠楠说道,"再把这个管子连到外面的总管道里。""我来参观你们的房子,看看搭建的进度。"教师化身为"包工头",对他们说道,"呀,你们在搭水管了,这是用什么方式安装的?"被教师一问,楠楠先是一愣,随后说道:"我们这个水管先是走地的方式,这是最方便的一种;然后再是走墙的方式;最后连到总管道里。因为总管道在外面,一定要贴墙走的。""原来如此,总管道在外面是吧? 我去看看。"教师听了他们的解说,转而去"检查"总管道了。

大班的主题活动是"城市工程师",班级开展了水管项目,幼儿了解了水管走地、走墙、走顶三种不同的安装方式。幼儿在主题教学活动中利用塑料管、泡沫箱进行过实地搭建,随后将这一搭建经验迁移到了巴布工程区。这说明幼儿的经验在游戏中得到了迁移和内化,而衍生出的主题活动也进一步提高了幼儿的游戏水平。

(二)根据 STEAM 建构任务确定主题

当幼儿的建构缺少主题或者缺少推动力时,幼儿往往出现无所事事的情况。这时候,教师可以通过增加建构的任务性来提高幼儿的参与度和积极性。在浦幼,教师常常通过 STEAM 建构任务这样的形式,让幼儿尝试有计划、有目的的建构。通过"事先确定建构主题→绘制建构图纸→寻找建构材料→建构→反馈问题→再建构"这样的任务模式,推动幼儿建构能力不断深化。

教师在选择任务主题时,可以与幼儿一同商定,也可以选择与幼儿生活相关的内容。需要明确的是,建构主题应具备可操作性,主题定位应具有情景性。中班的主题活动"春天的花园"就是这样一个典型的 STEAM 建构任务。

案例四　春天的花园

中班开展"春天的花园"主题活动时,教师给幼儿布置了一个STEAM 建构任务——搭建春天的花园。

第一次搭建活动开始前,幼儿首先设计图纸,他们都将自己看到或者想象中最美的花园画下来,随后到创创天地开始搭建。大家各自寻找材料,三两合作,"花园"显得有些零乱,东一块,西一块,也看不出搭的是什么。教师在询问幼儿以后,得知搭的物体有大门、围墙、长桥、喷泉、亭子,但是由于大家意见不统一,最后的成品不是特别理想。

回到教室之后,教师与幼儿一起梳理了搭建中出现的材料数量、人手数量等问题,随后开展第二次建构活动。

为了帮助幼儿看懂图纸,这次要在图纸上画清楚需要用的材料的颜色、外形、数量。问题都一一解决了,却发现材料不够,教师决定把班里建构区的材料搬一些下去。

活动一开始,幼儿就在组长的带领下忙碌起来。由于那天风比较大,大门的两根柱子一直站不稳,被风吹倒,幼儿就跑去求助教师。教师给他们提示:"教室的门总是被风吹开,我们是用什么办法把它固定住的?""凳子!""对,那你们想想,能不能利用这个方法把柱子固定住?而且还要美观,不能挡路。"他们很快找到了四块三角形木块,分别放在两根柱子的一前一后,果然,"大门"变坚固了。他们顺势把三角形木块和围墙连在了一起,"大门"一下子变气派了不少! 在搭建长桥时,正方体木块用完了,图图很苦恼,坐在地上和小朋友商量,是不是去围墙那边拆几块。可是围墙拆了,不就破了? 这时小杰灵机一动:"我们用旺仔牛奶罐吧。""那我们把前面的正方体也换了吧,用红色的柱子!"图图开心地说。其他小朋友都说好。不一会儿,一座红柱子的九曲桥就搭好了。

在大家的共同努力下,历时一个小时的搭建顺利完成,"春天的花园"完美竣工,幼儿在自己的花园里合影留念。

在这一过程中,幼儿呈现出了高度的坚持性和合作性。在推进这一类建构主题时,教师要做到以下几点:

(1)配合幼儿梳理经验,尤其是图纸和实际物体的对应;

(2)提供充足的材料、时间和空间;

(3)仔细观察,在关键处提问引导,让幼儿在回答中梳理经验。

(三)幼儿自主生成的探究主题

幼儿是游戏的主人,真正的游戏活动需要幼儿根据自己的兴趣,自行选择游戏主题、游戏时间、游戏材料。著名学前教育家陈鹤琴曾说:"小孩子是生来好动的,是以游戏为生命的。"在 STEAM 创意项目中,除了主题项目衍生和任务式建构主题之外,更多是让幼儿自主生成探究主题。这些主题是具有情景性的,比如为自己搭建可以藏身的战壕,再比如搭建一个烧饭的炉灶。他们不仅在搭建,还在探究、思考,比如无意间发现跷跷板的秘密,并开始不断探索。

案例五 跷跷板的秘密

中班的幼儿在巴布工程游戏。晓蕾拿来了一块木板,在木板两侧各垫上两块砖,搭出了一座"桥",然后在一侧再搁上一块板,形成一个斜面,于是她开心地在上面走起了平衡木。

宸杰见状也拿了块木板,在地上放上砖块,搁上木板。"咦?好像跷跷板!"

他的叫声引来了可为,他们坐上去玩起了跷跷板,可跷跷板有点短,不太舒服,只玩了一会儿他们就站了起来。这时淑涵、晓蕾也来了。他们用脚踩在木板两边,玩起了跷跷板,宸杰开心地站到木板中央。

教师这时在旁边说道:"这还蛮像教室里的天平的,可以比一比哪块砖头重。"他们一听来了劲,重新拿了一块长一点的木板搭好"天平",在两端放上砖头,大声对教师说:"我知道哪块砖头比较重,这块(指位置较低的)比较重!"教师赞许地点点头。

中班幼儿的探究就这样结束了，可是大班幼儿在建构区的探究要更加深入，也更具操作性，他们在游戏结果的刺激下不断尝试，解决游戏过程中遇到的真实问题，最终获得了成功。

案例六　轮子的作用

建构游戏的时候，婧婧和甜甜坐在一块 30 厘米高的泡沫垫上，对宝宝说："宝宝，你来推我们吧！"宝宝用力推，没有推动。甜甜就跳了下来，对婧婧说："那我和宝宝一起推你。"可是两个人还是没推动。宝宝是班里力气最大的小朋友，却没有成功，这引来了一群"围观群众"。他们都很感兴趣，纷纷玩起这个推人的游戏。可是他们碰到了共同的难题："怎么办？推不动啊！"

幼儿决定通过对比的方法尝试轮子的作用。他们就地取材，发现两样绝佳材料：没有轮子的足球筐和有轮子的足球筐。

宝宝跳进没有轮子的筐里。大家推选力气大的男孩们推他，三个男孩才能让筐翘起。这时候，轮子上场了！四个小小的轮子到底能省多少力？幼儿分组进行游戏，迫不及待地跳入有轮子的筐里，同伴们都轻松推动了自己。

"看来轮子真的很厉害！"幼儿对自己的游戏结果很满意，意犹未尽。

他们的第一个办法是用六个足球垫在筐底下，试图让足球转动，充当轮子，并且给筐系了绳子，一人在前面拉。这似乎有点用，但滚动了一会又失败了，最大的问题是：足球不能稳稳地跟着筐移动。

于是他们放弃了足球，第二个办法是做一个轮轴。他们自己找来了万能工匠材料，一致决定组装一个正方形的轮轴，并且安上四个圆形的轮子。效果比第一次好些，但还是不方便移动。看着一堆万能工匠的棍子，有个幼儿若有所思。教师帮助他将"相互合作铺路"这个想法更清楚地表达出来。他们发现，原来只需要几根圆柱形的长棍子，就能解决移动的问题，棍子一定要排列得整整齐齐才能推得快。简直太振奋人心了！

上述活动中，幼儿有了更充分的自主权。幼儿面临如何轻松推动箱子这一真实的问题，这充分激发了他们的探究欲，整个过程中，经验学习范围更大，路径更多元。不断的观察、操作、探索、验证充分满足了幼儿的好奇心，并且培养了学习能力、提升了科学素养，同时也促进了同伴间的交流合作。

预设主题的建构和无主题的自由建构为幼儿提供了经验迁移和扩散的重要平台。作品设计和对材料数量的估计能够促使幼儿对建构对象的结构、形状与数量做到心中有数。而无主题的自由建构、探究,能让幼儿追随兴趣,在建构过程中获得自我满足,从而真正发挥 STEAM 建构项目的魅力,让幼儿在活动中玩出水平,玩出创意。

第四节　体验探究项目

基于对浦幼"智慧·玩创"的概念界定,为实现寓游戏、学习于一体的人工智能时代的个性培养途径,需要事先构建信息技术与人工智能技术相融合的学习、游戏、生活环境,整合相关教育资源。为此,在常规科学馆的基础上,浦幼依托区域优势,借助"互联网+"、大数据、人工智能等技术,投资近百万,依据幼儿年龄、心理认知特点,融合立体成像、动作捕捉等科学技术,打造了一个集智慧课堂、智慧游戏、智慧运动于一体的智慧科技馆。智慧科技馆中的活动主要以游戏、体验、操作等形式开展,是幼儿接触现代技术、进行科技探究体验的重要场所。

一、操作定义

体验探究项目包含两部分内容,一部分是常规科学探究活动,另一部分则是以 AR 人工智能体验为主的智慧操作。其总体结构见图 5-10。

常规科学馆即乐乐科学馆,设立在园区二楼,占地 60 平方米,主要以生命科学、物理科学、宇宙科学为探究体验内容,通过投放动植物标本、仪器、操作台等内容,让幼儿以自己的经验及视角,在体验、操作中探究蒸汽火车、电流迷宫、磁动轮、声波等科学现象或成果。

智慧科技馆设立在园区一楼,占地 60 平方米,以现代科技为主要内容,融合 AR 立体成像、动作捕捉、镂空成像等技术。该馆根据幼儿的科学认知能力和兴趣特点,营造了一个富有浓厚科学探索氛围的空间,让每个幼儿都能广泛地参与科学探索活动,让幼儿能在娱乐之中通过互动参与探究科学现象,感受科学的乐趣,探求自然的奥秘,有效实施科学精神的启蒙。

本节将重点阐述智慧科技馆的智慧课堂、智慧游戏、智慧运动相关环境的创设。

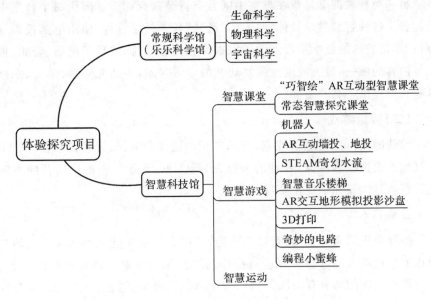

图 5-10 体验探究项目的结构

二、环境创建

(一)智慧课堂

智慧课堂借助现代科技,通过设计各类主题活动,满足各年段幼儿不同的操作需求,为幼儿创造主动学习、主动探索的机会和条件。它主要包括了"巧智绘"AR 互动型智慧课堂和常态智慧探究课堂。

"巧智绘"AR 互动型智慧课堂(图 5-11)借助 AR 互动成像技术,基于"乐玩·科技"的教育理念,集设计、AR 技术、故事创编、合作配音、合作配乐于一体,是整合的互动型智慧课程。AR 技术可以识别平面图形、图像,生成三维立体影像。作为教育辅助手段,AR 技术可以让幼儿更加真切地感知、体验,在操作过程中推动幼儿成为一名动画小创客。

图 5-11 "巧智绘"AR 互动型智慧课堂二维码

另一类智慧课堂是指在教室中的常态智慧探究课堂。园所每个教室中都配备了各种智慧教学软件,引入了"童易"科学教学软件,使用电脑投影一体机,丰富教师的教学手段。课件根据课程内容编排,实现了画面、音频、视频等内容的统一,最大限度地激发幼儿的学习兴趣,为幼儿理解、学习、掌握课程目标提供了有利条件。

(二)智慧游戏

浦幼随处可见智慧游戏点,有 AR 互动墙投和地投、智慧音乐楼梯、AR交互地形模拟投影沙盘、奇妙的电路、机器人等,真正实现了让幼儿随时随地进行智慧体验和个性化学习。

1.机器人

陪伴型机器人"i 宝"拥有很多功能,其中有一项功能是动作编辑。幼儿可以通过机器人的可触屏幕进行操作,设置、编排机器人将要进行的动作。能够设计动作的部分有头部、手臂、身体、轮子、表情、语言、音乐等。所有标识皆为图示,易于幼儿理解和识别。动作的设置以图块拼接的方式进行排列,幼儿在触屏上拖拽相应动作图块进行拼接、调整,可以纵向排列,按顺序进行动作;也可横向排列,使多动作同时进行。完成后点击"运行"按钮,机器人便会按照幼儿的设计进行动作。

2.AR 互动墙投、地投

墙面互动投影和地面互动投影都是 AR 互动投影的展示方式。捕捉设备对幼儿动作进行捕捉,幼儿可以通过肢体动作与墙面或地面进行互动,从而完成很好的互动科技体验。扫描图 5-12 的二维码可观看 AR 互动墙投。

3.STEAM 奇幻水流

这是一款基于 STEAM 理念的多点触控互动玩教具(图 5-13),支持幼儿根据想象力自由创造,引导水流产生多样的互动效果,学习水流相关知识。教师也可以灵活编排水管、零件,培养幼儿的动手能力和思维发散能力。

图 5-12 "AR 互动
墙投"二维码

图 5-13 "STEAM 奇幻
水流"二维码

4.智慧音乐楼梯

幼儿踩在楼梯上，楼梯就可以发出美妙的音乐，实现艺术与科技的融合。

5.AR交互地形模拟投影沙盘

AR交互地形模拟投影沙盘（图5-14）利用平常的沙子，通过AR投影，促使幼儿进行自主探索操作。

6.3D打印

3D打印将幼儿新奇的想象通过软件制作成三维模型，用3D打印机打印呈现，最大限度地激发幼儿主动创造的欲望，让幼儿更真实地享受、欣赏自己的成果，获得成功的体验。

7.奇妙的电路

幼儿可以利用奇妙的电路进行电路的拼搭（图5-15），每一个零件都有相应的标识。最关键的是，通过app扫描，抽象的电流能变成直观形象、可见的电路，便于幼儿理解和操作。

图5-14　"AR交互地形模拟投影沙盘"二维码　　图5-15　"奇妙的电路"二维码

8.编程小蜜蜂

小蜜蜂机器人配套了绘有各类情境的画毯，画毯被均分为同等大小的单元格。幼儿需要观察并找出情境中能够通过的路径，通过小蜜蜂背上"上、下、左、右"四个方向键进行编程。按任意方向键代表调整方向或向指定方向前进一个单元格，例如按"上"键两下，再按"右"键两下，小蜜蜂则会前进两个单元格，然后向右转（调整方向），再前进一个单元格。幼儿完成行进路线的编程后，小蜜蜂会按照预设路线行进。

（三）智慧运动

智能运动手环可以识别幼儿的身份，提取幼儿参与专项活动的时间和频次,记录幼儿在器械活动中的计量数据、计数数据和影像数据。运用智能运动手环,通过相应平台上专业的分析指导,教师可以给出家庭活动方案,达到共同育儿的目标。通过数据积累和沉淀,可以提取幼儿运动的量化指标,并最终形成幼儿发展数据库,为幼儿的后续发展服务。

三、主题设计

(一)"巧智绘"课程

"巧智绘"课程涉及教师的原创课程内容,课程内容的架构包括六大类内容:安全类、习惯类、情感类、知识类、社会类、人文类,每类下面都设有针对中、大班幼儿的内容,一节课在 30 分钟左右。

"巧智绘"课程内容来源于幼儿在成长和一日生活中所遇到的各种问题,以此设计、开展主题项目活动。浦幼经过两年多的研发及实践,目前已开发出由 AR 技术支持的多个主题,如表 5-2 所示。

表 5-2 "巧智绘"课程主题研发设计

年段	主题	实施要点
大班	神秘的恐龙	幼儿尝试独立创作或团队协作,参与绘画创作、动手扫描、情境配音等游戏活动,激发、提升每个幼儿的创作、探索、合作热情和能力。
	海底世界	
	沙门氏菌	
	保护森林家园	
中班	刷掉牙细菌	
	多吃蔬菜身体棒	
	奇妙的动物世界	
	小动物过冬	

"巧智绘"课程主题是对幼儿生活中遇到的各种困惑的整合,借助 AR 技术的支持来展现,让幼儿从事快乐的科学探究活动。

(二)乐乐科学馆课程

乐乐科学馆的课程以体验、探究我国古代、现代的发明创造为主线,被设计成渐进式的课程,具体如表 5-3 所示。

表5-3　乐乐科学馆2016—2017学年第二学期课程主题设置

年段	主题
小班	不同的种子、创意积木、光宝宝你别跑、我们的地球、走近古代发明1
中班	种豆子、走进水世界、神奇的电路、认识天平、走近古代发明2
大班	有趣的声音、创意变变变、我的小汽车、电子百拼秀、走近古代发明3

此外，乐乐科学馆在内部环境的整体设计上有意识地展示了古代中国人民的发明创造，如四大发明、地动仪、养蚕缫丝技术等。还有许多国学文化：先秦诸子、百家争鸣；孔孟之道、程朱理学；秦皇汉武、唐宗宋祖……每年的10月，浦幼会在乐乐科学馆举办中国创造体验节启动仪式，仪式后的一周，组织幼儿通过看、听、讲、试、画等丰富形式，深度感受先人的发明创造，充分激发幼儿的创造自豪感。课程主题如表5-4所示。

表5-4　乐乐科学馆"体验古代发明"系列课程主题设置

年段	主题
小班	三字经、南水北调、长城、认识檀板、青花瓷瓶
中班	多变的剪纸、认识兵马俑、鲁班造锯、孔明灯、国粹——京剧
大班	中国的造纸术、神奇的指南针、火药、介绍印刷术、十二生肖、甲骨文

总而言之，"坊·园·场·馆"既是"智慧·玩创"课程实施的路径，同时也是课程运作的主载体，日常运作的机制是通过"走馆选项"来统一调配各年段班级的"智慧·玩创"课程项目。

探究体验项目活动内涵丰富，通过构建不同的时空推进方式实现课程主题的实施。智慧课堂主要以小班化教学模式推动，每月完成一个项目。智慧游戏中有个别化操作游戏、体验型游戏、合作型游戏，浦幼将其融合到自主游戏、一日生活中，更加突出游戏的个别化、操作性，让幼儿在潜移默化中感受新技术。另外还有部分探究项目融合在科技节、国学节等活动中。科技节中，活动主要通过体验新技术、进行科学小实验、参观各类科技馆、参观高新企业等方式开展，更多地聚焦现代技术对人们生活的影响。而国学节则更多关注古代技术的运用，通过观影、实际操作、查阅资料等方式加深幼儿对古代发明的理解，让幼儿感悟古代劳动人民的智慧。

第六章 玩创特色：
探索"点·链·群"多元型融合

核心导读

　　基于幼儿的年龄和认知特征，"智慧·玩创"课程主要研发了三大类实施课型及操作策略：以动手操作为主形态的常态型课程，以玩转创意体验为主形态的巧智型课程，以园外基地探索行动为主形态的拓展型课程。三大课型、九大主题架构起"智慧·玩创"课程的"点·链·群"全覆盖机制（如图6-1），将园内的"智慧·玩创"活动延伸、拓展至园外，形成一个全覆盖幼儿生活的"智慧一日生活圈"，从而有序、高效地推进"智慧·玩创"课程的深度实施。

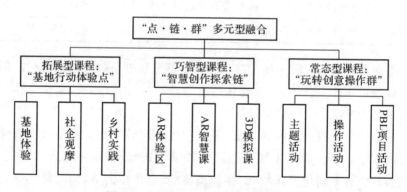

图 6-1 "点·链·群"多元型融合架构

第一节 拓展型课程："基地行动体验点"

　　浦幼所在的高新区（滨江）是国务院批复建设的国家自主创新示范区，是浙江省内最有影响力的科技创新基地，智能工厂、智能服务、智能软件等智能制造价值链中相对高端的环节均处在全国领先水平。阿里巴巴、网易等企业的综合实力全国领先，海康威视等企业在工业视觉领域优势突出，浙大中控、力太科技、吉利易云、哲达科技、康奋威科技等企业已率先实施了一批"智能工厂""工厂物联网"试点示范项目。高新区的创新特质催生了与其相匹配的"国际滨"教育。置身于这样的区域发展大环境下，浦幼致力于利用家长资源、园企合作、家园联系三种方式有效助推"智慧·玩创"课程。

一、操作定义与特点

（一）操作定义

拓展型课程的目的是培育幼儿的主体意识、完善幼儿的认知结构，着眼于发现和发展幼儿的兴趣爱好、开发幼儿的潜能，能促进幼儿个性的发展和浦幼办园特色的形成，是一种体现不同基础要求、具有一定开放性的课程。

浦幼的拓展型课程，借力于园所之外的特色社企资源，创建园外的"智慧·玩创"课程实施"点"，打通、拓宽"智慧·玩创"课程实施的时空通道，将园内的"智慧·玩创"活动延伸、拓展至园外，形成一个全覆盖幼儿生活的"智慧一日生活圈"，从而有序、高效地推进课程的深度实施。

（二）操作特点

拓展型课程的"基地行动体验点"资源是指园外基地行动探索点，主要包括园外的图书馆、科技馆、博物馆，以及网络资源、区域乡土资源及家庭资源等，是儿童、学科、生活、社会的有机整合。幼儿的生活及其个人知识、直接经验都将成为课程开发的基础和依据。"智慧·玩创"课程的"基地行动体验点"走了一条集园区、企业、家庭等于一体的集约型道路。

1.广泛性

课程追随幼儿的生活和经验，将幼儿需要的、感兴趣的，尤其是在其生活、学习过程中随时随地产生的，又是他们急于想解决的问题，纳入到课程和活动中，让幼儿调动全部的智慧去发现、去探索、去尝试、去研究，并有效地去理解外部世界，构建新的认知结构。

2.渗透性

浦幼位于高新企业密集地带，浦幼多数幼儿的家长是本区高新企业的员工，因此园企合作和互动比较频繁。家长助教团的参与者将自己的工作特长、工作团队带入幼儿园，让幼儿一起参与，一起互动。浦幼的日常拓展实践活动经常进入相关的企业开展，更好地架起企业与幼儿园之间的桥梁。

幼儿在操作、游戏、实验等多种形式的活动中开阔视野、培养情感、发展思维,学习与实践得到有机渗透和整合,深度学习的质量得到提高。

3.体验性

浦幼以企业体验场馆为载体,通过实地观摩,促进幼儿对父母职业的认识,在活动中增进亲子感情,发展幼儿的实践能力、创新能力以及良好的个性品质。

二、课型与机制

"园、区、企"合作开展拓展活动,是推进课程深度实践最有效的途径。开展"园、区、企"合作的目的就是构建多元化课型体系,为幼儿提供多样化的活动空间和学习载体。浦幼的实践基地和活动安排见表 6-1。

表 6-1 浦幼实践基地与实践活动安排表

序号	实践基地名称	实践活动安排
1	中天模型	6~11 月组织二至三次参观活动
2	乔智科技	5~7 月组织二至三次 DIY 体验活动
3	科技馆	11 月组织参观活动
4	博物馆	10 月组织参观活动
5	美术馆	5 月组织绘画、书法作品欣赏活动
6	部队教育基地	12 月组织参观体验活动

借助企业的参观体验项目开展的科学教育活动具有体验性、生动性、启迪性等优势。科普场馆具备幼儿园教育缺少的体验功能,能够把抽象的科学知识生动地展示出来,激发幼儿的学习兴趣,从"课堂"走向"实践"。

园所与企业实践基地形成了互相合作的关系。横向上,实践基地的体验内容可以根据幼儿园教育中所涉及的知识内容做延伸;纵向上,幼儿园可以与实践基地合作,探索、开发全新的科教模式。

(一)两大基地

浦幼从周边企业、家长资源、幼儿园场地、师资以及幼儿个性发展情况等实际出发,本着让幼儿"多元发展,快乐成长"的精神,从"企业体验馆"开始,着手开展实践基地的探索及设计。

1.基地的选择

浦幼从梳理出的 60 多家高新企业中筛选出 10 家适合幼儿体验实践又

富有教育意义的企业基地，见表6-2（以下表中企业名称均为简称）。教师可以带领幼儿走进企业，了解企业文化，学习各种设备简单的操作流程。

表6-2　10家高新企业一览

中天模型	康恩贝集团	乔智科技	中南集团	碧海银帆
海康威视	中正智能	升腾智能	朗讯科技	阿里巴巴

2.基地的活动

通过前期走进企业观摩了解，浦幼开展了"我最喜欢的企业体验游戏"调查，幼儿会把代表"喜欢"的夹子夹到自己喜欢的企业的照片边上，由大班的幼儿负责统计人数并记录。通过调查，了解了每位幼儿对实践基地的直接感受，并根据调查结果及时调整拓展活动的各方面内容，努力满足幼儿各方面的发展需求。

表6-3　"我最喜欢的企业体验游戏"调查结果

企业名称	获选票数	教师反思	基地选择结果
1.中天模型	85		
2.康恩贝集团	18		
3.乔智科技	65	在调查中发现，幼儿对生活中经常接触的事物比较敏感，在实践参观中也较为投入，因此根据园所特色情况以及幼儿年龄特点选取2家企业作为拓展基地。	中天模型乔智科技
4.中南集团	47		
5.碧海银帆	53		
6.海康威视	60		
7.中正智能	32		
8.升腾智能	27		
9.朗讯科技	57		
10.阿里巴巴	38		

中天模型是浦幼所在区域内一家集科技教育、科技体育和科技模型研发为一体的企业，以"整合全球科教资源，培养未来创新人才"为使命，主要涉足科技教育及科技体育两大产业，研发并生产各类海、陆、空模型及STEAM科普器材，并提供相关的教学培训、赛事支持、创客空间及互联网支持等多项服务内容。

乔智科技是一家由海归人员创办、立志把国际最前沿的AR等高新技术创新运用到智慧课堂教学中的创客公司。乔智科技与著名幼儿教育专家以及幼儿园优秀一线教师共同研讨,率先研发了"巧智绘"AR互动型智慧课程,同时提供了集课堂教学、AR动漫科技、幼儿操作互动课件、教师指导用书、教具、教研服务为一体的幼儿园智慧课堂系列解决方案,成为国内第一家提出开展儿童创新思维教育、互动型智慧课堂教育的高新企业。"巧智绘"课程旨在打造新型互动智慧课堂,以"科技、智慧、创新"为导向,促进幼儿健康、智慧、全面成长。智慧教育体系的建立也促进了教师的专业成长,让教师学习先进的教育理念和教学方式,同时促进家园共育,意义非凡。

浦幼与这两家公司建立起了园企合作模式,并开辟了"智慧・玩创"课程实践基地。浦幼是"巧智绘"AR科技互动型智慧课程全国第一批试点幼儿园。与企业的合作拓宽了课程实施的资源空间,同时为提升幼儿园的科技专业水平提供了有力的保障。

(二)社区资源

在社区、家庭中开发能满足幼儿进一步从事探究体验活动的园外课程资源,引导、组织幼儿以观察、体验、访问等方式实施"智慧・玩创"活动。

案例一 消灭劣V类水,浦幼"河小二"在行动

结合当前的社会热点问题"五水共治",浦幼组织了"河小二"护河小分队。浦幼大班幼儿组成若干小分队,利用节假日,深入街道、社区、家庭,积极开展消灭劣V类水活动。他们进行了保护母亲河的倡议宣传、居民用水观察、投放鱼苗等实践。小队员们还在教师的带领下,开展水质采样、检测,以科学的方式助力消灭劣V类水。他们从身边的小事做起,争做河湖的保护者、文明生态的宣传者、美好家园的建设者,并通过"大手拉小手"等多种形式,倡议人们自觉保护美丽河湖,人人都做"河小二",争当治水排头兵,为家乡天更蓝、山更绿、水更清、空气更清新尽一份责、出一份力。同时,活动还促使幼儿增强了节约用水意识,养成了合理用水、科学用水的生活习惯。他们认识到,要节约每一滴水,做节水、爱水的先行者,共同履行保护家乡水资源的环保责任。

此外,浦幼结合社会及生命科学主题,利用社区资源开发并实施了生命科学互动微课程,比如,与苗木种植的专业户、农家乐经营者等建立合作关系,为深入开展科技种养活动开设实践基地。

案例二　植树绿化,我们是认真的

正值阳春三月,浦幼的"绿色小分队"跟着专业的种植户来学习如何栽种树苗。他们用力地挖掘,小心地将树苗放入坑中,轻轻地培土,认真地浇水……一双双稚嫩的小手不停地忙碌着。直到把满载寄语的愿望牌挂在了小树苗上,小队员们的脸上才露出了幸福、甜蜜的笑容。小队员们还在种植户的带领下学习了多种树苗的培育方法、修剪苗木的注意点,知道了落叶树与常青树修剪时间的区别,试着去观察修剪口的汁液流动,还了解了嫁接、扦插等专业知识。在种植户手把手教学后,小队员们收获颇丰。他们认识到,要从种植小树苗开始,让整个城市变得更加美观,空气变得更加清新,做一个保护树苗、保护植物的小使者。

课程资源可以分为自然课程资源和社会课程资源。如气候、天气、四季、二十四节气等,适合作为自然课程资源。因此,浦幼积极和气象局合作,组织幼儿参观气象局。满怀好奇的幼儿在工作人员的耐心讲解下认识了风塔、百叶箱、翻斗式雨量计、称重式雨量传感器等科学仪器,还知道了风塔上安装了风速和风向传感器,翻斗式雨量计可以收集和测量降水量等气象知识。

此外,积极发现、吸纳家长群体中具有科创兴趣与科研能力者,也能助力浦幼"智慧·玩创"课程的深度实施。家长资源为许多活动的开展添砖加瓦。在科技节、春季毅力行走等活动中,浦幼邀请了家长中的无人机爱好者,为活动留下珍贵的记录。有些家长擅长木工制作,带着幼儿用木头为冬天里的小鸟搭建出了最温暖的小窝。还有的家长则是中学科学教师,为幼儿带来了简单而又有趣的反动力小车。家长资源拓宽了课程实施的资源空间,更好地实现了家园互动,加强了家园联系。

(三)乡村实践

浦幼利用乡村自然资源开展了主题拓展教育活动。教师有计划、有目的地带领幼儿走进自然、了解自然、探索自然,从而构建起浦幼独一无二的主题拓展课程。

1.亲近大自然

幼儿的视角离不开大自然的一草一木,每一株植物、每一只动物都是大自然中独特的存在,都有其珍贵的价值。花草树木、鱼虫鸟兽、蔬菜瓜果在幼儿眼中都是有生命的,带幼儿走进大自然,去读大自然这本无字之书,大树下、池塘边、田野里、河岸上,都留有幼儿探索的足迹。比如,早春时节可以带领幼儿到乡间去观察、寻找,体会春天来临时的变化。幼儿捕捞沟里的青蛙卵来园,观察青蛙那又黑又粘的卵是怎样慢慢变成蝌蚪的,蝌蚪又是怎样变成青蛙的,他们长时间、细致地观察,并在观察中学会了记录。

2.体验田间农事

从事农耕工作的人们在季节的不断更替中,会在田里种植各类农作物,如黄瓜、扁豆、茄子、西红柿等。乡村的幼儿会随成人一起来到田间地头,他们会把成人劳动的情景看成一种游戏,会随成人一边游戏一边做一些农事,这是最直接、最真实的生活体验。教师们把农事搬进幼儿园,拔草、挖山芋、剥玉米……和幼儿一起在游戏中体会劳动的快乐。

案例三 "秋天"主题研修

为了充分发挥"秋天"的主题价值,浦幼遵循幼儿学习发展的规律,从幼儿学习与发展的经验论来思考整个主题的推进。

对于"秋天"主题,浦幼以幼儿经验为核心展开,以扩充幼儿的经验为目的,幼儿从直接体验感知中获得初步经验,通过实际操作、探索进一步构建经验体系,最后通过表达、表现运用经验。围绕小主题目标,教师讨论各小主题内容,过程中涉及对教材活动的调整、结合生成活动进行外部重组等,细化审议各个活动之间的逻辑关系,形成了"寻秋"活动的内容架构,见图6-2。

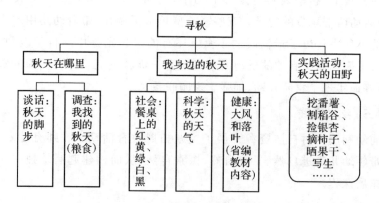

图6-2 "寻秋"活动内容架构

活动以"秋天在哪里"开启,幼儿从寻找身边的秋天开始,收集自己观察到的各类代表秋天的现象,这也是对幼儿前期经验的调查。幼儿在亲身观察体验的基础上进行分享,过程中将"寻秋"的概念扩大、挖深,选取如"节气"这样更富探究性的活动,符合大班幼儿的年龄特点。开展实践活动"秋天的田野"时,教师组织幼儿到田野里观察农民劳作,开展捡银杏、摘柿子、拾稻谷、拾麦穗、挖番薯等活动,支持幼儿感知秋季果实的多样性,了解粮食从哪里来,体验大自然的美妙和丰富,并激发幼儿进一步探索的欲望,感受农民的辛劳,引发幼儿思考秋天与劳动人民的关系。

表 6-4 呈现了"寻秋"活动的具体内容。

表 6-4 "寻秋"活动的内容

活动方式	活动内容	
集体活动	1.社会活动:美味的秋天 2.科学活动:秋天的天气 3.健康活动:大风和落叶	实践活动:秋天的田野
游戏活动	幼儿园里的树	我和树叶做游戏
区域活动	科学区:投放有关年轮纹路的图片 阅读区:投放树的图片,进行名字配对	科学区:找叶子 美工区: 1.引导幼儿根据树叶的形状、色彩进行组合粘贴造型等创意手工或制作叶脉画 2.在进行落叶粘贴画时,尝试进行添画
家园配合	利用双休日带幼儿到农村观察农民的田间劳动,体验简单的田间劳动	为幼儿准备秋天特有的食物,如板栗、柿子等

三、"基地+社区+园区"整合实施策略

浦幼倡导"做中学"和"学中做",探究学习可以培养幼儿收集和处理信息的能力,以及分析问题和解决问题的能力。浦幼以课程大主题活动为背景,用"基地+社区+园区"的模式开发第二课堂,积极推进馆、企、园合作模式,开展科普实践教育活动,致力于探索新的幼儿园实践科学教学模式。

(一)教育资源选择原则

有教育价值的资源很多,但要仔细甄选,才能使其充分发挥作用,变成幼儿的学习内容、学习材料或学习环境。选择教育资源应坚持以下三条原则。

1. 出发点:结合幼儿现实生活

教育资源应该与幼儿的生活息息相关。比如,繁忙的农贸市场是幼儿和家长选购食材的地方,幼儿在这里能认识各种各样的蔬菜、水果,观察摊位的摆设,与卖食材的叔叔、阿姨进行交谈;书店是幼儿购买、阅读图书的地方;小学则是幼儿将来要去学习的地方……这些场所与幼儿的生活密切相关,他们需要了解,也想要了解。

2. 生长点:结合幼儿探究兴趣

选择教育资源要以幼儿的想法和意愿为生长点,只有让幼儿感到好奇、有趣的东西,才能让幼儿产生学习动机,体验到愉悦的情感。幼儿感兴趣的事物如超市里琳琅满目的商品,商品的摆放和分类方式,结算的流程等;商场里新颖、漂亮的服装;爸爸、妈妈工作的场所。

3. 新基点:结合区域特色

具有区域特色的资源能够增强幼儿热爱家乡、为家乡自豪的情感。现代化的厂房、先进的生产设备、新技术产品等都是不可多得的教育资源。

(二)实施策略

1. 拓宽视野,参观实践

参观企业、与企业零距离接触,是深受幼儿喜欢的好形式,更是幼儿获取感性经验、拓宽视野的最佳途径。每选择一个企业实践基地,浦幼都从带领幼儿参观入手,让幼儿直接在企业这个陌生的大环境中观察、触摸、聆听和品味,指导幼儿观察不同职业人员的外形特征、服饰特点,观察他们忙碌而又艰辛的劳动,这能达到仅靠在课堂上利用图片说教等手段远不能达到的良好效果。比如参观中天模型产品展示厅,参观太阳能热水器流水作业车间等。

2. 家园共育,专业引领

陈鹤琴指出,应把家庭教育作为关系到国家前途、命运的大事,要把科学地了解幼儿作为实施教育的依据,要把教育功能自然地渗透于家庭生活的各个方面。浦幼利用自己的专业知识和育儿理念,充分发挥主导作用,引导家长科学育儿,即通过幼儿园主导的家园合作产生教育合力。比如:组织育儿讲座,传授育儿方法;编写园本化读物作为互动交流的载体,向社区、家长传递教育信息;开展各类亲子实践活动,引导家长参与到幼儿园的教育实践中。

3.走进社区,资源整合

社区是幼儿园宣传的重要平台,蕴含着丰富的教育资源。社区参与到合作共育中,既可以帮助幼儿园了解该区域家庭的需求,还能以客观的视角看待幼儿园的发展,帮助家庭以及社会有效评价与监管幼儿园的发展,逐步形成以本社区为核心的辐射拓展,最终实现家庭、幼儿园、社区的协调统一,促进教育资源的优化共享。

社区的人力资源使浦幼活动涉及的专业领域更广泛。比如,热心的退休老人就是重要的社区人力资源。在重阳节,浦幼设计了大班主题活动"爷爷、奶奶,我爱您",带幼儿到社区老年大学与老人联欢。热心的爷爷、奶奶动情地为幼儿们讲述他们小时候的故事,幼儿们将这些故事与自己的生活对比,意识到自己生活在一个幸福的环境中,而幸福的环境是爷爷、奶奶通过辛苦劳动换来的。在中班主题活动"社区中最可爱的人"中,幼儿们通过讨论、投票,选出了他们眼中最可爱的人,如清洁工人、消防队员等,还围绕这一主题展开了更为丰富的活动。

第二节　巧智型课程:"智慧创作探索链"

巧智型课程即"巧智绘"AR互动型智慧课程,基于AR成像技术,借助"互联网+"智慧教育平台,集科技、动画、游戏、互动、故事为一体。它以体验为主,通过3D动画视频进行展示,添加AR、录音、录屏、网络镜像投屏等技术,每一课时30分钟左右,故也被称为"30分钟创意链"。

一、操作定义与特点

(一)操作定义

巧智型"智慧创作探索链"借助AR互动成像技术,基于"乐玩·科技"的教育理念,识别平面图形和图像生成三维立体影像,可以让幼儿更加真切地感知、体验,在操作过程中推动幼儿成为一名动画小创客。浦幼每个教室都配备了各种智慧教学软件,引入"童易"常规五大领域教学软件和"豚宝宝"科学领域教学软件,搭配电脑投影一体机,丰富了教学手段与教学模式。

课件根据课程内容编排,实现了画面、动画、音效、视频等多内容的统一,相较于传统课堂教学模式更为生动、直观,能吸引幼儿的注意力,最大程度地激发幼儿的好奇心和学习兴趣,为幼儿理解、学习、掌握课程目标提供了有利条件。

(二)操作特点

1.一个问题一节课

在幼儿成长的每一天里,都会有许多他们不愿意去做的事,他们会有许多不好的习惯,当然也会有许多想了解的知识:为什么要刷牙,肚子为什么会疼,为什么海星断臂后会自我修复,为什么恐龙会消失……"绘画＋AR 技术生成三维立体影像＋故事创编＋配音配乐＋合作录音＋录像存入成长档案＋家园互动"的全新幼儿园智慧教育课程能让幼儿在真正快乐学习知识的同时养成好的习惯,每节课解决生活中存在的一个问题。

"巧智绘"课程内容包括七个部分(图 6-3)。

①绘画:让幼儿自己动手创意绘画;

②AR 技术:识别平面图形、图像,生成三维立体影像;

③故事创编:根据个人对画面的理解,进行故事模仿和创编;

④知识学习:通过课件让幼儿了解教学内容的知识点;

⑤配音:用自己理解、设想的内容给角色配音;

⑥配乐:凭自己对画面的理解选择背景音乐,提高音乐素养;

⑦录像存档:由三个幼儿合作对整个学习过程进行实时录像,作为学习过程的记录,存档并传送给家长,实现家园共育。

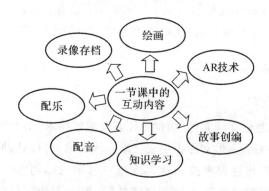

图 6-3 "巧智绘"课程内容

2.一群人一节课

"巧智绘"课程的实施需要通过团队协作来完成。教学过程中的"故事创编＋配音配乐＋录像存档"环节,需要由三名幼儿合作完成:幼儿凭自身对画面的理解选择背景音乐,并为三维立体影像配上背景音乐;根据对画面及课堂习得知识的理解,开展小组讨论,对故事进行模仿和创编,并合作为多个影像角色配音;最后录像,存入档案。

案例四 刷掉牙细菌

幼儿尝试三人合作编剧、配音、配乐、上传视频。

1.教师:"小朋友们,你们想设计一个牙细菌角色并制作成动画吗?你们觉得牙细菌在嘴巴里狂欢时会说些什么呢?现在我们来做一个小小配音师的游戏,按照它们的动作,选一个自己画的牙细菌并配上有趣的对话,好吗?"

接下来教师讲解如何操作。第一步:选择一个牙细菌形象进行创意绘画、装饰;第二步:扫描自己设计的牙细菌;第三步:为自己设计的牙细菌编剧并配音;第四步:三人合作协商,选择合适的音乐作为背景音乐;第五步:录视频并上传。

2.幼儿尝试操作。

3.教师:"你们太棒了,我们一起看一看哪一组合作完成的动画和配音最精彩。"教师分享每组作品并评价。

配音参考如下。

A:我是圆圆细菌,我最喜欢吃甜甜的牙齿了,里面有巧克力……

B:我是方方细菌,哈哈,看我的电钻多厉害,吱吱吱、吱吱吱……

C:我是三角细菌,我要用我的锯子把牙齿都锯开,然后挖一个大大的洞……

教师播放牙细菌在口腔里狂欢的画面,引导幼儿了解吃完糖后不刷牙的危害。

教师:"小朋友们,知道吃完糖后为什么要刷牙了吧!"

切回到乔治(牙细菌的"主人")的画面。

乔治:"哇! 我要刷牙!"说完,他跑进洗手间。

乔治刷牙后,牙细菌被刷跑了,乔治终于露出开心的笑容。

教师:"乔治知道吃完糖后要刷牙,你们觉得还有什么时候要刷牙呢?"随后引导幼儿了解正确的刷牙知识。

活动延伸:学会自我保护,养成良好的卫生习惯。

每桌发一张口腔图片、一把小牙刷,幼儿可以在课后玩刷牙的游戏。

3.一堆材料一次活动

"巧智绘"课程的材料十分丰富,见图6-4。

图6-4 "巧智绘"课程的材料

二、课型与机制

"巧智绘"课程的空间构成分为两大部分。一部分是以"巧智绘"AR互动型智慧课件为核心的课件教学区,另一部分是AR交互地形模拟投影沙盘体验区、乐高立体建构区、3D打印体验区等智慧区块。

(一)AR智慧课:多维互动

"巧智绘"课件通过AR技术,将单一的二维平面图形生成"有生命"的三维立体影像,让教学触"眼"可及,更加真实、立体,同时将录音、录屏功能作为教育辅助手段。生动形象的展现形式让幼儿更加真切地感知、体验,在丰富幼儿生活知识、培养幼儿创新意识的同时提升幼儿的语言表达、音乐赏析、团队协作等综合能力。扫描图6-5的二维码可观看智慧课堂的录像。

图6-5 "智慧课堂"二维码

"巧智绘"课程共有六大类内容:安全类、习惯类、情感类、知识类、社会类、人文类,每类内容都根据小、中、大班幼儿的年龄特点与发展情况进行分层设计,形成严谨、智慧、科学的教学模块。

浦幼根据特色课程需要,与课件开发公司合作,沟通想法、研磨教案,为浦幼量身打造了专属教学课程内容,让浦幼"智慧·玩创"课程理念与"AR智慧课程"更加完美地融合。

(二)AR 模拟课:模拟体验

在 AR 交互地形模拟投影沙盘中,利用平常的沙子,通过 AR 技术投影,幼儿可进行自主探索操作。沙盘有多种不同的主题。

1."沙滩乐园""春夏秋冬"

幼儿通过挖掘、填埋、堆高、架桥等多种方法,改变沙子的形状,去感受地形与天气的变化:将沙子推向山峰的周围,会形成绿色与橙色的岛屿,以及蓝色的海洋;把手掌放在山顶上,虚拟的雨水便会倾泻而下。同时,幼儿可以根据地貌的变化利用各种动植物模型玩具,自主构建森林王国、海洋世界、沙漠荒野等。

2."挖宝特工"

幼儿尽情挖沙,体验发现宝藏的快乐,同时习得动物的相关科学知识。宝藏(动物知识)的碎片散落在各个角落,在规定的时间内把它们全部挖出来,就能得到埋藏在沙子中的宝藏。怒吼的狮子、行走的骆驼、强壮的野牛……还有很多动物等待幼儿去发现。

3."捕鱼达人"

拿起网兜,看看谁能网到最多的鱼,捕到最凶猛的大鲨鱼!

4."魔力交通"

开动脑筋,用积木作为据点,在一片未开发的荒凉空地上,打造出海、陆、空交织联系的交通网。

(三)3D 模型课:设计制作

3D 打印体验区将幼儿新奇的想象变成现实。软件将幼儿设计的图纸制作成三维模型,通过 3D 打印机与 3D 打印笔打印呈现实体,最大限度地激发幼儿主动创造、设计、制作的欲望,让幼儿的想象能够现实化,令幼儿更真实地享受、欣赏自己的成果,体验获得和成功的乐趣。

三、实施路径及策略

(一)"巧智绘"课程主题研发设计

在"AI＋教育"时代，浦幼怀着"乐玩·科技"的教育理想，促进幼儿在新技术支持下进行个性化学习，开展互动型智慧课堂教育，把 AR 等高新技术运用到智慧课堂教学中。浦幼与著名幼儿教育专家和优秀一线教师共同研讨，与乔智科技合作，开发了幼儿园智慧教育互动课程，设计了集课堂教学、AR 动漫科技、幼儿操作互动课件、教师指导用书、教具、教研服务为一体的幼儿园智慧课堂。表 6-5 展示了"巧智绘"课程的六大主题。

表 6-5 "巧智绘"课程六大主题

主题	实施要点
神秘的恐龙	幼儿尝试独立创作或团队协作参与绘画创作、动手扫描、情境配音等游戏活动，激发、提升每个幼儿的创作、探索、合作热情和能力。
海底世界	
沙门氏菌	
保护森林家园	
刷掉牙细菌	
多吃蔬菜身体棒	

1．"神秘的恐龙"活动目标：

①在活动中了解霸王龙、梁龙、蛇颈龙等恐龙的特点及生活习性、环境；

②对恐龙从繁盛走向灭绝之谜产生探索的兴趣；

③学会三人合作为自己喜欢的恐龙创意绘画并进行 AR 成像、编剧、配音、配乐，大胆地表现自我。

2．"海底世界"活动目标：

①了解海龟、海豚、海马三种海洋生物的部分生理特点和生活习性；

②感受愉快氛围的同时初步树立保护海洋生态环境的意识；

③学会三人合作为自己喜欢的海洋生物创意绘画并进行 AR 成像、编剧、配音、配乐，大胆地表现自我。

3．"沙门氏菌"活动目标：

①懂得餐前不洗手、吃不干净的食物的危害性；

②学会自我保护，养成良好的卫生习惯；

③学会三人合作为角色创意绘画并进行 AR 成像、编剧、配音、配乐,大胆地表现自我。

4."保护森林家园"活动目标:

①知道森林是动物们的家园,知道滥砍滥伐森林的危害;

②懂得能够为保护森林做哪些事情;

③学会三人合作为角色创意绘画并进行 AR 成像、编剧、配音、配乐,大胆地表现自我。

5."刷掉牙细菌"活动目标:

①懂得吃完糖后、睡前不刷牙的危害性;

②学会自我保护,养成良好的卫生习惯;

③学会三人合作为角色创意绘画并进行 AR 成像、编剧、配音、配乐,大胆地表现自我。

6."多吃蔬菜身体棒"活动目标:

①知道胡萝卜、蘑菇等蔬菜的营养价值;

②懂得多吃蔬菜有利于身体健康;

③学会三人合作为自己喜欢的蔬菜角色创意绘画并进行 AR 成像、编剧、配音、配乐,大胆地表现自我。

上述六类"巧智绘"课程的主题源于幼儿生活中遇到的各种困惑,借助AR 技术的支持,让幼儿快乐、自主地进行科学探究活动。

(二)"巧智绘"课程流程设计

一节"巧智绘"课上,每个幼儿都会经历精心设计的七个环节,即:绘画→AR 成像→互动问答→故事创编→配音→配乐→录像存档,如图 6-6 所示。在 30 分钟左右的教学课时中,幼儿将经历问题思考、AR 涂鸦交互、知识梳理、情节创编、语言组织、配音配乐、软件操作等,涵盖了科学探究、语言表达、绘画审美、音乐欣赏、讨论合作这五大领域。"巧智绘"课程不仅面向幼儿当前能力的发展,也顺应着时代的潮流方向。

(三)"巧智绘"课程实施形态

"巧智绘"课程基于"互联网＋"思维,灵活调用新媒体、新技术,促进新技术与课程的有效融合,立足于改变学习方式、改进教学过程、改善教学氛围,引导幼儿以自主、合作、探究的方式进行深度学习。

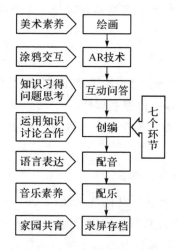

图 6-6 "巧智绘"课程流程设计

1. 直接体验，初步学习

幼儿的学习是以直接经验为基础，在游戏和日常生活中进行的。要珍视游戏和生活的独特价值，创设丰富的教育环境，合理安排一日生活，最大限度地支持和满足幼儿通过直接感知、实际操作和亲身体验获取经验的需要。

案例五 "巧智绘"课程体验

在开展"巧智绘"课程初期，老师带领大班幼儿走进"巧智绘"课程体验馆，幼儿异常兴奋，集体发出"哇"的感叹声，随后看看这个，摸摸那个。有的向同伴介绍："这是 iPad，我家也有。"有的好奇地问："这个是用来干什么的呀？"有的直接拿起作品玩起来……

幼儿有强烈的好奇心，通过看一看、摸一摸、认一认自己感兴趣的设备、材料、作品等，幼儿可以对"巧智绘"课程有初步的概念与认识。

2. 学习技能，熟练操作

对于智慧游戏而言，工具的使用和技能的掌握是实现创意的必要手段，若是真正想熟练使用新技术设备，还需要掌握有一定难度的技术。通过技能学习及工具操作，幼儿认识了许多常见设备，知道了它们的用途，对工具的使用有了更深一层的了解。

案例六 科学是玩出来的

什么是山地?什么是岛屿?湖泊是怎样形成的?……幼儿通过AR技术来直观地认识不同的地形、地貌及其特征。至于"小风扇为什么会转""电是怎样流动的"等问题,幼儿可以自己动手将电路元件串起来,打开开关测试,再在平板电脑上观察电流在电路中的"路线"。"科学是玩出来的。初中科学才会学的电路知识,幼儿轻轻松松就在动手实验中了解了。"浦幼园长张波说。而在创意木工坊里,则有丰富的素材,如迷你版的木工刨刀、锯子、锤子等,幼儿可以在这里体验一回当木匠的乐趣。

3. 小组合作,体验成功

"巧智绘"课程以小组合作的探究式学习方式为载体,幼儿可以与同伴交流想法,寻求同伴的协助,共同来完成创意作品,能充分发挥个体的模仿和创造能力。通过播放幼儿作品及幼儿展演等方式,还可以让其他幼儿、教师、家长以及更多的人来了解、分享创意,让幼儿充分体验创造的成功感。在这个实践过程中,也会发现很多问题。有的幼儿会积极探索解决问题的方法,有的幼儿在教师的引导下或者同伴的协助下解决问题。这也是一个逐步积累并内化自己实践经验的过程。

4. 融合主题,全天开放

浦幼在每学期都会规划各年段教学主题,将"巧智绘"课程嵌入到相适应的主题内,与省编教材内容相融合,从而转变传统课堂教学方式,调动幼儿对活动的兴趣,让幼儿在游戏、合作中掌握知识,促进幼儿想象力与创造力的发展。浦幼"巧智绘"课程的时间安排见表6-6。

表 6-6 浦幼"巧智绘"课程时间安排

场　馆	时间		星期一	星期二	星期三	星期四	星期五
智慧科技馆	15:00～15:30	单周	小五班	小一班	小二班	小三班	小四班
	15:30～16:00	双周	中五班	中四班	中三班	中二班	中一班
		单周	大五班	大四班	大三班	大二班	大一班

浦幼的每位教师都经过了相应培训,熟知课件内容,熟悉相关教案,熟练操作设备,同时树立了正确的新技术教育观念,保证"巧智绘"课程真正做到在全园全面、有序、高质量地开展。

场馆教学活动在教学运作机制上以"走馆式"为主,即各班视具体的学情,提前一周申报活动项目,由园区统一协调各班的走馆项目,保证每个班级能够定期进入场馆开展活动。

在非教学时间段,如自主游戏时段、午饭后、放学后等时间段,教师和家长也可以带幼儿进入场馆操作、体验"巧智绘"课程设备,做到不空置碎片时间,让每位幼儿都能时常接触、体验设备,在游戏和快乐中获得发展,从而真正打造"智慧创作探索链"。

第三节 常态型课程:"玩转创意操作群"

常态型课程是幼儿教学的重要组成部分。对幼儿动手操作能力的培养也是有效促进幼儿的全面发展的一项重要内容。在幼儿园的常态教学活动中,浦幼将各领域的课程融入教学环境中,以幼儿兴趣作为推动,充分利用园内资源,以主题活动、操作活动、PBL 项目活动等形式,从多方面促进幼儿的动手操作能力。

一、操作定义与特点

(一)操作定义

常态型"玩转创意操作群"以集体教学活动设计、集体教学活动组织和实施、集体教学活动评价等为开展点,开展幼儿学习活动的研究,使教学活动能够充分体现幼儿个体发展的需要,使每个幼儿的自主性、主动性和创造性获得更好的发展。

动手操作活动是基于幼儿生活经验,覆盖幼儿在园一日生活的常态型游戏探索活动,集幼儿的观察、表达、探索、动手操作等为一体,融合小组合作的项目式学习,渗透到了幼儿在园生活的每个游戏中。

(二)操作特点

1.广覆盖

"智慧·玩创"课程贯穿、渗透幼儿的园内、园外生活,打通与自然生活的联结。浦幼树立了"一日活动均是课程"的整合教育理念,从观念、目标、教育内容、资源等方面进行全方位的整合,融生活、游戏、学习为一体,探索课程与游戏的内在联系,找到课程与生活的最佳结合点,使幼儿在学习、生活、游戏的过程中获得良好的发展。

2.无痕性

即寓探究于娱乐,在多样化、多层次的探索、创作游戏活动中,幼儿自主、积极地投入到活动中,教师则以参与者、合作者、探究者的身份无痕融入幼儿的活动中。在课程中无痕融入对幼儿观察力、表达力及创造力的培育,创设良好的育人氛围。

3.多样化

"智慧·玩创"课程以科学小实验、科学小游戏、小创造发明、科技种植等多样化的方式在多领域展开,将幼儿在一日生活中通过学习获得的知识、技能和在游戏中积累的经验综合运用于这类活动中,能充分满足幼儿多样化的学习需要和个性化发展的要求。活动过程充分体现出幼儿学习的游戏性、自主性,活动的展开过程具有明显的低结构性和开放性。

二、课型与机制

(一)主题活动

浦幼立足于寻找符合幼儿年龄特点、贴近幼儿生活、能吸引幼儿兴趣的科技资源,从中筛选既适合幼儿认知又能促进幼儿发展的主题课程内容,建构主题活动,采取有效的主题活动实施策略,从而完成主题活动的生成。

1.根据幼儿的关注点选择主题

幼儿对科学现象的兴趣一般表现为喜欢看一看、问一问、摸一摸、玩一玩等外在动作以及提问"是什么"和"为什么"的内在求知欲。教师必须敏锐地从幼儿的原始状态中发现其兴趣所在,了解幼儿的需求,和幼儿共同选择有价值的探索主题。

浦幼通过体验式、探究式、陶冶式三种主题模式(见表 6-7),构建常态化的科学探究教育模式。

表 6-7　常态型课程主题模式

主题模式	内　容
体验式	教师根据幼儿园课程目标,有针对性地组织幼儿参与一些科技实践活动,使幼儿在亲身体验的过程中自觉、积极、主动地获得发展。

续表

主题模式	内　　容
探究式	教师围绕某一问题,指导幼儿观察、操作,在解决各种实际问题的过程中,强化幼儿的问题意识及创新意识,提高创新能力,培养幼儿初步的科学探究精神和合作精神。
陶冶式	教师利用各方面的科技资源创设一定的科技教学情境,陶冶幼儿的情操,培养其良好的科学素养。

2.注重培养幼儿探索的持续性

幼儿的兴趣具有不稳定性,他们对事物的兴趣不持久,往往表现为兴趣来得快去得也快,什么新奇的事情都要问一问,什么好玩的东西都要碰一碰。但是,能否将兴趣表现为更深层次的探索行为,每个幼儿的表现各不相同,往往有许多幼儿在探索中途就退缩了。因此,教师必须通过各种活动方式,形成探索热点,以确保幼儿能对探索活动保持较长时间的兴趣,达到一定的探索实效,这样,探索活动才能给幼儿留下深刻的印象,使他们养成良好的探索习惯。表6-8举出了一个引导幼儿持续探索的例子。

表6-8　"镜子"生成任务内容

任务1:平面镜的光斑	提问:光斑是什么? 怎么来的? 一面镜子能产生几个光斑? 在室内可以产生光斑吗?
任务2:凹面镜和凸面镜的光斑	提问:还有什么镜子能形成光斑? 一面镜子能产生几个光斑? 跟平面镜有什么不同?
任务3:"放大镜点火柴"实验	放大镜的镜片为凸透镜,具有聚光作用,能将射到它表面的光线聚成一束,如果温度适宜,可将物体点燃。 (注意幼儿眼睛的防护)
任务4:汽车倒着开	利用平面镜和凸面镜的反射特点,为幼儿倒着走提供可靠的视野。
任务5:望远镜	1.望远镜"放大"的本领。 2.望远镜"缩小"的本领。
任务6:哈哈镜	知道人在照哈哈镜时的形体变化与哈哈镜镜面的凹凸有关,积极探索镜面变化与人像改变之间的关系,感知平面镜和哈哈镜的特点与区别。
任务7:万花筒的秘密	探索多面镜的反射现象,了解万花筒的成像原理。

当一个主题被确立后,幼儿与教师一起通过探究与发现,会产生新的结

论,这时教师应关注幼儿对这一主题探索过程的反应以及进一步探索的可能,对活动过程用录音、录像、拍照等方式进行记录和重温,寻找教育过程中的成功之处与不足之处,进行反思,为下一个活动的开展奠定基础。幼儿对主题不断延伸出新的探究欲,使探索持续不断地深入,也能使主题不断拓展下去。

(二)操作活动

操作活动以幼儿动手操作、体验探究的游戏活动为主要形态,分别设计成小制作、小实验、小种植、小木工、小创艺五种样式(图 6-7),组合成相应的"玩转创意操作群",为幼儿创设一个多样式、多层次、多材料的创作空间。

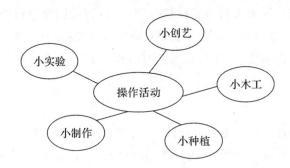

图 6-7　操作活动的五种样式

1.小制作

小制作的主要目的是让幼儿通过制作活动进一步观察科学现象,体验其中蕴含的科学原理,同时掌握制作的技巧。幼儿要做什么、怎么做,全部都由自己来决定。小制作通常采用"设计→尝试操作→交流讨论→正确操作"的模式。其中,设计是小制作的首要环节,它体现了幼儿对制作材料观察、熟悉的过程以及对制作玩具和产品的思考过程。操作过程一般不需要教师分步演示讲解,提倡给幼儿更多的探索机会。教师与幼儿交流讨论不同操作方式的基础上帮助幼儿分析错误操作的原因,总结正确操作方式,引导幼儿探索性学习。

通过想一想、做一做,让幼儿做出自己喜欢的东西,体验制作、创造和成功的快乐是小制作的核心,对发展幼儿动手操作能力具有独特的价值。

案例七　我的材料我做主

挑选好要制作的场景后,幼儿就分别开始了自己的工作。童童今天的工作是制作地板。她打算把不织布剪成正方形的布块贴到底布上，表现出一块块地板的样子。老师想，先剪再贴要花很长时间，今天的活动时间内她肯定完成不了。10分钟后，当教师转身去看童童做得怎么样的时候，发现她已经找了两个小帮手。童童分别给两个小帮手安排了不同的任务。她要求小宝来剪地面的方块，让安安来帮忙挤上酒精胶，她自己来粘贴。过程中，童童还不忘指导着小宝说："你快一点剪，剪得稍微整齐一些，别太小了。"指导安安说："酒精胶不要挤太多了，一点点就可以了。"就这样，流水线一样的合作开始了。

在案例七中，整个合作的过程是由幼儿自己发起、主导的。幼儿在工作过程中发现自己一个人的力量比较薄弱，会自行找同伴进行合作来完成任务。在活动中，教师并没有强行给幼儿进行分组安排，只是通过引导让幼儿自主产生了合作的意识，并且在幼儿有合作意识产生的时候给予大力鼓励与肯定。

2. 小实验

小实验是在一定的条件下，以简易的用具和简单的材料，让幼儿自己动手、反复尝试，在发现问题、提出问题、解决问题的过程中逐渐体验科学探究本质的一种科学活动类型。通过小实验来进行"玩科学"活动，不仅能帮助幼儿学会用科学的态度和方法去探索和解释科学现象，还能有效提升幼儿收集数据和解读数据的能力，对幼儿科学精神的培养具有重要意义。

实验的内容都是来自幼儿日常生活中经常见到并且感兴趣的事物，让幼儿亲自做一做、试一试、看一看、听一听。例如生活中经常要用到电灯，对于"为什么电灯会亮""电是从哪里来的"等问题，可以引导幼儿通过土豆发电小实验来解答。

3. 小种植

小种植是指幼儿在自然环境下参与种植，通过直接观察植物的生长特点，获得观察、发现和管理经验的科学活动类型。教师带领幼儿亲近自然、体验自然、共享自然，帮助幼儿形成自主探究、主动学习的良好品质。例如，栽种些适合小班幼儿照料的葱、蒜、萝卜、白菜等，让幼儿去观察和发现。

4. 小木工

小木工是在"鲁班木工坊"进行的木工活动，是融合数学、科学、艺术等内容的STEAM活动，以培育幼儿的创造力为主，以动手制作为辅。依据这一原则,其相应的实施流程是:想象→构图→分享创意→木工作品→交流改进→展示解说。小木工活动不以最终制造出什么样的木工作品为主要目的,而是关注幼儿的全程参与热情、独特的创造力以及评说作品的语言能力。扫描图 6-8 的二维码可以观看小木工活动是怎样开展的。

图 6-8 "小木工"二维码

案例八 互助的小木工

彤彤想要锯两块一样长短的木条做椅子。锯完木条,她发现木条的长短不一。她把小木条移到矮凳边上,用左手压住小木条的一端,把多余的部分露在矮凳外面,然后用右手拿起锯子锯多余的部分,想把它锯下来,但试了两次都没有成功。于是她对边上的男孩乐乐说:"你帮我一下,帮我把这个(多余的部分)弄下来。"乐乐听了后,拿起小木条,想要用手把多余的部分掰下来,但是没有成功。彤彤又把小木条拿了回来,继续用锯子锯。乐乐看了一会儿后说:"我来帮你。"说完就帮助彤彤压住小木条,彤彤又把手覆盖在乐乐的手上,两只手合作把木条压住后,锯子终于成功地把多余的部分锯下来了。他俩对视了一下,哈哈地笑了。

在案例八中,两个幼儿本来不属于同一个班级,原本没有交集,但在自然工作状态下产生的融洽的人际交往环境使幼儿的紧张情绪变得放松。遇到问题时,幼儿会自然而然地求助边上的幼儿;看到他人有困难时,幼儿也会出手相助。这能够促进幼儿自然地形成分享互惠、利他助人的良好行为习惯,有利于幼儿的身心健康。

5.小创艺

小创艺是浦幼在"智慧·玩创"大背景主题下,从平面到立体,在不同地点、用不同材料创设的动静结合的不同区域的建构游戏,幼儿可自由选择、自主操作、探索学习,从而积累经验,获得身体、情感、认知及社会性等方面的发展。小创艺能满足幼儿设计、建模、建构的操作兴趣,幼儿可利用各种材料进行制作，从而发展空间想象力、动手操作能力及交流合作能力。

在以上每种样式下，再设计具体的主题活动。以小实验为例，浦幼比较成功地实践了以"旋转"为主题的探究性游戏活动，见表 6-9。

表 6-9 "旋转"主题活动设计

年段	主题	内容	实施目标
大班	旋转乐园	旋转大漩涡 旋转的瓶盖 旋转的小花 有趣的旋转	对旋转现象有探究兴趣，积累关于旋转的经验；初步探索影响旋转的因素，了解旋转与人们生活的关系；乐意尝试自己制造旋转现象，感受探索的乐趣。
中班	旋转的秘密	旋转的秘密 有趣的旋转 旋转的木马	对旋转现象感兴趣，激发探究欲望；寻找探究旋转现象的方法，在交流中提升经验；了解旋转与人们生活的关系，体会旋转在生活中的应用。
小班	有趣的旋转	幸运大转盘 旋转的风车 大象鼻子转转转 旋转的落叶	丰富有关旋转的体验，尝试用身体来感受旋转的快乐；了解和喜欢各种各样的旋转玩具，乐意与同伴一起玩，探索旋转的方法；大胆表达自己对旋转的认识，交流自己的感受，乐意分享旋转的快乐。

"旋转"主题活动的设计及目标设置遵循了幼儿的年龄和认知特点，有梯度地螺旋式上升，循序渐进地促进幼儿探索兴趣和探索水平的成长。

（三）PBL 项目活动

PBL 项目活动是指以问题为核心，以解答问题为驱动力，以分组阐述、展示、讨论及相互交流为手段，以激发幼儿主动自学、培养幼儿创新性思维为主要目标的全新的教学活动。教师根据幼儿提出的问题进行归纳提炼，设计相关项目活动，幼儿在操作探索中发现其中的奥秘，寻找问题的答案。

PBL 项目活动的班本化实施不断丰富着浦幼的教学路径。在教师掌握 PBL 项目活动的实施模式以后，将其化为园本化课程体系的一部分。在基于审定教材的主题教学活动、基于新技术载体的"巧智绘"课程之外，基于幼儿问题的 PBL 项目活动也纳入了园本化课程体系。在保证幼儿全面发展的基础之上，着力培养幼儿的探究精神和问题解决能力，使园本化课程更具"玩科学·爱创造"的园所特质。

1. 以问题为导向

PBL 项目活动所选用的问题都是生活中常见的，以问题为导向和驱动，以项目活动为基点，将幼儿对教材内容的学习转变为对项目问题的解决，将知识学习转变为能力运用，将苦涩的、机械化的学习转变为有趣、有意义的项目活动,拉近了幼儿与生活的距离。图 6-9 给出了 PBL 项目活动的大致流程。

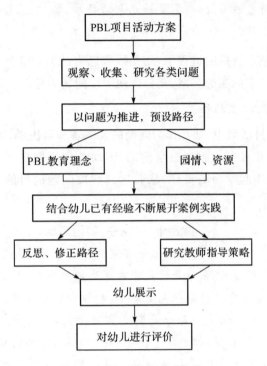

图 6-9　PBL 项目活动流程

案例九　"城市里的桥"项目活动

大班在"城市工程师"主题下开展了"城市里的桥"项目活动(图 6-10)。在这次项目活动的前两周,教师带领幼儿进行了实践活动,寻找并记录了杭州的桥,接着教师对幼儿的问题和经验进行了梳理,发现他们的兴趣点和困惑集中在了桥的组成、结构等方面。因此,教师引导幼儿尝试用报纸搭桥,让他们在操作中进一步感知关于力和结构的知识。

图 6-10　"城市里的桥"二维码

从对"怎么造出好看的桥、怎么造出双层的桥"感到好奇,到明白

"桥的各部分怎么连接",从学习复杂的力学知识到造最简单的纸桥、探索桥面和桥墩的形状,都需要幼儿调动科学、数学、工程等方面的知识,做好准备工作。

在案例九整个造桥的过程中,幼儿依靠已有的知识和经验解决问题,在现有的条件下寻求问题的答案,充分体现了以问题为导向。

2. 强调幼儿的主动性

在 PBL 项目活动中,幼儿作为问题的发现者和解决者,要能主动投入到学习中来,并能积极参与教育教学活动,即幼儿应采取自主学习的方式,主动探索学习,承担起学习的责任,从而达到解决问题的目的,掌握解决问题的方法。

案例十 "轮子"项目活动

"轮子"项目活动是幼儿十分喜欢的活动。因为轮子是日常生活中经常见到的东西,车子也是幼儿非常感兴趣的事物,所以幼儿在活动中兴趣浓厚,能积极参与到探究活动中,教师在轻松有趣的氛围中完成了教学目标。活动的第一部分是幼儿第一次探索:让幼儿玩带轮子的玩具,探索轮子的特性,知道轮子大小、材料不同,但形状相同,都是圆形,只有圆形的轮子才能平稳地滚动。这一部分体现了幼儿是主动学习者,教师只是支持者、合作者、引导者。第二部分是第二次探索(其实是活动前已进行的探索活动):事先请家长和幼儿共同完成了一张调查表,记录生活中看到过的轮子。通过展示、交流调查内容,让幼儿进一步了解轮子。第三部分是第三次探索:让幼儿在游戏中亲身感受运用轮子确实可以省力。这一部分更是激发了幼儿探究的兴趣。最后延伸活动,继续让幼儿探索思考,并辅以亲自操作,进一步发展幼儿的探索实践能力。

3. 教师是引导者和合作者

PBL 项目活动模式是一种对教师的教学能力、应变能力、引导能力要求较高的教学模式。它要求教师参与项目的设计,在教学过程中不断提出能够促进幼儿思维发展的挑战性问题。同时,要求教师有极高的教学热情和创新的教学理念。因此,要达到良好的 PBL 项目活动效果,教师是关键。

在 PBL 项目活动模式下,教师所扮演的角色与在传统教学模式下有很大区别,教师由知识的传授者、灌输者转变为教学情境的设计者、幼儿发展的促进者、教学资源的提供者、平等的合作者,由中心角色转变为统筹全局的幕后角色。教师要作为引导者和合作者,在幼儿学习的过程中做辅导者和促进者,幼儿则转变为自主学习者和合作学习者,师幼关系由"唯师是从"的专制型逐渐转变为合作型,使课程顺利、融洽地进行,最终完成教学目标。在教学活动中,教师有目的地设计问题,幼儿自主探索研究、思考分析,从而解决问题,教师促进幼儿对知识的掌握,让幼儿来把握课堂,这样幼儿的能力可以得到更好的提升。图6-11给出了教师在活动中的指导路径。

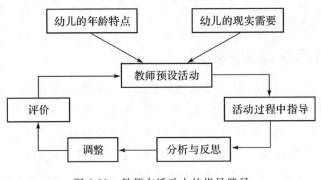

图6-11 教师在活动中的指导路径

4.注重幼儿的合作意识

在PBL项目活动中,由于问题是教师精心选择出来的,具有一定的复杂性,因此需要幼儿以小组的形式进行分析和探究,共享个人的知识、经验和想法,共同解决问题。

案例十一 游乐场

有一天,幼儿都在搭积木。过了一会儿,紫萱神采奕奕地走到教师面前说:"张老师,我们合作搭了一个游乐场。""是什么样的游乐场?"起先教师还有一些疑惑,当栩栩如生的作品呈现在教师眼前时,教师也为他们的创意感到惊喜。随即,教师抓住幼儿生成的建构内容,有意识地提问:"这么漂亮的游乐场,你们是怎么合作搭建的?"幼儿纷纷抢着回答,有的说搭了沙滩上的休闲椅,有的说搭了大树和房子,还有的说搭了靠近游乐场的码头等。原来他们的分工很明确。教师随即追问:"游乐场里除了你们搭建的这些东西,还有什么呢?"接着又提出了更明确的要求:"请你们商量一下,争取把游乐场建得更美。玩的东西越多,就越能吸引游客。"在教师的激励和推动下,幼儿合作建构的信心愈发高涨,他们又开始商量。不一会儿,更加漂亮的游乐场出现了,增添了很多游乐设施,还搭建了游乐场里的电动车呢!

从案例十一中可以看出,教师围绕着幼儿生成的内容,充分运用幼儿的已有经验,推动幼儿不断产生新的合作行为。在推进策略的应用上,教师采用了明确合作要求的方法,即先商量、再分工、后操作。在教师的鼓励和助推下,幼儿的合作意识被进一步激发,合作技能也有了新的提升。同时,他们也享受着合作的快乐。

三、实施路径及策略

(一)"预+遇"的动态实施

常态型课程的主题即是将教师对社会生活需要的理解、幼儿的兴趣需要进行有机融合,实现"预+遇"的动态实施。所谓"预",即预设、规划;"遇",即遇见、生发。教师首先根据幼儿的已有经验及自身的专业准备形成预设的主题内容,然后在实施过程中重点关注幼儿活动时的状态,捕捉有价值的瞬间,在预设的基础上及时调整、拓展、生发,从而形成更适合幼儿成长的主题课程活动。在"预+遇"的动态实施过程中,通过多主体参与的课程审议与课程记录等途径,审"预"课程与幼儿成长经验之间的契合度,寻基于幼儿需要的"遇"课程的生长点,并记录从"预"到"遇"的课程实施的整体形态,从而实现从普适于同一年龄段的幼儿到适合本班幼儿近期发展需求的目的。

(二)项目班本化的特色创新

班本特色项目活动从班级教师和幼儿的实际出发,充分运用幼儿园和班级的各种资源,抓住日常生活中的科学现象,引领幼儿进行科学探索,是一种需要幼儿合作交流完成的科学探究活动,更加符合幼儿发展需求。班本化项目活动追求的就是活动的适宜性与个性化。通过班本化项目活动的开展,幼儿的个性得到充分培养,教师的能力和特色也得到了充分展示。班本化项目活动的形式更具多样性,内容更具渗透性。基于班级和教师能力的差异,以及科学活动实施难易程度的不同,浦幼设计了两种不同的方式推进班本化项目活动的开展。

1.同中求异

依照已经有的科学主题活动,根据班级情况调整活动内容,这是一种内化后的实践。在主题确定、目标明确的前提下,教师可以根据班级幼儿的实际情况调整活动,如采用不同的活动导入方式、活动展开脉络、活动探究方式等,从而区别于其他班级的活动。

2. 自主开发

完全由班级教师和幼儿一起自主选择、设计、实施活动。活动没有预设,可以是随机发生在幼儿一日生活中的各种形式的科学探究活动。一般由幼儿发起活动的主题,在教师的支持下,围绕这个主题进行深入、持续的探究。这类活动最大的特点就是生成性,没有预设的活动计划、活动目标等,是教师和幼儿共同参与、发展、建构的过程。

不管是以上哪一种方式,都能使教师的实践能力得到循序渐进的成长,使班级幼儿在实践活动中"八仙过海,各显神通",最终形成适合自己班级的班本化项目活动。

案例十二　我们班的"连接"故事

故事一:滑梯被拆了。晨间活动时,幼儿发现幼儿园的滑梯上站着几个拿着工具的叔叔,正在拆滑梯。他们对滑梯的连接方式议论纷纷。教师抓住机会问:"还有其他东西也是连接起来的吗? 我们找一找。"

故事二:找一找。很快,幼儿就拿着很多物品来介绍他们发现的"连接",并为其命名。佑佑说:"这本书是用铁圈把一张张纸连接起来的,我就叫它钻洞洞连接。"——拿着红酒木盒告诉大家:"我发现了三个不一样的连接,一个是绳子连接,一个是抽屉连接,另一个是凹凸木块连接。"同时,教师也请幼儿记录物品名称、连接部分、是否用了辅助材料、连接的名字等。幼儿还把找一找"连接"的游戏延续到了家里。

故事三:拆一拆。让幼儿将找来的各种废旧物品拆一拆,更深入地发现连接的秘密。飞扬拿着螺丝刀在拆他的电扇,可拆了十几分钟,都没有拧下一颗螺丝。但他一直坚持着,终于成功了,他高兴地说:"原来螺丝刀要朝一个方向拧才可以拧下螺丝啊!"幼儿在拆的探究中,遇到了很多问题,但正是这些问题引发了幼儿的思考,他们知道了螺丝刀的转动方向不同,起到的作用也不一样;一把螺丝刀并不能拧开所有的螺丝,螺丝刀要和螺丝匹配才能正常工作。他们还知道了有些是不可拆的连接,有些是可拆的连接。

故事四:玩一玩。"连接"是为了使我们的生活更加方便,于是幼儿也想用"连接"来改变他们的世界。他们把弯管玩具连接起来,插在自来水龙头上,打开水龙头,发现出水口变多了,本来一个水龙头只能供一个人洗手,现在却可以多人一起洗了。他们还把连接好的弯管玩具用绳子或者胶带纸连接在植物角上方,选择一个进水口倒水,让许多植物都喝到了水。

故事五:看不见的"连接"。在翻看幼儿的"连接"记录表时,一个记录引起了教师的注意:"手机→聊天,用信号连接。"于是教师针对看不见的抽象连接开展了一系列活动,特别是关于情感的。有幼儿说:"我在妈妈肚子里时,妈妈的脐带连接着我,出生以后,妈妈抱抱我、亲亲我,我们还是连接在一起。"还有幼儿说:"妈妈上班,我上幼儿园;妈妈想着我,我也想着妈妈。我们把彼此放在心里,连接在一起。"最后孩子们画了许多家人的图画,把它们挂在一张大大的网上,做了一张温馨的亲情网。

活动的收获:本次班本活动源于幼儿的一次热烈讨论,活动过程中让幼儿自己解决遇到的问题,鼓励幼儿勇于挑战。幼儿在一步一步的探索中提高了独立解决问题的能力,还学会了操作、记录、交流、分享。幼儿对生活中的"连接"进行了一次深入、细致的探究,拓展了对"连接"更深层次的认知和体验。

班本特色项目活动持续的时间因幼儿的兴趣、能力、需要的不同而不同。活动中,幼儿的综合能力得到了发展,特别是合作学习、主动探究的能力得到了提高,为适应小学科学活动做了前期准备。

(三)"大带小"混龄模式

混龄教育是将3~6周岁的幼儿编排到一个相对大的环境里,一起学习、生活、游戏的教育组织形式。[①] 不同年龄段的幼儿都能通过模仿和观察,获得相应的经验和技能,促使异龄幼儿之间相互学习。教师可以根据不同年龄段幼儿的身心发展特点,采取不同的方式帮助幼儿巩固获得的经验和知识。

混龄模式的一日生活环节中涉及很多具体的技能,教师要用亲身示范或者"大带小"的模式进行一日生活的常规管理,充分利用教师和异龄幼儿的榜样示范作用激励幼儿。

---

① 蒙台梭利.蒙台梭利教育法[M].北京:人民教育出版社,1990:81.

混龄模式具有以下优势。

角色定位明确。幼儿能在短时间内迅速承担起相应责任,形成亲密的同伴关系。

团队关系明确。"大带小""小促大",对象具体,易于引发有益的异龄互动。

容易建立起团队意识。幼儿更倾向于合作而非竞争。

促进角色转换。随着幼儿年龄的增长,他在家庭中的角色自然会转换,幼儿能很快适应这种转换。

教师应调动年长幼儿关怀和帮助年幼幼儿的积极性,采用讲解、谈话、个别指导等方式,帮助幼儿获得相关的技能和经验。在混龄模式中组织幼儿进行相关游戏时,教师要确保每个幼儿都能参与到游戏中来,游戏的目标要与一日生活常规管理的目标紧紧相连,这样才能体现寓教育于一日生活的理念。

每一个幼儿都是独立的个体,都有其独特性,幼儿在混龄活动中的个体差异性更加突出。教师在评价幼儿的表现时,要采用不同的方法和科学的评价指标,使横向评价和纵向评价相结合。

第七章　区域底色：架构"域・园・企"多维资源

核心导读

　　"智慧・玩创"课程源于幼儿的天性及核心经验，秉承发现、发挥幼儿与生俱来的好奇心、想象力和探索精神的原则，打造园区性特色课程载体系统，以区域性的高新企业资源、社区资源、自然资源等为依托，突破幼儿园的围墙，将各种资源作为幼儿园教育的有益补充，并且将现代教育测评技术、信息技术与幼儿大数据智慧评价平台进行深度整合，通过实时采集幼儿在相关活动中产生的数据，对幼儿进行常态监控、科学分析和技术反馈，实现幼儿个体评价的智能化。利用"域・园・企"多维资源，架构浦幼特色资源体系。

第一节　打造园区性特色课程载体系统

　　浦幼的特色课程载体系统以幼儿的已有核心经验为课程设计的起始点，创设"坊・园・场・馆"实施平台，让幼儿在丰富、多样的活动中体验创造，享受发现，同时在生活中迁移幼儿的新发现、新发明，以成功感促进其创造力的持续提升。浦幼基于"互联网＋"思维，灵活运用新媒体、新技术，促进信息技术与各领域的有效融合，改进教学过程，改善教学氛围，形成了具有浦幼特色的课程资源体系。

　　浦幼的园区性特色课程载体系统以创新为内核，力求使幼儿在多领域的学习过程中，做到人人动脑筋、人人有兴趣、人人有创意、人人有自信、人人愿展现，具体通过图 7-1 的特色活动来践行。

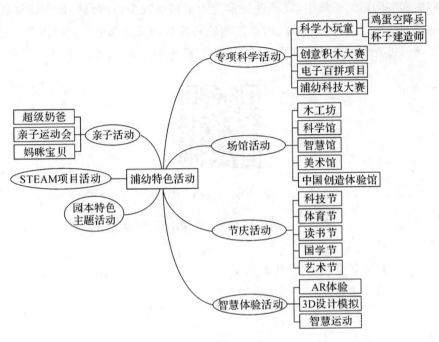

图 7-1　浦幼特色活动体系

　　浦幼特色课程载体系主要通过园本特色主题活动、专项科学活动、五大场馆活动、节庆活动、智慧体验活动、亲子活动等激活幼儿的潜力和思维活力,内容丰富,形式多样,活动空间充足多变。所有的活动都指向一个共同目标:支持幼儿"智慧·玩创",培养他们成为未来社会的小公民。

一、科学启蒙的浦幼特色专项科学活动

　　专项科学活动是指浦幼在长期探索中形成了成熟、完整的运作方式,在幼儿和教师中具有较大影响力的活动。这些活动一般围绕特定的专题展开,科技含量比较高,具有园本文化特征。

(一)"科学小玩童"活动

　　"科学小玩童"活动开展过程中,浦幼充分考虑幼儿的个体差异,激发幼儿参与活动的积极性和主动性,让每个幼儿都能找到自己喜欢的活动项目;尊重幼儿的每一个发现,促使幼儿形成积极主动、敢于探究、勇于尝试、善于合作、乐于想象和创造等良好的品质;激发幼儿对科学探究的兴趣,充分体验动手、动脑、学习、创造的乐趣。通过活动,幼儿能将跨学科的知识运用到

解决真实问题的场景中,发现并探索身边的科学现象,在做做、玩玩中体验成功的快乐。"科学小玩童"活动是浦幼科技节的重要部分。扫描图 7-2 的二维码可查看浦幼科技节活动,其中就有"科学小玩童"活动。

图 7-2 "浦幼科技节"二维码

案例一 浦幼科技节"科学小玩童"活动

一、活动内容

1.鸡蛋空降兵(全体幼儿)

2.杯子建造师(中、大班幼儿)

二、活动规则

1.鸡蛋空降兵

给鸡蛋设计一个保护罩(材料不限),当把鸡蛋扔向规定区域时,保护罩可保护鸡蛋使之不破碎地"安全着陆"。

(1)可以用长、宽、高均不超过 15 厘米的容器包装鸡蛋,容器的材料、形状、结构无限制。

(2)包装容器上可以采用降落伞装置,降落伞装置展开长度不超过 50 厘米。

(3)幼儿定点站好,将鸡蛋越过障碍(高 2 米的渔网)投掷到场地的靶标内,离靶心越近成绩越好。

(4)若成绩相同,则重量轻的装置获胜。

(5)比赛材料自带,现场完成。

(6)制作和比赛地点皆为风雨操场。

(7)比赛时间:11 月 15 日上午 9:30。

2.杯子建造师

将杯子叠搭起来,直至倒塌或无法继续叠高。杯子由幼儿园统一提供,叠搭方法不限。

(1)中、大班每班推选 2 个队参加比赛,每队最多 4 名幼儿(必须有女孩)。

（2）参赛队伍在规定的 30 分钟内进行建造,不能用胶水等其他任何辅助材料。

（3）测量所搭杯子的高度,高度越高,成绩越好。

（4）如所搭杯子在裁判测量前解体或倒塌,则成绩为所剩高度。

（5）比赛地点为风雨操场。

（6）比赛时间:11 月 16 日上午 9:30。

（二）创意积木大赛

奇迹创意系列活动让幼儿运用各种感官,通过动手、动脑来探究问题;引导幼儿积极参加小组活动,培养幼儿合作的意识和能力,学习用多种方式表现、交流、分享探索的过程和结果。

其中,创意积木大赛能开发幼儿的创造性思维、观察力、专注力、三维空间意识、数理概念、对称性匹配意识、动手操作能力这七方面的潜能,目的在于让幼儿通过搭建实验了解更多的物理现象,引导幼儿对周围环境中的数、量、形、时间和空间等现象产生兴趣,初步建构"数"的概念,并学习用简单的数学方法解决生活和游戏中某些简单的问题。[①]

幼儿通过操作直观具体却又千变万化、创意无穷的奇迹创意积木,可以感受"玩中学,学中做"寓教于乐的乐趣,而"动手→模仿→改造→创新"的游戏模式,能训练幼儿解决问题的能力,既教给幼儿技能又发展了幼儿的创造能力。

（三）电子百拼项目

电子百拼是一种用拼搭方式完成各种电路实验的电子教学工具,适用于幼儿园阶段的教学。

浦幼开设了电子创新工程师课程,从认识电子百拼中的电子元件到进行电路积木搭建,让幼儿成为"小小电学工程师"。该项目秉承着"工匠精神从娃娃开始培养"的意愿,做读结合,学玩一体。通过对基本电路的分解,向幼儿普及用电安全知识;从生活环境入手,实现幼儿的电学入门;通过学习和搭建电子百拼电路,有意识地培养幼儿的创造能力;将幼儿学习电子电路时遇到的问题迁移到相关学科,培养幼儿的立体思考习惯;在竞争、互学、游戏、合作中,提升幼儿的综合能力。电子百拼项目的课程安排见表 7-1。

---

① 张兰珍.谈科学活动中幼儿探究意识的培养[J].甘肃教育,2014(12):63.

表 7-1　电子百拼项目课程表

课程名称	课程目标	图　示
认识电源	1.认识什么是电,了解日常生活中电的用途 2.认识电池和电池盒 3.认识电源符号 4.学会安装电池	
认识灯泡	1.认识灯泡符号 2.学会安装灯泡,并能将其安装在电池盒上 3.理解 2.5V 的小灯泡和 6V 的大灯泡明亮程度不同的原因	
认识导线	1.认识导线符号 2.了解导线的用途 3.用导线接通电路	

(四)浦幼科技大赛

浦幼科技大赛(图 7-3)是一次让幼儿感受新技术、激发科技创新欲望的盛会。借助科技大赛,将"智慧·玩创"课程融入幼儿生活,让幼儿在参与和体验中感受到科技的乐趣,在主动探索、发现的过程中获得科学的启蒙,让幼儿走进快乐的科技世界里,在幼儿稚嫩的心灵中埋下科学的种子,让想象之花得以绽放。通过科技大赛,浦幼和幼儿一起寻找科学的秘密,勇敢地开启新奇、神秘而又充满魅力的科学大门。科技大赛的比赛项目见表 7-2。

图 7-3　"浦幼科技大赛"二维码

表 7-2　浦幼科技大赛比赛项目

年段	比赛项目		
小班	新"猛虎号"橡筋动力模型飞机	"腾云号"飞翼滑翔机	纸船承重
中班	新"乘风号"空气动力快艇	纸船承重	新"猛虎号"橡筋动力模型飞机
大班	"腾云号"飞翼滑翔机	F1直线赛车	新"乘风号"空气动力快艇

二、全面发展的浦幼特色主题节活动

为进一步彰显"玩科学·爱创造"的特色,浦幼每个月都会开展内容丰富、形式多样的主题节活动,引导幼儿去发现、探索身边的科学现象,激发幼儿对科学探索活动的兴趣,培养幼儿的合作能力、探究能力与创新意识。

(一)科技节:"玩"中感受科技

科技节是幼儿动手、动脑、学习、创造的舞台。科技节活动激发了幼儿对科学探究的兴趣,让他们感受科技的神奇与魅力,在好奇中探索,在体验中创造。

在科技节期间,幼儿、教师、家长共同探索奥秘、玩转科学。通过幼儿独立探索、亲子共同参与等丰富的形式,幼儿和家长能真正参与到科学探索活动中来。浦幼科技节的活动安排见表 7-3。

表 7-3　2018 年浦幼科技节活动安排

周次	时间	活动内容	参与对象
预备周	11 月 1 日~3 日	科技节动员倡议(中一班幼儿代表发言)	全园幼儿、教师
		亲子科学小制作、科幻画、小视频布置	全园幼儿
第一周	11 月 5 日~9 日	开幕式	全园幼儿、教师
		亲子科学小制作(机器人)展示	小班幼儿
		参观低碳博物馆、巧克力馆	中班幼儿
		参观中天模型(企业)、浙江大学紫金港校区(高校)	大班部分幼儿和家长

续表

周次	时间	活动内容	参与对象
第二周	11月12日～16日	创意STEAM课程培训	全园教师
		"小创客大梦想"奇迹创意活动	中、大班幼儿
		"精读一本科学绘本"班级读后感交流	全园幼儿
		科学小玩童 (鸡蛋空降兵、杯子建造师)	全园幼儿
		亲子科幻画展示	中班幼儿
第三周	11月19日～23日	机器人进班	全园幼儿
		亲子科学小视频展示	全园幼儿
		电子百拼、创意积木大赛	中、大班幼儿
		木工作品展示	全园幼儿
第四周	11月26日～30日	橡筋动力模型飞机、飞翼滑翔机表演,纸船承重比赛	小班幼儿
		空气动力快艇比赛、纸船承重比赛	中、大班幼儿
		飞翼滑翔机、F1直线赛车比赛	中、大班幼儿
		科技节闭幕式 (颁奖及各项比赛成果展示)	全园幼儿、教师

(二)体育节:"赛"中探究科技

浦幼的体育节在每年12月举办,以"爸爸是超人"亲子运动游戏为主,不仅为幼儿提供展现自我的舞台,同时也为爸爸提供了参与幼儿教育的宝贵的平台,既让幼儿感受到爸爸的陪伴,也提高了爸爸对幼儿教育的责任感、使命感。

(三)读书节:"读"中理解科技

为了从小培养幼儿的读书习惯,结合世界阅读日(4月23日),浦幼将每年的4月定为读书节。为了全方位、多维度地唤起幼儿的阅读兴趣,教师们用多种活动形式激发幼儿对阅读的喜爱之情,并锻炼幼儿的表达、表现能力。例如,开设"矩形猫故事屋",面向幼儿、家长、教师征集讲故事作品,以精美绘本作为奖励，借助幼儿园广播和幼儿园微信公众号，每周进行推送和展播。

在读书节中，幼儿感受到书本带来的乐趣，体验到阅读的无穷魅力，懂得利用书籍获取知识、解决问题，也会彼此分享阅读方法，共同创设良好的阅读环境。不少幼儿与家长一起收获了亲子阅读的良好体验，养成了亲子阅读的好习惯。每年读书节都会让浦幼新增一批"小书虫"。

(四)国学节："创"中慧玩科技

每年的 10 月是浦幼的国学节。中华民族有着悠久的科技探索历史，拥有享誉全球的四大发明、纺织技术等，这是人类宝贵的智慧结晶，有着无可取代的价值。浦幼国学节带领幼儿体验、观摩、了解传统科技产品，让幼儿尝试用身边触手可及的低结构材料制作传统科技模型，感受古人的智慧与科技跨越时代的魅力。

(五)艺术节："秀"中体验科技

艺术节是幼儿最盼望的节日。每年 5 月，浦幼通过文艺表演、绘画展示等丰富多彩的艺术活动，给每一个幼儿创造展示自己艺术特长的机会，旨在让幼儿在活动中用眼睛发现美、用声音歌唱美、用肢体语言表现美、用心灵品味美，在众人的目光中表达、表现，在众人的掌声中收获自信。

其中秉承"环保与科技"理念的环保时装秀，则是浦幼艺术节的一大特色。

案例二　环保时装秀

艺术节的热门表演——环保时装秀开始了。此次时装秀以"绿色、环保、创新"为主题，积极传播低碳节能的环保理念，注重趣味性和实用性的有机结合，旨在增强幼儿与家长的环保意识，呼吁大家保护环境，保护地球，共创美好绿色家园。

活动中，每个幼儿都和家长一起动手动脑，发挥创意，从构思、画图到裁剪、缝纫，用包装纸、一次性餐桌布、马甲袋、尼龙绳、纸盒、一次性餐具等废旧材料精心设计和制作了有趣又实用的环保服饰。

三、精心设计的浦幼特色场馆活动

浦幼依托多个室内主题场馆，通过"走馆"的日常运作机制来统一调配各年段班级的"智慧·玩创"课程项目。主题场馆所特有的功能和资源，使每一个幼儿都能在愉快、自由、互助的氛围中进行操作、探索,有利于幼儿探索欲和求知欲的发展。

(一)生活体验

烹饪活动是幼儿园的常见活动之一。在烹饪活动中,幼儿需要对材料进行搅拌、铺展、切割等操作,涉及生活中多方面的知识,具有很强的综合性与技术性,能够有效促进幼儿自理能力的发展。

同时,烹饪活动还能促进幼儿艺术素养的提升,即幼儿完成技术性操作的同时还需要注重美观,做到色、香、味、形俱全。

(二)积木建构

在积木建构过程中,幼儿需要先进行设计,再遵循建筑学原理来搭建。幼儿只有掌握一定的数学和物理学知识才能确保建筑的稳定性,从而在活动中逐步习得并构建相关知识体系。不仅如此,在积木构建过程中,幼儿还需要运用一定的美学原理,对幼儿艺术素养的提升也蕴含其中。

(三)木工实践

木工实践是幼儿利用钉子、榔头、锯子、螺丝刀等工具,对各类木板、木块、木条进行锯、钉、敲、装的创意组装活动。它融合了设计绘图、动手操作、模仿改造等诸多动作发展、计划实施、思维串联的内容。从创意设计、绘制图纸到动手将自己的创意制作出来,是由逻辑构造到美术设计再到工程施工的过程,过程中的每一个环节都在考验着幼儿的专注力。

案例三　钉子又弯了

连续好几天,教师都注意到,幼儿钉钉子的时候容易把钉子钉弯。幼儿倒是挺投入的,但天天这样玩能行吗?要不要提升一下他们的技能?此时,教师有些犹豫:直接教幼儿技能,怕幼儿被牵着鼻子走;不教,又担心幼儿一直这样重复着简单的错误。于是教师把问题带到了年级组教研会,大家一致认为:再等等,看看幼儿的反应。

这天,苏苏要做凳子。可在钉凳脚的时候,好几根钉子都被敲弯了,他琢磨了一会儿后,找来好朋友帮忙扶着钉子,才将钉子直直地钉进去。

游戏回顾时,苏苏向大家介绍了自己是怎样钉好凳脚的钉子的,可是话锋一转,又无奈地说:"我不喜欢这几根弯钉子。"大家也发现凳面上有几根弯钉子,都说这样容易勾到裤子。

　　眼看介入的时机来了,教师问:"你们钉东西的时候,钉子会弯吗?"大家纷纷表示自己也遇到过这样的情况。教师又问:"钉子弯了怎么办呢?"有的幼儿说:"可以把弯钉子敲直。"还有的幼儿说:"可以拔掉重新钉。"也有幼儿说:"我试过用羊角锤拔钉子。"大家决定将这些问题和想法都记录下来,并试一试。从解决弯钉子开始,后面又出现了一系列问题:木板一直移来移去;锯子锯着锯着就会歪掉;台钳总是晃,夹不紧……幼儿不断把问题和想法记录下来,自然而然地有了一面"问题墙和方法墙"。在分享讨论中,在操作实践中,更多的工具使用方法被发现,幼儿的技能也越来越娴熟。

　　从材料和工具的不断丰富到木工制作约定的形成,再到一个个问题的出现和解决,幼儿一直积极投入。教师没有按照经验直接提供材料,但师幼根据需要共同收集了材料;没有成人制定规则,但幼儿自己达成了约定。这里没有老师对区域环境的美化布置,但有幼儿的思考与记录;这里没有按部就班的教学,但有幼儿探索、游戏的痕迹……

(四)美术创意

　　美术创意活动是幼儿园的常规教学活动,主要是培养幼儿的艺术素养。但在美术创意活动中,幼儿的科学素养也能得到提升。幼儿会将学习中与日常生活中观察到的图形知识运用在绘画中,可以在幼儿绘画中发现许多不同的几何图形,如房顶的三角形,墙的长方形等。在不断创作与学习中,幼儿就能建立图形的概念,体会到图形间组合的美感。

　　工具的使用也考验着幼儿的探究能力。如剪刀就是杠杆原理的一种应用,要是被切割的东西厚,就要把切割的对象移动得更靠近支点,使机械效益增加,这样,即使是厚的材料,如硬纸板,也可以被顺利切割。想要更好、更省力地加工材料,幼儿就要去发现问题、寻找办法、尝试解决问题。

　　在美术创意活动中,教师会引入各种材料让幼儿融入自己的作品中。例如植物材料(树叶、干草、各种种子和果实等)可以用于拼贴,从而增强艺术体验,不仅提高了幼儿的审美能力,也给幼儿提供了认识与仔细探究这些植物的机会。

(五)科学探究

　　培养幼儿自主科学探究的能力,是浦幼教育实践非常注重的内容。为此,浦幼专门构建了浸润式科学探究馆,提供多种类、多内容的科学探索设施。场馆里创设了"赛车跑道""机械搭建""沙盘游戏""多米诺""磁铁小镇"

"汽车搭建""自制降落伞""单轨滑车"等多项科学探索活动,供幼儿自主选择。每项活动都没有固定的主题与内容,做什么、怎么做,都需要幼儿自己去选择、去理解、去发现,充分发挥了幼儿的自主性,也从真正意义上做到了让幼儿自主学习。

四、新技术支持的浦幼特色智慧体验

基于"智慧·玩创"的教育理念,浦幼致力于推动智慧教育向纵深发展,不断整合资源、创造平台,通过新技术的支持让幼儿在多元体验式学习中进一步实现个性化发展。集科技性、安全性、趣味性、挑战性于一体的科学玩具和设备组成"智慧点"(图7-4、图7-5),渗透"乐玩·科技"的教育理念,主要以体验性互动为主,让幼儿在快乐学习的同时感受到科技的神奇。

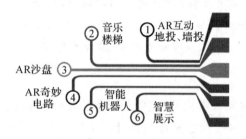

图 7-4　浦幼"智慧点"　　　　图 7-5　"智能机器人"二维码

"智慧点"体验活动以游戏、操作、体验等为实施形态,运用信息技术工具和平台,激发幼儿的创新欲望,调动幼儿大胆、丰富的想象力,培养幼儿观察事物、动手操作、合作创造的能力,架构起一个适合幼儿创造力发展的软环境。

1. 直接体验,初步感知

"智慧点"基于"乐玩·科技"的教育理念,主要以体验性互动为主。如在 AR 沙盘体验活动中,通过 AR 投影,平常的沙子更加真实立体,幼儿通过挖掘、填埋、堆高等多种方法,改变沙子形状,去感受地形的变化。在"挖宝特工"活动中,幼儿可以尽情挖沙,在体验发现宝藏快乐的同时,习得动物的相关科学知识。这些体验最大限度地激发幼儿主动创造、设计、制作的欲望,让幼儿的想象能够实现,更真实地享受、欣赏自己的成果,体验获得和成功的乐趣。

2.技能学习,熟练操作

对于智慧游戏而言,工具的使用和技能的掌握是实现创意的一种必要手段。通过技能学习及工具操作,幼儿认识了许多常见工具,知道它们的用途并学会使用,对工具有了更深层次的了解,技能也逐步熟练。

3.智慧游戏,多元拓展

幼儿园、家庭、社区作为幼儿园教育的重要资源,一直以来都受到浦幼的重视。在智慧游戏的实施过程中,浦幼充分整合丰富的资源,并力求实现有效互动,从不同的角度对幼儿加以熏陶,让智慧游戏从幼儿园走向家庭、社区。

五、融合发展的浦幼特色 STEAM 活动

浦幼把学科知识融入与生活相关且具有挑战性的有趣问题中,幼儿在动手操作解决问题的过程中,灵活运用各学科知识,把学习到的零碎知识加以整合,转变成探究真实世界的能力。在 STEAM 教育过程中,幼儿不仅是知识的汲取者,更是真实问题的解决者。

(一)因地制宜,打造 STEAM 创意环境

浦幼因地制宜地运用现代工具,创设灵活且包容的学习空间,最大化地挖掘环境教育资源,如公共环境、场馆环境、班级环境、户外环境,为幼儿创设丰富、多元的 STEAM 学习环境。

1.材料提供:以关键经验为核心,具有适宜性和层次性

STEAM 教育活动需要解决的是生活中真实的问题,比如如何用水果给电灯泡发电、如何使涂鸦机运作、如何利用雪糕棒搭建牢固的结构等。

因此,STEAM 教育活动要提供真实的材料给幼儿,如在班级区角投放"小蜜蜂"机器人,幼儿可以自己设计游戏路径和场景,通过简单编程,让机器人到达目的地;投放"路程测量仪",幼儿可以测量直线距离,甚至是曲线距离;投放"奇妙电路",让幼儿自主搭建电路,感受科技的奇妙;投放"斯洛滑道",让幼儿建构多样化的轨道,感知滚动的特点。

2.环境布置:以实用、有效为根本,突出幼儿的主体性

浦幼对传统的自然角、科学角等户外场地进行了改建,摒弃了一些无意义、纯装饰性的环境布置,让环境充分为幼儿的探索服务。在幼儿园环境布置中突出展示幼儿的作品;以各类标识、标记、图示、图谱发挥环境的暗示功

能,引导幼儿自主学习和探究。

在布置班级科探区域时,建立了材料丰富、工具多样的 STEAM 活动区:不仅有传统的材料,还投放了一些科学实验工具,如放大镜、尺子、天平、温度计等,便于幼儿观察、测量和记录。

3.场地创设:结合 STEAM 教育理念的探索

STEAM 教育活动具有一定的综合性,这就需要充分发挥场地活动的综合性优势。户外则为 STEAM 教育活动提供了教室无法满足的学习场地。

浦幼在户外区域添置了简单机械,这也是幼儿自由探索的热点所在。幼儿可以使用滑轮来移动物体到难以到达的区域,可以探索斜面的奥秘。户外种植活动往往要比室内种植活动花费更多的时间,并且会受到气候条件的影响,但这更为幼儿提供了多样化的复杂体验。

案例四　户外 STEAM 教育活动

建筑工地:在这里,幼儿自己当设计师,根据自己的设计,和同伴相互协作,共同挥洒汗水来进行建筑,在游戏过程中,学会数学、物理原理。

沙池游戏:幼儿可以在此探索如何用沙搭建各种建筑物。最普通的 PVC 管也能连接成无穷的乐趣,用沙、小弹珠就能探索流动、滚动的奥秘,还可以玩传声筒游戏。

创意拼搭:幼儿自己设计造型后再动手组装,在螺丝、螺母的对应中探索木车行驶的秘密,在失败中寻找原因并解决问题,在成功后收获经验与自信。

小山坡:幼儿翻开泥土,看看蚯蚓是怎么工作的。山坡上植物的果实、种子、落叶、花瓣都强烈地激发幼儿的兴趣,他们捣鼓植物素材并将其装进瓶子,希望能留住植物独特的气味,并通过自己的大胆尝试调制出新的气味。

嬉水乐园:这是水主题的活动区,幼儿自己引流开渠,探索水的特性,搭建属于自己的水利工程。

美食巴士:在愉快的角色游戏情境中,幼儿相互交流、沟通,在买卖食物的操作中不断理解数与量的关系。

(二)平台支持,凸显 STEAM 特色

STEAM 教育需要幼儿园、社区、家长多方面力量的支持,为此,浦幼依

托"国际滨"地域优势,整合社区、高新企业、科技馆、博物馆等优质资源,并且与多方深入合作交流,形成了一个具有整体性、开放性、动态平衡性、自组织性的可持续发展系统,努力打造具有地域特色的 STEAM 教育。

1. 像科学家一样探究:立足真实问题的实践实施

浦幼以真实问题情境为载体将多学科知识关联起来,让幼儿联系园内学习,就日常生活中真实的问题开展调查、观察与对策研究。浦幼将幼儿园、社区、企业联系起来,促使幼儿将知识与现实世界紧密结合起来,充分体现"做中学、学中做"的教学理念,促进幼儿的创新意识和实践能力的提升。

2. 像设计师一样设计:融合现代技术的设计实施

以设计为主的 STEAM 课程,以现代技术为基础,结合 3D 创意实验室、智能机器人等实施平台,让幼儿经历设计的过程:发现需求→明确设计要求→收集资料→构思方案→制作模型。如在 VR 创客实验室,幼儿可以用虚拟现实的视角,在完全沉浸式的体验中提升创新能力。

3. 像工程师一样实践:以作品为特色的工程实施

在 STEAM 创作活动中,幼儿的每一件作品都不是轻而易举得来的。在创作过程中,幼儿需要将创新与严谨付诸实践,设计、讨论、寻找材料、建模、小组合作、改进、展示,这是完成一件作品需要经历的流程。在课程理念的指引下,幼儿已经熟悉并深刻理解了这套流程的意义与作用。STEAM 创作活动需要多学科能力的支持,这在一定程度上有效推动了不同学科的融合,使幼儿的学习视野变得开阔。幼儿间的合作也会因创作主题而发生改变,他们会根据彼此的特长与能力进行组队合作,主动性得到调动。幼儿完成的作品会被拍照存档,张贴在活动场地或班级主题墙面上,作为之后继续完善和改进的参考,让幼儿不断对作品进行创新。

六、家园互动的浦幼特色——家长助教

浦幼积极发现、吸纳家长群体中具有一定科创兴趣和科研能力者,助推"智慧·玩创"课程的深度实施。家长的参与在客观上可以弥补课程实施的不足,丰富家园共育的内涵,所以家长也是课程实施的重要助推者之一。

浦幼定期组织"科探亲子游""超级老爸助教"等活动,邀请有高新技术专业背景的家长进课堂,与幼儿亲密接触。身为科技公司技术总监的爸爸带着航拍仪器,为幼儿带来有趣的航拍,让幼儿了解航拍仪器的功能;在环保部门工作的爸爸把 PM2.5 检测车开到幼儿园进行现场空气质量检测,让

幼儿从小树立保护环境的意识……

家园合作既为家长和幼儿园搭建了一个互动交流的平台，又让具有专业知识的家长们带给幼儿真实、专业的科学知识和体验，拓宽了幼儿的视野。

第二节　架构区域性智慧教育课程文化

幼儿园和社区的合作共育越来越成为幼儿教育领域关注的问题。随着理论和实践的不断丰富，幼儿园已经逐步走进社区，将社区资源视为幼儿园教育的有益补充。开发利用区域教育资源有利于转变教师的角色，促进教师的专业发展；有利于激发幼儿的主观能动性，培养幼儿实践与探究的能力和爱家乡、爱祖国的情感；有利于丰富课程及教材内容，开展形式多样而有效的教学活动。社区资源能对幼儿科学知识的丰富、环保意识的培养和表达交流能力的提高起到促进作用。浦幼充分利用社区资源，对一些幼儿活动在设计上突破了幼儿园的围墙，将其延伸到更广阔的空间去。

一、区域教育资源筛选与实施途径

当今教育已由集中封闭式逐渐向多元开放式过渡，强调创设开放的学习空间，让幼儿走进自然、社区和社会，在自由开放的氛围中形成健全的人格。

社区是幼儿生活的大环境，是促进幼儿发展的重要资源。有意识地利用社区教育资源，让幼儿融入社区这个大环境中，与社区中的人和物充分接触，了解成人的劳动、社会的分工与合作，能增进幼儿对自身、他人、社会的理解。[1]

(一)确定区域教育资源及筛选标准

浦幼对区域教育资源进行了信息梳理和整理汇总。园外的资源主要是幼儿园所在社区（一般是本市或本县范围内）的自然和人文方面可供课程开发利用的资源，包括图书馆、博物馆、展览馆、科技馆、工厂、农村、部队、科研院所等广泛的人文资源，以及丰富的自然资源。自然资源是指当地的地质、

---

[1] 季增红.《幼儿园活动整合课程》实施过程中环境资源的开发与利用研究[J].科技信息（科学教研），2007(29)：237,248.

地貌、气候、动植物资源等,文化资源是指当地的历史变迁、社会文化(文化传统、风土人情、民间艺术、名人遗迹等)、社会经济(工业、教育、旅游等)等内容。

浦幼结合园本课程实施方案,筛选并确定课程实施所需要的区域教育资源。浦幼将区域教育资源分为社区资源和家长(社区人员)资源两部分,主要聚焦在地点和人物上,并初步拟定了开发和筛选的标准,如与课程实施的关联度由低到高、空间上由近及远、人员上由熟悉到陌生等。

(二)确定区域教育资源的实施途径

区域教育资源形式多样,有些资源时效性较强,有些则对时间不敏感;有些资源在空间上比较固定,有些则呈现出流动状态。区域教育资源具有不同的特点,需要有不同的实施途径对其进行匹配。

基于收集到的可用的教育资源,根据其不同特点,浦幼探索了多种适宜本园条件的活动实施途径,主要分为"走出去"和"请进来"两大类。

1."走出去"活动类型

浦幼利用区域教育资源进行"走出去"科学教育的活动有两种常见类型。

(1)主题活动型

主题活动型指教师为配合主题活动的开展,利用区域资源专门进行的科学教育活动。利用区域资源可以为幼儿创设更为丰富的科学学习环境,从而提升幼儿的感性经验,激发其探索兴趣,满足其学习需求。

案例五 教师讨论主题活动的选择

"我们做植物的主题,就是先去参观植物园,然后回来和小朋友一起讨论根、茎、叶。"

"我们班级的平行班(指同一年龄班的其他班级)也做植物的主题。他们班的幼儿对农业种植很感兴趣,就带他们到孙桥农业科技园去参观。我们班的幼儿对各种植物感兴趣,我们就去植物园。"

"说到这里我想到一个,我们搞关于水的主题,打算下下周带幼儿去参观梦清园。梦清园是一个景观水体生物净化系统,对苏州河的污染进行了整治。"

(2)休闲娱乐型

休闲娱乐型指教师利用幼儿园集体出游等休闲活动顺势开展的与科学

教育有关的活动。虽然这类活动的主题并非直接指向幼儿的科学学习,但教师所选择的游览地点却常常与幼儿的科学教育有密切关系,往往会生成科学教育的相关活动。

案例六 教师讨论幼儿秋游

"我们上一次秋游就是去的科普场馆,东方地质博物馆。"

"有时候秋游,我们就选择去动物园等地方,幼儿喜欢的。可以利用幼儿在参观游览中获得的经验,开展一定的科学教育活动。"

"我们有一次秋游去的是海洋馆,幼儿从海洋馆回来,就在游戏区里表演,有的演海龟,有的演鱼,还有的演饲养员,很过瘾。我就告诉他们,鱼不能一直吃东西,还进行一些其他的科普,比如鱼吃什么、鱼的排泄等。这样的活动形式他们就比较感兴趣,是水到渠成的,教师不一定非要讲什么。"

2."请进来"活动类型

教师对可以为科学教育服务的物质资源、人力资源有着较为深入的了解,可以将区域教育资源请进幼儿园,开展丰富的科学教育活动。社区丰富的人力资源和物质资源极大丰富了幼儿园的科学教育内容,同时也减轻了幼儿园组织外出活动的负担,可谓一举两得。

二、区域教育资源开发与利用的价值

(一)丰富幼儿的感性经验

现代幼儿对事物和现象的认识,不再局限于单纯听成人讲或是看图片。区域教育资源为幼儿提供了与真实世界互动的机会,让幼儿在符合其发展水平的活动中,获得对自然现象、动植物、现代科技的真实体验,获得广泛的感性经验,为维持幼儿对周围世界的兴趣和促进幼儿进一步探究奠定了基础,并且在很大程度上弥补了幼儿园科学教育设备的不足。

(二)培养幼儿的环保意识与行为

现代社会发展所带来的严峻的环境问题让浦幼意识到,环保教育必须从小抓起。《幼儿园教育指导纲要(试行)》提出,应该在幼儿园生活经验的基础上,帮助幼儿了解自然、环境与人类生活的关系,从身边的小事入手,培养初步的环保意识和行为。研究发现,多数教师在开展幼儿科学教育活动时,已经将环保教育融入其中,并且意识到社区资源对于培养幼儿环保意识和行为的价值。①

一方面，教师利用真实的社区环境，让幼儿通过亲身感受来体验环境保护的意义，从而萌发初步的环保意识；另一方面，幼儿园将园内资源与社区资源相融合，努力共建和谐社会，从而进一步激发幼儿保护环境的情感和责任心。

(三)发展幼儿的表达和交流能力

教师在利用区域教育资源开展科学教育活动时，会鼓励幼儿向他人提问或与他人交流。

案例七　参观水族馆

在幼儿参观水族馆的一个展柜时，正好有一名工作人员在潜水做清洁工作。教师抓住这个机会，对幼儿说："可以和叔叔打个招呼哦！"幼儿看到潜水的工作人员都很兴奋，纷纷向他问好。大约过了一分钟，这名工作人员从水里浮出来，他摘下面罩向幼儿问好。教师接着鼓励幼儿说："看看哪个小朋友勇敢，去问问叔叔在干什么呀！"接着就有一名幼儿对工作人员说："你在干什么呢？乌龟不咬你吗？"

教师鼓励幼儿与他人进行互动，一方面能让幼儿获得更多学习的机会，另一方面也能培养幼儿的表达和交流能力。

(四)培养幼儿的探究能力

区域教育资源为幼儿提供了了解和接触外部世界的机会，同时为幼儿探索新事物营造了轻松愉悦的氛围。幼儿在这样的环境中，更易于主动汲取新的信息，并在与真实世界的互动中进行主动探究。教师在组织幼儿参观游览时，也会引导幼儿自主探索、观察事物，引发幼儿探究的兴趣与欲望。

(五)提升幼儿的科学素养

科学素养至少应当包括科学知识、科学过程与方法、科学本质或科学精神、科学态度、情感与价值观，以及科学技术与社会的关系等方面。这些方面相互作用，构成了当代科学教育的立体图景。②

幼儿科学教育不仅仅是科学经验的积累，更需要从小培养幼儿崇尚科学、热爱科学、追求真理的科学情感和态度。从一定意义上来讲，科学情感

---

① 孙姝婷.幼儿园利用家庭、社区资源进行科学教育的研究[D].上海：华东师范大学,2008.

② 教育部基础教育司.《幼儿园教育指导纲要（试行）》解读[M].南京：江苏教育出版社,2002：155.

和态度的培养是提高科学素养的关键,幼儿只有体会到科学的魅力,萌生了探索真理的愿望,才能展开深入而持久的探究。

区域教育资源中蕴涵着丰富的现代科技产品、各行各业的专业技术人员,幼儿在与这些资源的互动中,了解现代科技给生活带来的巨大便利,激发出对专业技术人员的崇拜之情,陶冶科学情操。

三、区域教育资源开发与利用的实施策略

为促使区域教育资源成为有效的课程资源,提高资源开发与利用的有效性,浦幼在资源实际运用与安排的过程中,努力做到了以下几点。

(一)区域性:以科学知识为导向

充分利用"国际滨"的优秀区域教育资源,挖掘幼儿最熟悉且最感兴趣、最具有杭州特色、最能弘扬民族文化的百年老店与高新技术企业作为实践和教育的素材。

1.科技营活动

浦幼组织幼儿参观科研单位和高校的科普场馆,与院士、专家、优秀科技工作者面对面交流,参观生产流程、科研设施,参加互动性、体验性科学教育项目,帮助幼儿了解科研单位和高校的发展历程及其在国家经济发展和国防建设中的重大作用,激发幼儿对科学的兴趣,引导幼儿崇尚和热爱科学,鼓励幼儿立志从事科学研究事业,培养幼儿的科学精神、创新意识和实践能力,为科技创新后备人才培养打下坚实基础。

案例八 "大学梦,科学梦"——浦幼浙大科技营活动

每个幼儿的心中都有一个大学梦,每个浦幼的幼儿心中都有一个科学梦。浦幼的科技节活动仍在继续! 周末,浦幼为大班的幼儿组织了一次科技营活动,带他们来到美丽的浙江大学紫金港校区,领略了浙江大学的校园风采。

本次活动以科技为主题,主要内容包括参观浙大实验室(雾霾监测实验室、水质监测实验室等)、浙大科技馆、校史馆、紫金创业元空间,体验机器人课程等。

在参观生命科学学院时,幼儿仔细聆听了马博士的介绍。大家在马博士的指导下近距离接触小黑鼠,甚至有胆大的幼儿伸手去摸了摸可爱的小黑鼠。他们提问:"小黑鼠和小白鼠有什么区别呢?"幼儿还近距离观察了细菌培养皿和菌落。

"马博士，细菌真是太神奇了，它有没有手和脚啊？"幼儿在参观实验室时问道。大家围成一圈听马博士介绍实验器材，增长了新的科学知识。

在机器人课程体验中，幼儿从零开始认识人工智能，从零开始安装、制作、调试一辆智能循迹车。最后来一场循迹车比赛，让幼儿感受浙大老师与学长的科研精神。通过学习和实践，幼儿了解了人工智能、机器人、无线电、云技术等前沿的科技知识。

这次活动对幼儿而言是一次宝贵的人生经历，他们将在浙大收获一份对科学的感悟，这必定会对他们今后的学习和生活产生重大而积极的影响。

2. 我们的邮局

当今是通信发达、信息多元的时代，幼儿对手机、网络等通信方式非常了解，但对于书信的书写和传递过程及邮局的相关功能，幼儿就比较陌生了。大班"我们的城市"活动里有"寄信"这个项目。为了让幼儿获得直接的经验，充分认识邮局并了解寄信的过程，浦幼联系了周边的邮局，开展了一次参观邮局的活动。大班幼儿在教师的带领下参观了邮局，大家一起寻找邮局的标识，观看工作人员分拣、盖戳、送信、卖邮票、卖杂志、寄包裹、汇款等工作的细节。幼儿也把事先准备好的写给爸爸妈妈的一封信投进了邮筒。回到教室后，活动仍在继续：欣赏邮册、设计邮票、给某某写封信等，不管是集体活动还是个别化学习活动，都受到了幼儿的欢迎。在自己学习写信、设计邮票的过程中，幼儿了解了邮局的作用和邮递员的工作内容，丰富了社会经验。

3. 走进低碳科技馆

中国杭州低碳科技馆是全球第一家以低碳为主题的大型科技馆，是集低碳科技普及、绿色建筑展示、低碳学术交流和低碳信息传播等职能为一体的公益性科普教育机构，是儿童和青少年了解低碳生活、低碳城市、低碳经济的"第二课堂"。走进低碳科技馆，碳的世界、全球变暖、低碳城市、低碳生活、低碳未来等主题展馆映入眼帘。其中，"全球变暖"展馆让幼儿时而尖叫，时而驻足凝视，时而开怀大笑，时而紧张凝重。原来该馆的展厅通过大型多媒体秀、场景搭建、特种展项等生动的形式，让幼儿了解全球变暖的原因、全球变暖的种种后果，以及与此相关的科技知识。驻足于"风车提水溉田"这一展品，幼儿迫不及待地亲身体验了通过上下按压来转动风车提水。

在"科技之光"展厅，利用废弃金属制作的变形金刚引来了幼儿的声声赞叹和驻足观察。

(二)融合性：与学习主题融合

浦幼充分考虑如何使区域教育资源内容与课程中的学习主题进行联动，努力寻求与各主题的融合点。对于关联度较小的内容，考虑到其灵活机动的特征，采用独立、单列的形式开展活动；对于关联度较大的内容，将其放在主题背景下，作为学习活动的补充和拓展。

如在中班"周围的人"主题活动中，浦幼将交通协管员、厨师、警察、保洁工人等纷纷请进了课堂。同时，幼儿还走出幼儿园，参观他们工作的地方，产生更为直观的体验，主动学习获得的经验还在角色游戏中得以再现。方法的多元、形式的多样、手段的多变极大地丰富了幼儿的经验，变零散经验为系统经验，事半功倍地提升了学习的有效性。

案例九　动物大世界

在开展"动物大世界"主题活动时，教师对"动物大世界"中的海洋音乐会和动物园等活动进行了替换，把幼儿领进他们更熟悉的生活环境中，带幼儿参观了附近的养猪场、鸵鸟场和金鱼馆。"猪妈妈一下子能生这么多猪宝宝啊！""鸵鸟生的蛋可真大！""哇！原来还有这么大的金鱼啊！"幼儿从以往的图片世界走入现实场景，寻求知识的欲望更强，对动物朋友的喜爱表露得更直接。

由此可见，来源于幼儿生活的主题活动是教师进行新课程替换的有效方式。当课程内容取材于幼儿的生活经验时，当活动的主题和内容为幼儿所关注时，他们就会产生极大的兴趣、热情，更积极地去探索、去发现、去尝试。

(三)整合性：与各类活动整合

区域教育资源的开发与利用，无论是作为生活教育的特色途径，还是作为幼儿学习经验的拓展形式，都只是幼儿园基础课程的补充，在整个课程中所占比例是有限的。但是，浦幼始终期待着区域教育资源利用价值的最大化。因此，一方面，浦幼考虑各类活动在时间配比上的平衡性；另一方面，作为特色途径，努力使区域教育资源能和学习、运动、生活、游戏等各类活动相整合，创造性地搭配重组，在利用次数上可以适当增加。比如，浦幼在课程中安排了亲子春游、秋游活动，将社会实践的地点延伸到了农村，组织幼儿到果园、菜园、生态种植园等地参观。另外,社区资源和家长资源也可以交互整合,生成系列活动。

1. 野外拓展活动

钱塘江沿岸及西湖周边有许多公园,都有着丰富的植物资源。浦幼会根据季节的变化,带幼儿到公园开展"找春天""找秋天"等活动,请公园里的工作人员做讲解员,并带领幼儿与植物"对话",在"对话"中让幼儿了解植物的外形和特性,培育幼儿的爱心、责任心,激发其自觉保护环境的意识。

2. 体验农业劳动

每到农忙季节,浦幼都会组织幼儿来到田间地头,观察农民的劳动,并参与拾稻穗、摘棉花等劳动实践,感受劳动的辛苦与快乐。同时,浦幼落实了实验基地,组织幼儿采蘑菇、摘草莓、割甘蔗等,并品尝劳动成果的甜美。

(四)衔接性:与节日教育结合

依据《课程指南》中"参与民间节日活动"和"了解国际节日"的要求,浦幼创造性地将节日教育与区域教育资源相结合,既营造了节日的氛围,又寓教于乐。在植树节、世界地球日等节日,组织幼儿参与植树活动,开展环保宣传活动;在重阳节,小班幼儿邀请自己的爷爷、奶奶来园同庆,中班幼儿请来社区老人一起庆祝,大班幼儿则来到社区老年服务中心开展爱心传递和慰问活动。

第三节 探索指向幼儿智慧成长新评价

信息时代,人们的生活方式、学习方式、工作方式都在改变,幼儿园教育的管理模式和教学模式也在随之改变。浦幼始终紧跟时代的步伐,做出主动的应对。教师每天面对的幼儿就是未来的主人,因此,必须思考教育对象的未来,以超前的眼光触摸未来。

浦幼创造性地将现代教育测评技术、信息技术与幼儿个体智慧评价平台进行深度整合,实时采集幼儿在相关活动中产生的数据,进行常态监控、科学分析和技术反馈,实现幼儿个体评价的智能化。

幼儿个体智慧评价平台(以下简称平台)包含数据采集系统、数据分析系统、预警及反馈系统等模块。平台已在浦幼试验运行,取得了良好的效果,为精准评价幼儿个体发展提供了有效的解决方案。

一、设计、架构幼儿个体智慧评价平台

浦幼以现代教育测评、大数据、人工智能等技术为支撑,通过对教育大数据的深入分析和挖掘,探索出了为幼儿学习、教师教学、园所管理等提供高度自动化、智能化、精准化、实时化、伴随式服务的新型教育教学质量评价方式,并提炼出了智慧评价的概念和内涵,形成了集评价、追踪、诊断、反馈于一体的教学质量评价模式——智慧评价。

(一)设计理念

幼儿个体智慧评价平台的设计理念是"高效、精准、智能",总体目标是利用现代信息技术,对幼儿生活和学习、教师教学的结构化和非结构化数据进行采集和整合,充分挖掘数据价值,形成相关建议。同时也让家长了解幼儿的身体素质、兴趣爱好和个性发展情况,打造一个集智慧管理、智慧保育、智慧教育、智慧家园共育等于一体的大数据智慧评价体系。

(二)平台架构

平台的建构涉及幼儿评价的全过程,由数据采集系统、数据分析系统、预警及反馈系统等多个子系统构成,对象涉及幼儿、家长、教师、教育专家,其架构如图 7-6 所示。

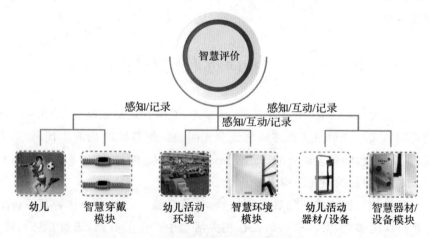

图 7-6　幼儿个体智慧评价平台架构

幼儿佩戴的智能运动手环自动采集幼儿在园一日活动中的相关数据,对运动、饮食、睡眠、安全入离园、区角活动等方面的数据进行全方位、持续的采集,建立个体评价大数据。智能运动手环群体监测系统由 Walker 群体

智能运动手环、数据采集终端、云平台存储系统三个部分组成。

　　1.每个智能运动手环都包含唯一的个人身份识别号码,用来记录每个特定个体的每日数据,这些数据通过 NFC(近场通信)方式快捷传输到数据采集终端。手环还提供环境光检测功能,使用颜色表达适合阅读的光线强度,有效保护幼儿视力。

　　2.数据采集终端采集个体运动手环数据,并立刻上传到云平台存储系统。

　　3.云平台存储系统用于数据记录,并进行相关的统计分析,如对个体每日不同时段的运动数据进行对比、对不同个体之间的运动数据进行对比、对不同集体之间的运动数据进行对比等。

　　智慧穿戴设备采集园所幼儿信息,再由数据分析系统进行挖掘分析。一方面,系统将挖掘后形成的教育教学规律经园所领导审定后纳入到教育规律库中;另一方面,系统将进一步结合分析结果和已有的教育规律库资料对相关对象进行结果反馈,如对幼儿运动量、幼儿睡眠情况、班级区域设置进行反馈及建议,并针对异常情况及时向相关对象发出预警信号。智慧评价的流程如图 7-7 所示。

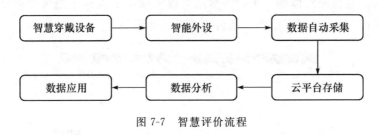

图 7-7　智慧评价流程

二、智慧评价,突出幼儿主体地位

　　浦幼的智慧评价以技术变革引领教师教学方式、幼儿学习方式及家园互动方式的变革,提高了管理效率,推动了教师在教育与实践中应用信息技术,促进了幼儿和幼儿园的共同发展。

(一)来园监测评价

　　幼儿来园晨检是幼儿园的一项重要保健措施。结合现代化的设备,将幼儿来园信息汇总到平台,教师可直观地查看幼儿来园情况,并且有效预防和控制常见疾病的传播,保障幼儿的健康。

　　1.监测幼儿出勤数据

　　记录当日各班幼儿的出勤、缺席人数,配合数据统计分析来监测园所内幼儿出勤情况。分析幼儿出勤情况的平台相关界面如图 7-8。

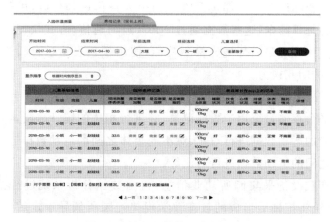

图 7-8　幼儿出勤情况分析界面

2. 监测有特殊需要的幼儿并处理问题

依晨检规范要求，平台记录当日幼儿服药、加餐等信息，并对有特殊需要的幼儿进行跟踪监测。平台的数据可以清晰明了地显示当天全园幼儿的体温情况、服药情况等信息。平台相关界面如图 7-9。

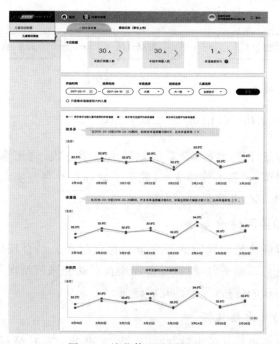

图 7-9　幼儿体温监测界面

3.提前预警大规模传染病的发生

平台采集与监测园内幼儿当日入园的健康情况,可以实现对当日入园幼儿体温的快速筛选,对筛选后体温异常的幼儿进行准确的体温测量,并对体温情况进行统计、分析。晨检信息汇总后,通过对异常体温数值的分布、缺勤幼儿数量、服药情况等数据的统计、分析、对照,实现大规模传染病的提前预警。

(二)运动监测评价

智能运动手环监测系统利用物联网进行定量数据采集,通过对数据的分析、比对,引入监督、竞争、激励机制,创造用数据来改变行为的实例,让幼儿养成自觉运动、自觉睡觉、正确用眼等习惯,真正达到使幼儿健康成长的终极目标。

1.采集个体数据,分析每个幼儿的运动能力

近年来,幼儿的运动能力受到国内外各方面的重视。体能测试不单是为了让幼儿体能达标,也不单是为了检测幼儿园保教水平,而是要让幼儿的身体得到均衡的发展。

浦幼创设了智慧运动区,每月在智慧运动区对幼儿进行体能测试,获得基本数据资料,经分析评估后,有针对性地锻炼幼儿的协调性、灵活性以及平衡性,以促进幼儿体能的提高,为幼儿一生的运动能力和良好的运动习惯打下基础。扫描图 7-10 的二维码可查看幼儿佩戴手环参加智慧运动的场景。幼儿体能测试智慧评估见表 7-4。

图 7-10　"智慧运动"二维码

表 7-4　幼儿体能测试智慧评估

序号	测试项目	目的	作用	测试方法
1	幼儿平衡能力检测仪(平衡木)	测试平衡能力	强化前庭刺激,强化身体平衡能力,有助于幼儿平衡感的建立,增加本体感觉。	在平衡木上踩下起始开关,计时开始,快速走过平衡木并踩下结束开关,计时结束,同时自动上传成绩与视频。

续表

序号	测试项目	目的	作用	测试方法
2	幼儿弹跳及运动测试仪(弹跳拍打)	测试弹跳能力、反应能力、手眼协调能力	强化前庭刺激,抑制晕眩现象,矫治重心不稳和运动能力不足。	语音提示计时开始,灯环随机亮闪,幼儿使用蹦床弹跳起来对亮闪灯环进行拍打,以单位时间内正确拍打个数为成绩。
3	幼儿攀爬及四肢统合测试仪	测试攀爬能力、辨识能力	调节前庭感觉和触觉,引发丰富的平衡反应。运动中大量的视觉情报、脊髓及四肢的本体感,使整体感觉统合运作功能积极发展。	幼儿任意选择一个方块音乐台阶作为起始点,站上第一块方块,计时开始,走遍每一个方块并离开时计时结束,同时自动上传成绩和视频。
4	幼儿上肢力量测试仪(悬空吊)	测试上肢力量、耐力	调节前庭机能,提升视觉协调能力。利用缓慢上升、下降,增强幼儿的本体感。	幼儿在刷卡标识处刷手环,语音后10秒之内用手抓吊环,脚离地,开始测试,超过10秒脚未离地,吊环未感应到重力,会语音提示超时,需重新刷卡。
5	幼儿下肢力量测试仪(滚轮)	测试下肢力量、耐力	强化前庭刺激,强化身体平衡能力;促进身体协调以及固有前庭感觉输入统合。让最多4名幼儿共同游戏,可使幼儿更好地与同伴分享感受。	统计60秒内幼儿转动的圈数,同时自动上传成绩与视频。
6	幼儿投掷能力测试仪(砸乌龟)	测试投掷能力、感觉统合能力	强化前庭刺激,使全身肌肉伸展和活性化,并提升幼儿的投掷力量。	60秒内,幼儿可持续对乌龟进行投掷,取投掷力量最大的成绩,同时自动上传成绩与视频。
7	智能地垫设备	测试单脚跳、双脚跳、立定跳的能力	帮助幼儿建立前庭固有平衡,发展协调性,锻炼注意力和观察力。	60秒内,幼儿根据规则进行双脚跳、单脚跳、立定跳等,同时自动上传成绩与视频。

每个幼儿都佩戴有专属智能运动手环,手环中已输入了幼儿的年龄、性别、身高、体重等信息。在通过表7-4中的七项测试后,终端采集个体智能运动手环数据并汇总至平台,平台可以记录每个幼儿的运动情况,还可将每个幼儿的运动情况上传到云端服务器,这使得统计、分析幼儿的运动状况成为可能,如图7-11。

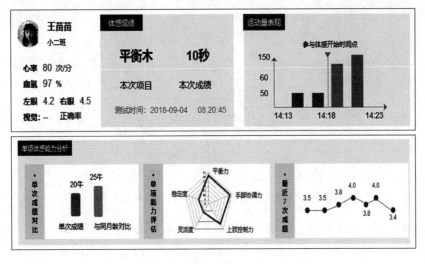

图 7-11 幼儿运动能力分析界面

2.活动动静交替,关注幼儿的一日运动量

幼儿的智能运动手环监测并收集其一日运动数据,在平台上能看到一日生活中幼儿的运动曲线图,可以分析一日运动量是否能满足幼儿锻炼的需求,运动量的安排是否符合幼儿的身体特点等。

案例十 关注不同幼儿的运动量

瑞特是一个坐不住的小男孩,而静芸则是一个非常喜欢安静地坐着的小女孩。在观察中,教师发现瑞特已经玩得满头大汗了。教师在检查瑞特的手环数据之后发现,数据保持在高数值较长时间了。于是教师提醒他注意休息,稍微补充一些水分,去进行一些较为安静的活动。而教师检查静芸的手环之后发现数据没有什么波动,因为静芸一直坐在一边观察大家的活动情况,没有选择加入到游戏中来。教师调整策略,让其他幼儿邀请静芸一起加入到游戏中,希望让她活动起来,加大自己的运动量。

图 7-12 展示了瑞特和静芸一日活动中运动量的差异:瑞特一日中两个时间段运动量过大,静芸一日中运动量都较小。教师仍需要运用不同的方式调节他们的运动量。

通过分析幼儿运动量和对比不同幼儿之间运动量的差异,教师可一目了然地发现整个班级中的幼儿存在的个体差异。幼儿的运动量之间存在着

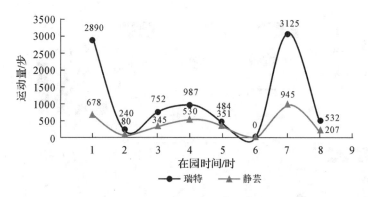

图 7-12　瑞特和静芸一日活动中运动量的差异

明显的差距,主要有两个影响因素:幼儿自身运动能力的强弱和幼儿参与运动时间的长短。如幼儿早上来园时间晚,会影响幼儿参加晨间运动的时间;在运动环节,幼儿处于消极运动的状态,运动时间和运动量就少。而有的幼儿则在运动过程中一直处于兴奋状态,没有一刻静下来休息,因此运动量超负荷。对于处在消极运动状态和超负荷运动状态的幼儿,需要进行适当的追踪和调整。

3.针对特殊幼儿,根据数据跟进教育

手环的运用有利于监测特殊幼儿的运动,在个别教育中,肥胖、体弱幼儿得到了更科学的呵护。教师、家长利用手环共同关注幼儿运动数据,家园共同实施有针对性的教育策略,合理的运动和睡眠对控制肥胖幼儿体重和增强体弱幼儿体质都有十分有效的帮助。

案例十一　"小胖"宝宝运动记

宝宝相对其他小朋友来说,体型显得更为圆润。相对肥胖的体型时常成为他的烦恼。不管是跑步还是攀爬,宝宝经常落在后面,这使得他在健康活动和晨间体育锻炼中不但不能获得足够的成就感,反而有些失落。

早上来到幼儿园,教师看见宝宝妈妈吃力地抱着一个大大的"宝宝",赶紧询问:"宝宝,为什么不自己走呀?你已经长大了哟。"宝宝妈妈小声地说:"这孩子怕累,不肯走呀。"教师检查了一下宝宝的运动手环,发现上面的数据没什么波动,表示宝宝从佩戴上手环之后就没有什么运动量。于是教师对宝宝说:"宝宝,你可能会做得比较慢,但是老师相信你,别人能做到的,你也肯定能做到的!我想要每天看到这个手环上的数字很多很多,如果你可以做到的话,老师可是会有神秘的大奖励给你哦!"宝宝听到有神秘奖励,答应得非常干脆。

通过后台程序,教师为宝宝设置了个性化的运动课程,希望借助游戏等形式帮助宝宝从运动中收获乐趣,从而让宝宝喜欢上运动。通过对宝宝的运动数据进行整理,在个人运动量记录器中设置提醒,宝宝的运动量逐渐提升(图 7-13),希望宝宝可以继续坚持运动。

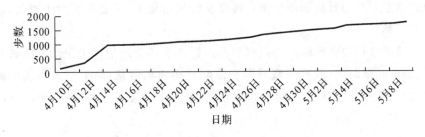

图 7-13　宝宝一个月的运动量变化趋势

4.平行数据对比,保障幼儿均衡提升

在平台中选择任意两个或两个以上班级幼儿的运动数据,就能生成数据对比曲线图(图 7-14),教师可以从中对比和分析班级间的运动量差距,并从活动内容的安排与组织情况中寻找不同,调整活动策略。

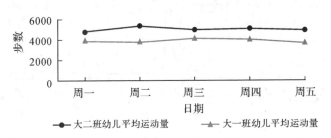

图 7-14　大一班和大二班幼儿一周平均运动量对比

通过平行运动数据的对比和分析,教师针对出现的问题开展了集中教研,将每个活动场地的器械根据场地适宜性、运动强度进行了整合,教师在制定周计划时,根据活动场地的安排,选取合理、适宜的器械,在每日的活动中都尽量满足幼儿的运动需求。通过现场教学与案例分析,分享经验,不断实践,避免消极等待,提升教师组织和指导的有效性。

(三)睡眠监测评价

人一生中有很长时间在睡觉。睡眠可分为深度睡眠和浅度睡眠,只有深度睡眠才能真正起到恢复身体体能、促进身体健康的作用。人处于深度睡眠时,基本上不会产生运动量且运动量改变的时间变得更长。在没有手环之前,教师不知道幼儿的睡眠质量怎样。现在手环佩戴在幼儿手腕上,随着幼儿身体运动变化而产生各种各样的位移,会记录并判断幼儿是不是在睡眠状态以及当日的睡眠质量。睡眠状态被量化了,只要在平台上查看,就一目了然。

睡眠数据包括睡眠的时间和质量。智能手环清晰地记录了幼儿入睡时间、深度睡眠时间、浅度睡眠时间和清醒时间四项信息,除了记录当天的睡眠数据之外,还能统计本周的睡眠情况,并将每日数据生成鲜明的曲线图(图 7-15)。

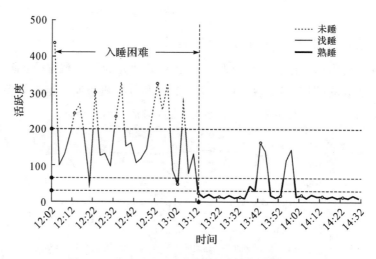

图 7-15　2019 年 5 月 7 日某幼儿睡眠质量曲线

案例十二　镇逸的睡眠

镇逸是一个容易生病的小朋友,经常会出现咳嗽等情况。他的爸爸、妈妈平时将他照顾得非常仔细,每天都会询问他在幼儿园的作息情况。"今天早上有没有参加活动呀?""今天中午有没有休息呀?""午睡睡了多长时间呀?"他的爸爸、妈妈每天都会在放学之后和教师交流很久。询问次数多了,家长其实也有些不好意思。智能运动手环的出现很好地解决了这个问题。

每天、每个星期、每个月的数据都会记录在手环中,镇逸的爸爸、妈妈可以对智能运动手环记录的数据进行对比查看。更为方便的是这些数据都可以在手机上看到。有了手环之后,镇逸的爸爸、妈妈再也不需要每天询问教师镇逸的在园情况,并且能够根据数据所反映的情况进行相对应的调整:白天若是运动量大,那晚上就会睡得早一些;白天若是午睡入睡时间较早、睡眠时间较长,那放学之后会再增加一些运动,让他晚上能够更好地休息。浦幼给幼儿使用的手环优于目前市面上的运动手环,它既能像普通手环一样清晰记录幼儿的睡眠时间和质量,又有平台支撑,可以查询幼儿一日活动量和午睡情况,便于家长了解幼儿在园情况后,自己分析并采取措施调整幼儿每晚的睡眠时间。

三、智慧评价的实施效果

(一)数据改变教育,造就科技教育新理念

大数据开启了一个时代的重大转型,每个人都应该具有数据素养。大数据的应用将带来教育生态的彻底改变。当前最重要的是尽快开展教育培训,把教师数据素养的提升作为一项系统工程来抓,使我国教育发展跟上时代的脚步,从而站在世界的前列。而"随手可得的数据""随时可行的数据分析"让数据分析与判断不再遥远,让科学的养育不再是梦。智能运动手环项目作为浦幼智慧评价的重要内容引入到幼儿教学活动中,为分析幼儿在园情况提供完善、客观的数据。这些数据改变了传统教学方式和教学评价方式,以促进幼儿健康成长为原则,推动浦幼特色课程改革与发展。

1. 实现技术与环境无缝融合

区角活动是园内开展自主探索活动最重要的方式。平台能对幼儿园区角建设的种类、数量以及区角活动安排时间、次数、投入材料、参与活动的人数、参与活动的时长等实现记录和监测(图 7-16),优化和指导园内区角活动的建设。平台记录并评估幼儿园区角活动的建设水平、开展效果,经过日积月累,已形成相当规模,对教育信息化进一步"融合创新"起着不可估量的作用。

大数据能帮助教师进一步了解幼儿的个体特点与偏好。教师对积累的过程性数据进行分析与挖掘,可以认识不同幼儿在活动中的特点,解读幼儿行为,了解幼儿学习规律,从而进一步调整与优化课程内容,使其更符合幼儿的兴趣与学习特点。同时,大数据分析让教师更清晰地了解每一个幼儿

区角名称	儿童姓名	参与次数	停留时长	进入时间	离开时间	视频查询	老师观察记录	
							新建观察记录	已有观察记录
	陈玉玗	10	5分0秒	2019-05-05 08:16:51	2019-05-05 08:21:51		新建	0
			38秒	2019-05-05 10:37:28	2019-05-05 10:38:06		新建	
			8分33秒	2019-05-07 08:13:43	2019-05-07 08:22:16		新建	
			41分7秒	2019-05-07 10:20:27	2019-05-07 11:01:34		新建	
			41分39秒	2019-05-08 10:22:50	2019-05-08 11:04:29		新建	
			5分0秒	2019-05-09 08:13:32	2019-05-09 08:18:32		新建	
			5分0秒	2019-05-10 10:16:08	2019-05-10 10:21:08		新建	
			48分9秒	2019-05-14 10:28:59	2019-05-14 11:17:08		新建	
			1分53秒	2019-05-15 10:21:33	2019-05-15 10:23:26		新建	
			5分0秒	2019-05-15 10:57:12	2019-05-15 11:02:12		新建	
	李白萱	4	5分0秒	2019-05-05 08:22:01	2019-05-05 08:27:01		新建	0
			5分0秒	2019-05-05 10:34:05	2019-05-05 10:39:05		新建	
			5分0秒	2019-05-14 10:29:03	2019-05-14 10:34:03		新建	
			5分0秒	2019-05-15 08:02:59	2019-05-15 08:07:59		新建	

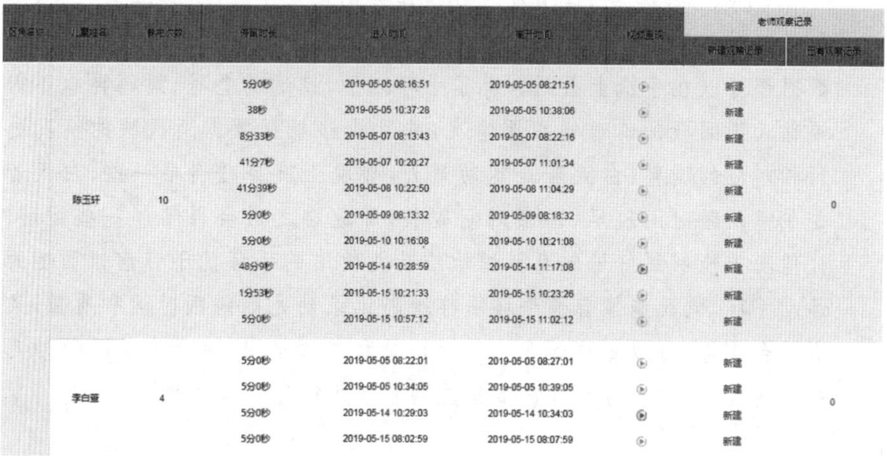

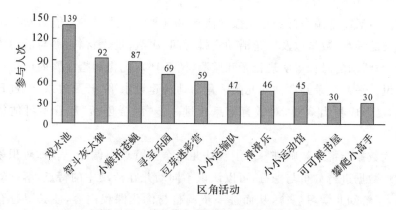

图 7-16　不同幼儿参与区角活动的时间

的真实情况,发现幼儿实际喜好与区角活动参与人数,从而能够依据数据调整区角活动。大数据让教师的教学不是仅凭经验开展,而是有了更科学的依据。

2.实现教学理念的变革转型

智能运动手环的运用让教学成效变成马上能看得见、算得出的量化数据。平台记录并评估园内幼儿对区角活动的参与度、接受度,进而对园所教育实施有效性做出侧面评估;对幼儿参与区角活动的情况进行统计(图7-17),并以摄像的方式实现幼儿个体的区角活动场景记录,采用云计算技术进行分析、对照和评估,让教师把握幼儿的兴趣、需求和能力,提供与幼儿更

图 7-17　幼儿参与各区角活动情况统计

深层次的发展需求相符合的活动。数据改变了教学理念,直接优化了教学效果,教师在教学中更深刻地领悟到提供的运动应以幼儿的兴趣和能力为导向。

对教师来说,过程性数据可以呈现区角活动在整个课程中的结构、位置和价值,避免了教师主观随意地替换活动。另外,过程性数据能够让教师通过视频、音频、文字等形式多维地展现幼儿在活动中的全貌,为课程注入前所未有的便捷和活力。在大量数据基础上进行的科学分析能让教师更专注于课程实施本身,更专注于让每一个幼儿获得适合的经验和全面均衡的发展。

3.实现教学评价的智能共享

平台上汇集各班级的区角活动案例(图7-18),以云计算和大数据技术自动筛选出优秀的区角活动样板,自动推荐给各班级,实现区角活动的改进,促进教育资源的均衡。

年级	班级	记录名称	记录时间	记录人	操作
大班	大二班	《微跑花》大二班美工区活动	2019-05-16	曾平	查看
大班	大一班	母亲节礼物—夏日礼帽	2019-05-10	孙会利	查看
大班	大五班	拼拼乐	2019-05-14	高琴	查看
大班	大六班	今天我来当店长	2019-05-16	李子琳	查看
中班	中五班	雪花片还可以这样玩哦!	2019-05-15	鲍琴	查看
大班	大二班	皇帝	2019-05-14	徐嘉	查看
小班	小四班	涂鸦宝宝	2019-05-14	胡娅	查看
大班	大三班	比一比,看图识字	2019-05-14	崔瑞	查看
大班	大三班	搭建停车场	2019-05-14	崔瑞	查看
大班	大二班	《印树叶》大二班美工区活动记录	2019-05-14	曾平	查看
大班	大三班	《好玩的纸杯》	2019-05-14	洪娟	查看
小班	小二班	花式玩纸绳	2019-05-14	范忠贤	查看
中班	中八班	摘果子的毛毛虫	2019-05-13	刘溪	查看
中班	中五班	好看的图书	2019-05-13	杨凤	查看

图7-18　各班级区角活动情况

经过数据信息化且内容得到梳理之后的活动,实用性更强,并更容易复制,对在活动室开展的活动和个别化学习活动均有很强的引领和指导作用。

(二)数据改变距离,实现家园共育快通道

建立家园信息平台,以技术变革引领家园共育。浦幼在微信上打造了一个能记录幼儿"运动的一天"的智慧操作平台,让教师和园方管理层能随时、方便、科学地收集幼儿数据并进行分析评价,以调整教育策略;家长能及时、便捷、准确地了解幼儿在园的运动、睡眠情况及发展状况。查询到幼儿的横向及纵向能力发展水平,更有助于家长了解自己的孩子在同年龄段幼儿中的发展状况。家园合作使幼儿的信心更足了,每天一早来园刷卡,总会在同伴面前展示一下自己的运动成绩。自幼儿戴上运动手环以来,家长就能够看到他的成长与进步,倍感满意和欣慰。现在家长更能够站在教师的角度配合、理解和支持教师,共同承担教育责任。

运动手环会记录每个幼儿的每日运动量,这些数据通过 NFC 方式快捷传输到数据采集终端,再通过幼儿园的微信号链接到每位家长的手机上。只要幼儿刷新了手环运动数据,家长就能接收到相应的数据,达到了实时监控的效果,见图 7-19、图 7-20。

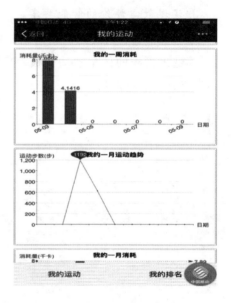

图 7-19　幼儿运动信息推送界面　　　　图 7-20　幼儿运动情况分析界面

同时,通过后台的分析统计,家长可以在幼儿园大厅的显示屏上分别看到小班、中班、大班幼儿的运动数据对比图及全体幼儿的平均运动量,还可以在微信中查询到幼儿的今日步数、今日消耗、最高纪录、累计消耗、一周运动趋势、一周消耗、一月运动趋势、一月消耗以及幼儿在班级、年级运动排行榜上的排名。这些数据能便捷地让家长了解幼儿在同年龄段群体中的运动水平和消耗水平,并适时地调控幼儿放学后的运动。

案例十三　幼儿运动信息每日家长推送

晨希妈妈非常关心晨希的成长,但是由于工作的关系,很多时候不能承担接送的工作，都是由姑姑代为接送。由于姑姑不会说普通话，因此和教师交流较少。于是，晨希妈妈会通过和晨希交流来了解他在幼儿园的一些情况，如问晨希"中午有没有午睡""有没有参加活动，参加了什么活动"。但是幼儿对于这些问题的回答都是"睡了""有的"，时间长了，晨希妈妈对于这种问答也疲惫了，了解和询问也渐渐少了。

智能运动手环的出现改变了这种情况。晨希每天的活动情况都记录在智能运动手环中，而这些数据都可以轻松地在手机上查看，真的是非常方便呢。这样，晨希妈妈就可以根据他的运动量，对他的生活作息进行相应的安排了。晨希白天活动量大的话，晚上妈妈就会让他看看书、下下棋，不安排其他的兴趣课。活动量小的话，晚上妈妈就需要给他增加运动量，同时提醒他早点休息。

现在，晨希每天都会戴着智能运动手环来到幼儿园，然后开始一天的生活，用运动促进成长。

智能运动手环以平台为依托，可以从平台中查询到幼儿的横向及纵向能力发展水平，更有助于家长了解幼儿的发展状况；同时，手环的应用也减轻了教师与家长就保育问题的沟通压力，可以让家园沟通有更多的时间来聚焦幼儿教育的关键问题，促进幼儿的身心和谐发展。

（三）完善智慧评价体系，助力浦幼课程建设

浦幼逐步形成了幼儿全面发展智能评价，即数字化、过程化、动态化的幼儿发展评价体系。

1.评价主体多维参与——四方评价机制

采集幼儿个体与群体运动数据后，平台进行数据统计、对比、分析，幼儿、教师、家长、园方可以通过手环、后台、园所内电子屏和微信掌握数据，根据需要做出相应的分析判断。四方评价机制实现了评价主体的多维参与，使评价更民主、更多元、更全面。

2.阶段评价注重时效——实时与阶段相结合

大数据监测系统最大的优点是实现了实时监测，刷新手环数据后新数据就能即时传送。平台每日、每周、每月实时与阶段相结合的数据统计与对比分析诊断制度，保证了数据的即时性和评价的时效性。大数据监测系统的功能见表7-5。

表 7-5　大数据监测系统功能

序号	功能	说明
1	考勤记录	可准确、实时地监控幼儿到离园时间。
2	对比个体每日运动数据	对比同一个幼儿每日不同时段的运动数据。
3	对比不同个体的运动数据	对比班级内不同幼儿的运动数据。
4	对比不同集体的运动数据	对比不同班级的群体运动数据。

3.发展评价注重过程——关注幼儿发展,强调评价多元化、整合化

在智慧评价体系中,基于幼儿的过程性数据,教师在教育过程中,综合发挥教育评价的多种功能,运用多种科学的评价手段,设计了"玩创之星"评价体系,总结幼儿发展的成效和存在的问题,对照问题进行改进、完善。

(1)慧玩评价

立足幼儿爱玩的天性,对幼儿"玩中学"的表现行为从"趣、看、问、摸、试"五方面评价,并作为评价的一级指标,具体设计见表 7-6。

表 7-6　幼儿"玩创之星"评价体系(慧玩)

一级指标	二级指标及分值	三级指标	
		表现	分值
趣	兴趣(20分)	好奇心旺盛	6分
		关注时间长	6分
		有进一步探究的欲望	8分
看	观察(20分)	有意识地观察	6分
		集中注意力观察	6分
		有方法地观察	8分
问	提问(20分)	敢于发现问题	6分
		敢于提出问题	6分
		追问到底	8分
摸	感知(20分)	动手感知	6分
		发现事物的特征	8分
		了解与其他事物的不同	6分

续表

一级指标	二级指标 及分值	三级指标	
		表现	分值
试	尝试(20分)	善于思考	5分
		敢于尝试	5分
		会与同伴一起玩	10分

（2）乐探评价

立足幼儿的好奇心和天生的探究欲望，对幼儿"玩中做"的表现行为从"思、察、猜、析、记"五方面评价，并作为评价的一级指标，具体设计见表7-7。

表7-7　幼儿"玩创之星"评价表（乐探）

一级指标	二级指标 及分值	三级指标	
		表现	分值
思	思考(20分)	善于发现问题	6分
		学会质疑	6分
		用自己的方式解释质疑	8分
察	观察(20分)	有意识地观察	6分
		集中注意力观察	6分
		有方法地观察	8分
猜	猜测(20分)	发现事物的特征	6分
		大胆表达想法	6分
		会运用适当的方法验证自己的猜测	8分
析	分析验证(20分)	学习使用工具	6分
		会动手操作	6分
		分析某事物与其他事物的不同	8分
记	记录(20分)	会用数字、图画、图表或其他符号记录	10分
		记录的形式多样化	10分

（3）创享评价

立足于幼儿核心创造力的培养，强化幼儿乐于创造、敢于表现的能力，主要从"想、说、创"三方面评价，并作为一级指标，具体设计见表7-8。

表 7-8　幼儿"玩创之星"评价体系(创享)

一级指标	二级指标及分值	三级指标	
		表现	分值
想	想象(35分)	敢于表达自己的意见和想法	10分
		有主见、有想法	10分
		会进行联想迁移	15分
说	大胆说(35分)	说出自己的困惑	10分
		介绍自己设计制作的作品	10分
		说出自己的创意之处	15分
创	表达表现(30分)	会用多种形式进行表达	15分
		对生活中的美好进行创意表达	15分

　　每当幼儿在参与某项"智慧·玩创"课程之后,教师即可借助以上评价体系对幼儿进行评估,可每月评出"慧玩之星""乐探之星""创享之星",对每位幼儿的评价分数进行累积,向每个班级"三星"最多的幼儿授予"玩创之星"最高荣誉。

　　"慧玩之星":侧重于评估幼儿积极乐观的心态、对游戏(或活动)的自主参与情况,评选是普及性的,全体幼儿都能获得此称号。

　　"乐探之星":侧重于评估幼儿表现出的积极探究、解决问题、变通迁移等综合能力。"乐探之星"的评选是在"慧玩之星"基础上的高标准评选,各班评选的比例为50%。

　　"创享之星":侧重于评估幼儿用自己的方式大胆地表达、表现的能力。各班评选的比例为50%。

　　"玩创之星":每个班级累计获得"慧玩之星""乐探之星""创享之星"这"三星"荣誉次数最多的幼儿可被推选为每月的"玩创之星"。

第八章　课程效应:建构"智慧一日生活圈"

核心导读

"智慧·玩创"特色园本课程从顶层设计、研发到全面铺开、深度实施,已历时八年,整体而言,凸显了三大成效:一是明显促进了幼儿科学素养的提升和创造力的可持续发展;二是推动了教师课程执行能力的提升;三是"智慧一日生活圈"办园特色开始表现出较强的张力。

第一节　培育幼儿智慧成长

如今,我们已进入"互联网＋"时代,网络信息以不可抗拒的力量改变着我们的学习方式、工作方式、生活方式,也在改变着学校的教育模式。浦幼始终敢于紧跟时代的步伐,做出主动的应对。因为浦幼人深知,教育是培养人的未来的领域,我们每天面对的幼儿就是未来的主人。如何让幼儿智慧成长、直击未来,就是我们当前重要的研究课题。因此我们必须思考教育对象的未来,以超前的眼光触摸未来,让未来提前到来,从而使幼儿从容面对未来。

一、适应高科技新时代

在当前移动互联网、大数据、云计算等新技术以及经济社会发展需求的共同驱动下,加快发展人工智能技术,推动新技术与教育的融合不断深入,用人工智能驱动未来教育,已经成为智慧教育的核心部分,也是培育幼儿智慧成长的重要媒介。

(一)懂得人工智能

1. 对人工智能的理解

人工智能(Artificial Intelligence),英文缩写为 AI,它是研究、开发用于模拟、延伸和扩展人的智能的理论、方法、技术及应用系统的一门新的技术科学。另外,我国有些学者认为,人工智能是指能够模拟人类智能活动的智能机器或智能系统。① 人工智能最突出的特征是与人类智能的相似性,具体包括推理、学习、寻求目标、解决问题和适应环境等要素。②

随着人工智能时代的来临,对幼儿园来说,关键在于如何借助人工智能技术,实现教育模式的变革,形成独特的人才培养方式。对此,当人工智能开始占据人们的视野并成为引领未来社会变革的原动力之一时,培养具有个性和创造力、能应对人工智能时代挑战(包括劳动方式、生活方式等)的人,就成为当代教育者的追求。

人工智能时代的来临,也让浦幼的教育模式悄无声息地发生着变化。幼儿园的教育活动不同于其他教育活动,主要是由幼儿身心发展特点和规律决定的。幼儿园的教育活动蕴含着独特的内在精神实质,蕴含着先进的幼儿教育理念,而人工智能的出现为幼儿的个体发展和个性化学习提供了更多机会与平台。

2.人工智能进校园

2017 年 7 月,国务院发布《新一代人工智能发展规划》,同年 12 月,工信部印发《促进新一代人工智能产业发展三年行动计划(2018—2020 年)》,首次将人工智能提升到国家发展的战略层面,意味着我国对人工智能的重视达到前所未有的高度。幼儿园将人工智能技术应用于教育活动之中,不仅有助于促进教育发展战略的落实,更是对"高科技+教育"这种新型教育模式的积极响应,有助于幼儿信息素养的提高。这正契合浦幼"科技+创新"的办园特色和目标。于是人工智能就适时地浸入浦幼的活动创设过程,陪伴和引导幼儿进行游戏、做各种有趣的科学实验,成为幼儿在园的生活小伙伴。人工智能也成为教师教学的智能助手,互动性强的高科技手段让幼儿教育变得有趣、新鲜且"科技范"十足。

案例一　浦幼人工智能化幼儿园教育的一天

早上 7:40,机器人 i 宝都会提前和值周老师、文明娃娃一起在门口等候幼儿和家长的到来。i 宝会通过人脸识别技术主动和幼儿打招呼,碰到陌生人,它还会发出警告。课间,幼儿喜欢跟 i 宝聊天,这可是 i 宝

---

① 朱巍,陈慧慧,田思媛,等.人工智能:从科学梦到新蓝海——人工智能产业发展分析及对策[J].科技进步与对策,2016(21):66-70.
② 柳现民,张昊,郭利明,等.教育人工智能的发展难题与突破路径[J].现代远程教育研究,2018(3):30-38.

的强项。它的"大脑"里整合了海量数据，可以轻松回答幼儿的各种问题，给幼儿讲解诗词、算术、儿歌、成语、绘本故事，内容丰富多彩。唱歌跳舞对它来说都是小菜一碟，前置高清摄像头配合智能算法，还能抓拍幼儿活动的精彩瞬间。教师可以用 i 宝充当教学辅助，让幼儿边玩边学。利用投屏功能，可以将 i 宝的屏幕投射到电脑或一体机上，既方便教学，还可以保护幼儿的视力。午餐时间，有 i 宝的陪伴，幼儿吃得特别香。i 宝会播放进餐轻音乐或者生活小常识，帮助幼儿们养成良好的生活习惯。午休时，伴随着 i 宝的睡前故事，幼儿渐渐进入梦乡。之后，i 宝也趁机去自动充电了，等时间到了会再来提醒幼儿起床。

以上案例的情景每天都在浦幼的班级中上演，幼儿在与机器人 i 宝的互动中进行自主学习。可以说，人工智能提供了一个更加宽松的学习环境。而教师在机器人的辅助教学中，从单纯的教师讲授、文本阅读到网络检索、与资料库对话，从手写走向键盘输入、扫描输入、语音输入、二维码扫描输入，从单纯的文字阅读到多姿多彩的多媒体阅读，课堂教学手段更加多样化，内容更加多元，轻松地融读、写、算为一体。人工智能促使教学模式发生了根本性的变化。

（二）玩转高科技

幼儿是游戏中的"头号玩家"。玩是幼儿的天性，也是学龄前儿童获取智慧、掌握技能的基本途径。所以，浦幼自办园起，无论理念如何演变，"玩"字始终贯穿其中，并逐渐升级。"玩科学•爱创造"不仅仅是一句简单的口号，每一天，幼儿都会在幼儿园为他们精心打造的环境和精心编排的活动中"玩享生活，玩向创意"。

1."玩"中感受高科技

美国学者尤里•布朗芬布伦纳创立的人类发展生态学认为，幼儿发展的生态环境由若干彼此相互镶嵌在一起的系统组成，主要包括微系统、中间系统、外层系统和宏系统，其中微系统是个人在环境中直接体验着的环境。[①]可见，环境对人的学习和成长有着至关重要的影响。

每个幼儿都是一个小小探索家，他们的小脑袋里装着问不完的为什么。为保护幼儿的这份好奇，激发幼儿的探究欲，浦幼秉承开放和互动原则，注

---

① 张文新.儿童社会性发展[M].北京:北京师范大学出版社,1999:16-17.

重幼儿的自由探索和发现,营造了一个乐玩、乐探的整体环境,让幼儿放开手脚,尽情地玩耍,尽情地探索。浦幼在室外开辟了十五个特色区域:树屋、草坡、地道、小山坡、建筑工地、智慧种植区、水乐园、"南水北调"、戏水池、滴水成溪、玩沙区、环保创意火车体验站、空中花园、木马藏兵、智慧小庄园。在室内开辟了八个科技特色智慧区域:AR互动地投、AR互动墙投、音乐楼梯、AR互动沙盘、AR奇妙电路、人工智能机器人、科技长廊、智慧课堂,让幼儿在快乐的游戏中探索发现科学的奥秘。真正的教育是提供一个良好的环境,让幼儿在探索中发现,在发现中自然成长。表8-1列举了浦幼公共区域的部分高科技产品体验点,扫描图8-1的二维码可体验部分项目。

表8-1 浦幼公共区域部分高科技产品体验点

序号	项目	地点
1	AR互动地投	一楼大厅
2	智慧种植区	一楼大厅
3	人工智能机器人	一楼大厅
4	AR互动沙盘	一楼智慧体验馆
5	AR奇妙电路	一楼智慧体验馆
6	AR互动墙投	一楼小五班旁
7	STEAM奇幻水流	二楼美术馆门口
8	科技长廊	二楼走廊
9	音乐楼梯	三号楼梯
10	智慧运动	三楼大四班旁
11	智慧课堂	一楼智慧体验馆

除此之外,每个班级的科学角也是幼儿喜欢去的地方,幼儿总能在这里发现新奇和奥妙。浦幼支持幼儿的发现,也为幼儿提供更为有趣的探究工具,带动幼儿一起发现和分享周围新奇有趣的事物或现象。表8-2列举了班级科学角投放的部分材料。

图 8-1 "浦幼高科技产品"二维码

表 8-2 班级科学角部分投放材料清单

内容	材料
生命科学相关	种子、果实、树叶、树枝、羽毛、石头、贝壳、骨头、动物卡片、人体模型等
物理科学相关	各种零件、磁铁、磁力台、回形针、万花筒、手电筒、简单机械、弹珠、锁等
地球和空间科学相关	水、土、岩石、冰等
其他科学工具	昆虫观察盒、小鸡生命周期观察盒、守恒量具、土豆钟、手脚测量器、植物趋光盒、嗅觉训练套装、麦式录放机、能量球、探究式不倒翁、手摇发电机、神奇感温板、碟形实物投影仪、摇杆称重计、编程小蜜蜂、奇妙电路等

  有人说,浦幼的幼儿很爱玩、很会玩;也有人说,浦幼的幼儿爱探索。浦幼的每个角落都充满高科技的气息,让幼儿随处可以体验高科技产品,让幼

儿的心灵时刻得到科学的滋养，让幼儿心中的科学种子在玩转高科技中萌发。

2."习"中体验高科技

幼儿园要可持续发展，必须构建一个适合自身发展的课程体系。对以科技为特色的浦幼而言，在建构自身的课程体系时，整合了现代的教育信息技术，从而实现发展目标。这个整合不是将信息技术作为辅助教或辅助学的工具，而是强调把信息技术作为幼儿自主学习的认知工具和情感激励工具，利用信息技术提供的自主探索、多重交互、合作学习、资源共享等学习环境，把幼儿学习的主动性、积极性充分调动起来。浦幼旨在利用现代教育技术手段，通过信息技术与课程的有效整合，打造理想的学习环境，倡导全新的、能充分体现幼儿主体作用的学习方式，从而彻底改变以往的教学模式。

对幼儿来说，最重要的不是掌握科学，而是以直观的图片和形象来充实他们的精神世界。[①] 正如皮亚杰所指出的，幼儿早期经验的建构是在实际感知、真实操作中逐步发展起来的。因而，幼儿园要创造时间和机会，让幼儿在操作和体验中感受高科技给生活带来的变化与影响。这种有意义的经验的获得，不仅有助于培养幼儿的初步逻辑思维能力，还有助于提升幼儿的信息素养和科学精神。在浦幼，每个班都配备一整套多媒体教学设备，教师可以用其进行辅助教学，幼儿在活动中通过多媒体画面的直观呈现，与教师进行更积极的有效互动，同时也通过对多媒体设备的操作与使用，体验到高科技的魅力。

浦幼的"巧智绘"课程是最受幼儿喜欢、最受教师青睐的教学活动，活动的核心就是运用 AR 技术，识别平面图形、图像，生成三维立体影像。活动中，幼儿通过"创意绘画＋用 AR 技术生成三维立体影像＋故事创编＋配音配乐＋合作录音＋作品上传"等操作环节（表 8-3），在自主快乐学习的同时，体验了高科技的神奇功能，这激发了他们浓厚的科学兴趣。

---

① 约翰·杜威.学校与社会·明日之学校[M].赵祥麟,任钟印,吴志宏,译.北京:人民教育出版社,2005:56.

表 8-3 "巧智绘"课程幼儿操作环节

操作环节	要求	工具	操作流程		操作熟练度
创意绘画	幼儿自己动手创意绘画	动画角色卡片、绘画工具等各种操作材料	1.选定角色 2.运用绘画材料创作	大班	★★★★★
				中班	★★★★★
用AR技术生成三维立体影像	识别平面图形、图像,生成三维立体影像	iPad	1.打开 iPad 扫描相机界面 2.将绘制好的动画角色卡片对准扫描框进行扫描	大班	★★★★★
				中班	★★★★
故事创编	根据个人对画面的理解,进行故事模仿和创编	iPad+麦克风	尝试组织角色对话	大班	★★★★★
				中班	★★★★
配音配乐	用自己理解、设想的内容给角色配音,凭个人对画面的理解选择背景音乐及道具音乐,提高音乐素养	iPad+音乐卡片	1.选定适合故事场景的音乐 2.调好音乐的音量	大班	★★★★
				中班	★★★
合作录音	幼儿三人一组,根据动画角色合作录音	iPad+麦克风	与同伴合作,依次对准麦克风进行录音	大班	★★★★
				中班	★★★
作品上传	将完成的作品上传到教师处	iPad+相册	1.打开 iPad 相册 2.找到作品并打开 3.找到界面上传按钮 4.选定接收人 5.将作品传给教师	大班	★★★
				中班	★★

在浦幼日常的教学中,教师改变了传统的以教师为中心的教学活动模式,让幼儿在活动中通过网络技术、多媒体技术,多渠道、全方位地参与学习和讨论,教师再根据活动需求对幼儿获取的信息加以提取、调整,成为幼儿的帮助者和指导者。

3."赛"中运用高科技

每年 11 月的科技节、一年一度的浙江省幼儿体育大会,都是让浦幼的幼儿尽情运用高科技展现智慧、展示成长的重要平台。

在浦幼学习和成长的幼儿,从"玩科技"中所获得的成果也是丰硕的,见表 8-4。

表 8-4　浦幼 2017—2018 年专项科技活动获奖情况

	获奖项目	一等奖	二等奖	三等奖	合计
"中天杯"浙江省青少年模型、少儿模型、无线电测向、电子制作互联网教育竞赛	F1 直线赛车	7	20	18	45
	"腾云号"飞翼滑翔机	19	22	45	86
	纸船承重	2	4	6	12
	新"乘风号"空气动力快艇	10	19	26	55
	新"猛虎号"橡筋动力模型飞机	9	15	22	46
浙江省幼儿体育大会	电子百拼	13	7	19	39

浦幼不但设计了众多"玩科技"的项目活动,还为幼儿创设了许多参与、展示的机会和竞赛平台。这不仅使得幼儿对科技活动产生了兴趣,而且为他们的终身发展提供了激励机制,更自信地"玩转"高科技。

二、提升探索创造力

创造力是人类特有的一种综合性本领,也是未来人才的核心特征,更是未来社会的核心竞争力。因而,幼儿创造力培养一直是国际教育研究和教学实践中备受关注的热点领域。已有研究显示,幼儿时期,尤其是 4～5 岁,是创造力发展的一个关键期。2～6 岁幼儿的创造性思维发展存在年龄差异,基本上随着年龄的增长而发展,3 岁时出现回落,之后逐渐上升,4 岁时迅速发展,5 岁后发展速度趋缓。[1] 由此可见,2～6 岁阶段是对幼儿创造力进行干预和培养最关键且最佳的时期。

国外学者借助各种实践项目开展幼儿创造力的培养,有代表性的有:Smogorzewska(2012,2014)的语言创造力项目;Chronopoulou 和 Riga(2012)的音乐与动作项目;Dziedziewicza 等(2013)的图形创造力项目;Alfonso 等(2013)的游戏干预项目等。[2] 我国在国家层面也进行了相应的顶层架构。教育部 2012 年颁布的《3～6 岁儿童学习与发展指南》明确强调要注重创造力的培养。2016 年 9 月,《中国学生发展核心素养》发布,六大素养中的两大素养"科学精神""实践创新"就是指学生的创造力发展。

---

① 叶平枝,马倩茹.2～6 岁儿童创造性思维发展的特点及规律[J].学前教育研究,2012(8):36-41.
② 段海军,白红红,胡卫平.幼儿创造力干预项目的国际发展动态与启示[J].学前教育研究,2015(10):3-14.

幼儿是天生的自由者、探索者、游戏者,幼儿人小但心不小,稚嫩中潜藏着无限大的创造能力,每个幼儿心中都蕴藏着创造力的种子,只要给予合适的土壤,这些种子就会发芽。浦幼基于"智慧·玩创"课程的设计理念,为幼儿创设丰富多样的科学探究平台及环境,设计多种探索性游戏活动,通过各种方法和途径,提升幼儿的问题意识、探索能力、创生水平。

(一)问题意识强

教育是国家培养人才的主要途径,人才培养目标的定位决定国家改革与发展的价值取向。无论我国还是其他国家,都已充分认识到人才培养的重要性。进入 21 世纪以来,我国相继出台诸多政策、法规,改进与完善人才培养模式和教育教学方法,其根本目的在于培养具有全新价值观和知识技能的人才。"人生百年,立于幼学",学前教育是国民教育体系的重要组成部分,幼儿的培养情况直接关系到未来的人才培养质量。因此,学前教育阶段是人才培养的奠基时期。什么样的幼儿才能符合国家未来的人才培养目标?结合新世纪人才培养的具体指向来看,我们要培养具有好奇心和主动探索能力的幼儿,培养具有软性知识和能力的幼儿,培养具有创新意识和能力的幼儿,培养具有思考意识和解决问题能力的幼儿。

浦幼"智慧·玩创"课程源于幼儿天性及核心经验,课程秉承发现、发挥幼儿与生俱来的好奇心、想象力和探索精神的理念,通过幼儿自身的活动,发展幼儿的创造力,支持幼儿对周围世界进行感知、观察、操作、发现问题、寻求答案的探索过程。最主要的学习方法是探究式学习,探究式学习强调的是学习过程中的质疑、论证等研究过程。在活动中,幼儿常围绕科学性的问题展开探究活动,有了问题才会去思考,有了思考才会有解决问题的方法。一切从问题开始,从问题的提出引导活动深层次地展开。在这一系列的探究活动中,幼儿的问题意识逐渐增强。

幼儿对未知世界充满了好奇心,他们头脑中充满了问题和疑惑。他们想知道、要知道和能知道的问题太多了。因此,浦幼的教师为幼儿提供更多发现问题的机会,激发幼儿内在的问题意识。

例如,大班主题活动"纸桥大力士"的目的是:1. 在实践过程中,比较、发现纸桥承重力与桥面形状有密切的关系;2. 在自主探索中,通过反复实验,从失败中找问题,从问题中想办法,培养创造性探索意识。活动的目的是让幼儿充分体验科学的探究过程(发现问题、提出假设、进行实验、记录信息、解释讨论、得出结论),将问题贯穿于教育过程中,让幼儿自己找到解决问题的方法。教师只是为他们提供体验、交流、操作、思考的机会。

又如在大班主题活动"疯狂动物城"中,针对幼儿园的小羊,幼儿就相继提出了大约90个问题。"小羊是公的还是母的?""小羊会吃小山坡上的所有植物吗?""小羊现在和我们一样大吗?""小羊刚出生时是什么样子?""小羊的平衡能力好不好?""小羊的牙齿是什么形状的?""小羊会放屁吗?""羊为什么叫羊?"……教师引导幼儿梳理了一些重要概念,幼儿提出的问题可以归类为"生命成长""身体构造""情绪""食物""习性""本领""羊的朋友""羊的联想"等。幼儿学习新概念后,逐渐根据自己的兴趣成立了很多个小分队,他们制订观察计划,深入研究小羊的习性、小羊的本领、小羊与其他动物的关系等,收集同伴的猜想再验证,并与同伴分享。类似于这样的课程小故事在浦幼还有很多,幼儿也在一次次发问、探究中建构了自身的学习经验。

随着"智慧·玩创"课程的深入实施,幼儿从最初爱问"是什么"到后来爱问"为什么",这表明幼儿的思维水平有了进一步的提高,他们已经不满足于了解事物的表面现象,开始探求事物的因果关系和内在结构,这往往是幼儿开展探究活动的原始动力。"土豆片放在盐水中为什么就能浮起来?""蛀虫为什么会跑到牙齿里去呢?""天上的星星为什么不会掉下来?"幼儿发现和提出的问题涉及天文、地理、物理、生物、化学等各方面,体现了浦幼科学探究活动的广泛性、丰富性。

(二)探究能力强

兴趣是幼儿自主探究学习和发展的内驱力。《幼儿园教育指导纲要(试行)》指出:"幼儿的科学教育是科学的启蒙教育,重在激发幼儿的认知兴趣和探究欲望。要尽量创造条件让幼儿实际参加探究活动,使他们感受科学探究的过程和方法,体验发现的乐趣。科学教育应密切联系幼儿的实际生活进行,利用身边的事物与现象作为科学探索的对象。"因而,幼儿园教育活动的开展要与真实生活相联系,把真实、有意义的生活内容纳入幼儿园教育活动之中。幼儿学习的主要特点是在做中学、玩中学、生活中学,通过亲身感受、体验、操作、探究,不断发展对自我、他人以及环境的理解与认识,进行有意义的经验建构。

专注是幼儿探索力、创造力的源泉。浦幼的"智慧·玩创"课程以幼儿的兴趣和特点为依据,选择了贴近幼儿生活的事物作为探索的内容,并通过各种途径和策略让幼儿的兴趣得以保持,这些生动的活动会让幼儿的专注力不断提升,从而促进其探究能力的发展。

对比在浦幼进行了三年生活学习的幼儿和周边幼儿园的幼儿发现,浦幼的幼儿对科学现象的兴趣更浓厚,问题意识和探究能力更强,获得的惊奇和快乐也更多。

(三)创生水平高

浦幼在 2017 年省级规划课题"架构'智慧一日生活圈'——'智慧·玩创'特色课程的设计与深度实践研究"中,将当年在读的 180 名大班幼儿作为研究对象,对其创生水平的几项突出表征进行了跟踪观察。共有六项指标:(1)有意识、有方法地观察;(2)敢问、爱问、善问;(3)作品设计有创意、能变通;(4)主动、积极地动手操作实践;(5)能较精准地解说、介绍自己的作品创意;(6)能把自己的作品迁移运用于合适的领域。结果如图 8-2 所示。

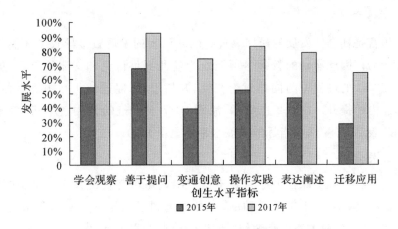

图 8-2 浦幼 2017 届大班幼儿创生水平发展评估

图 8-2 显示,在六项体现幼儿创生水平的指标中,每项指标 2017 年的发展水平都比 2015 年有较明显的提升。其中,"变通创意"和"迁移应用"的提升幅度最为明显。实证数据表明,通过"智慧·玩创"课程的深度实施,浦幼的幼儿在科学探究、创造力、语言表达等核心素养方面获得了整体的显著提升。

三、助推社会性发展

社会性发展对幼儿的健康成长乃至其未来的发展具有至关重要的作用。因此,在浦幼"智慧·玩创"课程评价体系中,幼儿社会性发展评估也是重要的内容。浦幼借助大数据等分析手段,每年对幼儿进行全面的发展评估。2017 年的社会性发展评估结果显示,浦幼的各年龄段幼儿在语言、关爱和合作等方面均具有一定优势。

(一)对社会性发展的理解

学术界对于社会性发展这一概念进行了如下定义:它是指个体从一个自然人发展成为了解社会的道德行为规范、习得社会行为技能的社会人的过程。

幼儿的社会性发展是通过幼儿社会化完成的。幼儿社会化是指幼儿通过和他人的交流,在效仿并理解他人的过程中,慢慢习得社会规范。这个过程使他们可以真正地认识社会,养成良好的习惯,掌握实用的技能,塑造优秀的品格,从而使得自身可以成为社会群体中最具有代表性的个体。

(二)"玩"中促进幼儿的社会性发展

1.语言

语言是社会性发展的最好表现。幼儿语言的发展直接导致了他们的社会性行为。因此浦幼的教师尽可能地为幼儿提供讨论和交流的机会,促使幼儿在"玩"的过程中与同伴讨论交流,开拓思维,促进幼儿互相协商、互相合作能力的提升。图8-2也显示,浦幼2017届大班幼儿在三年间"善于提问"和"表达阐述"两项指标的发展水平明显提升。

2.关爱

"智慧·玩创"课程中蕴含着丰富、独特、不可替代的人文价值,如幼儿在饲养小鸡、小鸭、小羊的活动中,充分体会到了人与自然要和谐相处。尊重自然、关爱生命的态度是浦幼"智慧·玩创"课程中重要的价值体现。

案例二 小班课程研讨故事:小兔去世了

星期一的早晨,幼儿兴高采烈地回到了幼儿园,却得知可爱的小兔去世了。有些幼儿看着小兔一动也不动,一直在问教师:"这只小兔到底怎么啦?"教师回答他们:"小兔生病了,死掉了。""死掉是睡着了吗?"幼儿问道。面对幼儿的提问,教师们竟一下子无法向他们科学地解释"死亡"这一中国人忌讳的问题。

精心饲养的小兔突然离去,幼儿感到很悲伤。是否应该直面"死亡"? 采用什么形式和载体来进行这个活动? 针对这些问题,教研组进行了讨论。在对幼儿的观察中,教师发现因为死亡而悲伤这种情绪从小班幼儿身上可以感知,但是死亡是什么,他们并不理解。所以,教师决定将"死亡"这一话题的重点放在情绪感知上,而不是对生命尽头的追问上。借助这种陌生的情绪,可以开展一些具备仪式感的活动,让幼儿对这些无形中教育自己的动物表达感谢,或者是对自己没有照顾好动物进行反省,同时也对生命有一些模糊的感知。这是一个具备多种价值的活动,而活动的重点是让幼儿去感受、表达这样的情绪,哪怕只表达一分钟,相信它对幼儿而言也存在不可比拟的重要性。

最终,幼儿为小兔举行了一次葬礼,他们在花开满枝的梨树下挖了一个洞,将小兔安葬,还为小兔放上了一把新鲜的青草。和小兔说再见时,幼儿纯真地双手合十,真诚祈祷。

此外,教师还决定利用绘本这种易于理解的形式让幼儿进一步感受情绪,并且不将这种情绪转移到人类身上,所以选取了绘本故事《獾的一生》,让幼儿明白:虽然有些东西离开了我们,但是给我们留下了宝贵的回忆与快乐,用另外一种形式陪伴在我们身边。这样,就可以培养幼儿对生命懵懂的责任感。

3.合作

合作是指两个或两个以上的个体为了实现共同目标而自愿地结合在一起,通过相互之间的配合和协调而实现共同目标,最终个人利益也获得满足的一种社会交往活动。"智慧·玩创"课程中的合作是指幼儿在活动中为了共同的目的,齐心协力、相互配合的意愿和行为。

《幼儿园教育指导纲要(试行)》指出:"幼儿园科学活动旨在引导幼儿对身边常见事物和现象的特点、变化规律产生兴趣和探究的欲望,了解周围世界中粗浅的科学知识,掌握基本的探究方法。"虽然幼儿园科学活动的内容难度并不大,但对于智力水平正处于发展阶段的幼儿来说,单凭一个人的能力难以达到活动的目的。在"智慧·玩创"课程的设计和开发中,有很多项目、活动都是需要幼儿相互合作、互助成长的。因此,在课程实施的过程中,教师努力为幼儿创造合作的机会,让幼儿体验到合作的愉快情绪,进而产生更多的合作愿望。例如,在大班主题活动"桥"中,幼儿需要测量幼儿园的小溪的宽度。幼儿在教师引导下进行了自主分工合作:能熟练使用尺子的幼儿进行测量,会写数字的幼儿在表格上进行记录,口语表达能力强的幼儿讲述结果,其他幼儿做辅助工作。整个活动井井有条,幼儿各司其职,兴趣浓厚。久而久之,各年龄段幼儿间的合作意识越发增强,团队解决问题的能力也逐渐提升。

在网络信息时代的背景下,浦幼教师以"智慧·玩创"的理念,借助高科技手段,充分挖掘课程中所蕴含的信念、知识、道德等多种人文教育因素,促使幼儿适应高科技时代。课程培养了幼儿好奇、专注的良好品质,让幼儿在不断探究事物联系和规律的过程中、在对已有科学发现的大胆质疑中,增强问题意识,提升探索力和创造力;让幼儿在探索大自然的奥秘时,为大自然的美妙感到惊奇,并深刻体会到人和自然相互依存的关系,尊重自然、关爱生命;让幼儿在与同伴共同探究的过程中,养成合作、分享等良好的社会性习惯。"智慧·玩创"课程正向着促进幼儿全面、智慧成长的方向大步迈进。

第二节 助推教师课程执行力

教师的课程执行力是教师在课程政策限定的课程权力范围内,充分利用自身所能调配的主客观支持条件,准确而有效地完成课程目标的意识和行为能力。课程实施要取得好的效果,教师的课程执行力是关键。[①]

教师的课程执行力具体包括三方面的能力。第一是课程理解能力,要求教师正确解读教材、找准定位目标、明确价值判断,也就是要教师明确教什么、学什么、为什么学。第二是课程运作能力,要求教师能适时呈现情境、选择适宜的互动策略、适度提升学生经验,也就是教师要明确什么时机学、用什么方法学、学到什么程度。第三是课程创生能力,要求教师能捕捉关键事件、探寻支持策略、满足发展需求,也就是教师要明确为什么要调整、为谁而调整。

"智慧·玩创"课程的开发,就起到了让教师投身到教学研究之中的作用。在课程实施的过程中,不仅幼儿的各方面素养得到了极大提升,同时教师的课程执行力也有所提升,这主要体现在以下几个方面。

一、能主题创新

浦幼教师在开展每个主题活动时都力求做到有所创新。创新固然重要,但也不是盲目进行,应以法律法规及相关政策为指导,以幼儿园现实的环境和条件为背景,以幼儿现实的需要为出发点。而在课程构建中,课程审议是对主题创新的最好体现。课程审议是指课程开发的主体对具体教育实践情境中的问题进行反复讨论和权衡,以获得一致性的理解与解释,并最终

---

① 吴艳玲.教师课程执行力的构成要素与提升路径[J].教育探索,2013(8):118-119.

给出恰当的课程变革决定及相应的策略。① 幼儿园课程审议是对幼儿园课程的实施过程及相关情境进行深入考察、讨论和分析,以便对相关的内容、策略等进行选择。课程审议能帮助教师把理想的、正式的课程转换为易领悟的、可运作的课程,成为幼儿的经验课程。

高效的课程审议能确保幼儿最大化地在课程学习中习得核心经验与能力。由此,浦幼的每个课程主题实施前,都会由课程领导小组带领,由教研组长负责组织,以年级组为合作单位分组进行课程审议。课程审议的流程见图 8-3,组织与实施路径见图 8-4。

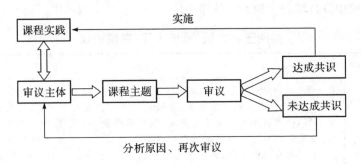

图 8-3 课程审议的流程

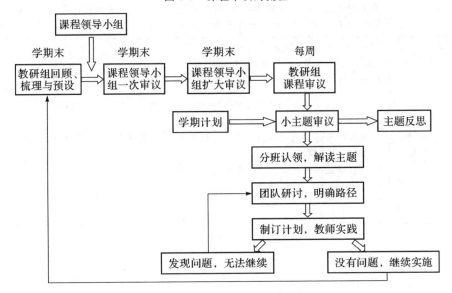

图 8-4 课程审议的组织与实施路径

---

① 虞永平,曾福秀.D.诺伊的课程审议模式及其对幼儿园课程开发的启示[J].早期教育,2004(8):6-7.

在"智慧·玩创"课程建设的推进过程中,教师能将开展的主题与课程理念更好地融合,让课程更好地贯彻《幼儿园教育指导纲要(试行)》和《3～6岁儿童学习与发展指南》的精神,最大程度促进幼儿的发展。在审议中,教师要能深入理解教材内容与要求的基本涵盖面,把握整套教材的基本框架。教师应理解教材总体内容与要求及其与园所特色活动的内在联系,分析每一主题所蕴含的教育价值;根据不同年龄阶段幼儿的具体特点,研究主题实施中要发展幼儿的哪些基本经验;充分利用园内外资源,扩大视野,有机编排内容。每位教师都充分发挥各自的能动性,共同分析教材、选择主题,在共同研究中发挥课程实施的最佳作用。

案例三　大班"我长大了"主题审议

主题名称	我长大了
主题来源	每一个"我"不仅是一个生命不断成长与发展的"我",也是一个独特的"我"。经过两年的幼儿园生活,大班幼儿的身体发生着变化,情感也在日益丰富,喜怒哀乐频繁交替地出现,他们需要进一步了解和表达自己的情绪,由外到内地发现自己长大了。大班的幼儿表现出较为明显的个性特征,在发现自己的变化、关注自己的过程中,感受并喜欢自己的特别之处,知道自己是独特的个体,同时关注同伴、尊重同伴,正确对待自我与集体的关系。经过前两个阶段的内化,幼儿真正从内心萌发通过自己来创造效能感和价值感的想法,产生服务自我和集体、帮助他人的真实愿望。
小主题	1.我们长大了(成长由外到内) 2.特别的我和你(悦纳自我,尊重他人) 3.请让我来帮助你(服务自我与集体,帮助他人)
大主题目标	1.关注自己的成长和变化,并体验不同的心情,用合适的方法表达情绪。(重点) 2.观察和表达自己与他人的不同,知道自己是独一无二的,并欣赏每个人的差异。(重难点) 3.体验自己和集体的关系,感知他人为自己成长付出的辛劳,服务自己、服务集体、帮助他人。(难点)
实施时间	三周
大主题网络图	

续表

小主题1 目标	我们长大了 1.关注自身的成长过程,体验在幼儿园做哥哥、姐姐的角色变化。(重点) 2.关注和体验不同的心情,学习用合适的方法表达情绪。(重点) 3.萌发成长的快乐和自豪感。(难点)

小主题1网络图

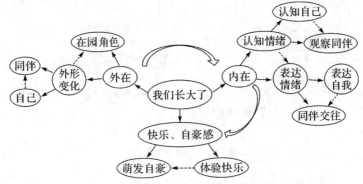

集体教学 1.科学:时空隧道 2.社会:幼儿园里我最大 3.音乐:小松树 4.语言:我是男子汉 5.美术:心情色彩 6.健康:不一样的哭和笑	游戏活动 1.猜猜这是谁(语言游戏) 2.一起去探险(混龄游戏) 3.两人三足(体育游戏) 4.大风小风吹(体育游戏) 5.谁是带头人(益智游戏)	个别化学习材料 1.语言区:成长照片、成长故事书 2.美工区:心情脸谱、心情色彩画 3.益智区:成长棋 4.科学区:体检中心、身体参数测量 5.表演区:《小松树》歌曲磁带、道具
日常生活 1.大班与小班结对 2.我的宝贝分享会 3.你的心情我会懂:每天在心情娃娃上画心情	家园互动 1.家长与幼儿回忆成长的趣事,整理各个阶段的成长纪念物。 2.家长和幼儿共同制作从出生到现在的成长册,感受成长的喜悦。 3.阅读绘本《青蛙弗洛特成长故事》《儿童情绪管理与性格培养》。	

续表

小主题2目标	特别的我和你 1.发现自己的特别之处并展示,知道自己是区别于他人的独特个体。(重点) 2.发现他人的特点,尊重、接纳同伴。(重难点) 3.正确对待自我和集体的关系,和同伴快乐相处。(难点)

小主题2网络图

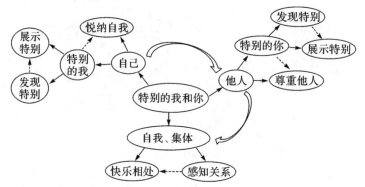

集体教学	游戏活动	个别化学习材料
1.美术:我的名字 2.科学:特别的指纹 3.语言:男孩好还是女孩好 4.社会、艺术:好朋友写真 5.音乐:快乐恰恰恰 6.健康:两人三足	1.名字的故事(语言游戏) 2.我会变(音乐游戏) 3.看谁站起来(数学游戏) 4.欢乐朋友鼓(音乐游戏)	1.语言区:自制"我很特别"调查表、"男孩好还是女孩好"图文形式记录表、绘本《长得胖胖的才好》 2.科学区:特别的指纹图片、自制"身体的语言"调查记录表、同伴的生日统计表 3.美工区:"我的名字"绘画、自画像、好朋友写真、赞美卡片等
日常生活 1.生日祝福会 2.赞美会	家园互动 1.家长赞美幼儿的优点、欣赏幼儿的特点,帮助幼儿了解自己的特别之处,增强幼儿的自我认识。 2.家长与幼儿一同制作"异想天开"画册,鼓励幼儿记录自己的奇思妙想。	

续表

小主题3目标	请让我来帮助你 1.了解身边的人的工作,体验他们为自己的成长所付出的辛劳。(重点) 2.通过做值日等活动增强爱劳动的意识,知道做事要有程序。(重难点) 3.懂得帮助弱小或有困难的人,感受帮助别人的快乐。(难点)

小主题3网络图

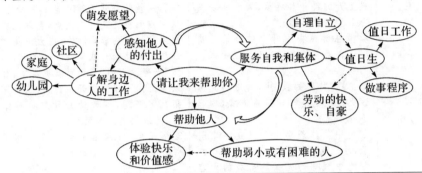

集体教学 1.社会:老师、阿姨真辛苦 2.科学:擦桌椅 3.音乐:劳动最光荣 4.语言:七色花 5.美术:勤劳的值日生 6.健康:一起过桥	游戏活动 1.一起来跳舞(混龄音乐游戏) 2.心愿墙(社会、语言游戏) 3.我是小领袖(音乐游戏) 4.请让我来帮助你(音乐游戏)	个别化学习材料 1.语言区:身边的人的工作记录表 2.美工区:心愿卡、七色花素材 3.益智区:"找朋友"素材 4.科学区:值日生各项工作的程序表 5.表演区:"劳动最光荣"素材
日常生活 1.幼儿在幼儿园中了解各个岗位上的人的工作,观察、记录并实地角色互换跟岗体验 2.值日生活动 3.分享会"你帮助过别人吗" 4."点亮微心愿"活动	家园互动 1.家长帮助幼儿了解家人在家庭中的职责和工作内容,感恩家人的付出。 2.家长引导幼儿进一步走出家庭,了解社区中不同的人的工作,感知他们与自己生活的关系。 3.家长鼓励幼儿做家务,并且掌握其程序。	
环境创设	栏目:"特别的我"新闻播报栏目、"闪亮之星"栏目、结合中秋节的"月亮探究"栏目 主题墙: 我们长大了——时光隧道(照片对比)、成长的纪念(纪念物和成长故事)、心情魔法师(展示幼儿不同的心情和让自己开心的办法) 特别的我和你——幼儿收集的自己很"特别"的照片、名字的故事、异想天开(收集幼儿独特的奇思妙想) 请让我来帮助你——美好心愿清单、"假如我有一朵七色花"作品展示、值日生和班级结对等照片展示、长大后的愿望	

续表

资源库	幼儿园:主题墙和主题留痕锦囊 　　　　班本化环境创设和区域创设资料 家庭:家园互动资料	
主题反思	收获: 通过明晰的主线,幼儿获得了螺旋式上升的经验和感受,顺利实现向今后生活的过渡; 教师在尝试中提升了结合幼儿情况优化教材的主题审议能力。 问题: 小主题"特别的我"中,大班幼儿应该更多地运用科学探索方式,内容不够丰富; 主题中集体教学活动只是一个引子,后期延伸不够深入; 主题中根据幼儿兴趣生成的内容不够多; 班本化特色不够明显。	下学期的建议: 1.小主题 3 中"了解身边的人的工作",从教师到幼儿园其他工作人员、从家庭到社区是一个亮点,可以生成更多项目式内容,可以考虑大班集体开展角色体验日或周的活动; 2."点亮微心愿"活动可以更丰富,可以在园内同伴间展开,也可以积极开拓社区资源,带领幼儿开展远程结对、走进敬老院等活动; 3.形成科探式项目活动,让幼儿探索并表达自己的特别之处。

　　教师在课程审议后,对审议中所获得的经验、遇到的问题进行认真回顾和梳理,填写好课程审议记录表,进一步明晰问题,通过同伴援助找到解决问题的策略,并最终形成个人观点。在此基础上,教师再从各自的经验和视角出发把握教材,对教材进行深入研究,根据本班幼儿的发展水平,选择合适的教学内容,并从教学目标到教学环节进行深入修改,明确增减教材内容的理由,从而做到创造性地使用教材。

　　图 8-5 是以浦幼 40 名教师作为调查对象调查教师主题创新能力的结果,从图中可以看出,52.5％的教师表示在课程的实施过程中偶尔会根据实施情况进行调整,32.5％的教师表示有时会灵活调整,15％的教师则表示大部分时间会灵活调整。这些数据可以说明,在"智慧·玩创"课程的建设中,浦幼的大部分教师会对主题活动进行灵活调整与创新,对教材的二次开发能力较强。

　　浦幼的教师将课程审议理解为一个发现问题、分析问题、解决问题的过程,是一个从理论到实践、回到理论、再到实践的循环往复的过程。这种集体的研讨和碰撞,迸发出很多精彩的点子。幼教专家虞永平强调:"幼儿学习是在行动中进行的。"同样,教师也是在实践过程中学习进步的。可以说,教师在主题审议的过程中痛并快乐着、收获着。

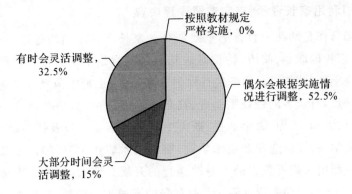

图 8-5 课程实施中教师的主题创新能力分布

2018 年,浦幼的"玩·创"园本特色课程获得了杭州市一等奖,并被评选为省精品课程;同年 10 月,在杭州市"夯实课程实施,支持深度学习"系列研修展评活动中,浦幼大班"秋天多美好"主题研修获得二等奖。两年来,各年段教师根据幼儿不同的年龄特点相继开展了旋转、有趣的纸板、玩具总动员、有趣的滚动、城市工程师、材料大搜罗、光影大世界等特色主题课程,以科学为特色的主题课程初具雏形,教师的主题创新能力在课程审议实践中不断提升。

二、会资源整合

课程资源也称教学资源,就是课程与教学信息的来源,或者指一切对课程和教学有用的物质和人力资源。课程资源是课程有效实施的基本保障。《幼儿园教育指导纲要(试行)》在总则里提出:"幼儿园应与家庭、社区密切合作,综合利用各种教育资源,共同为幼儿的发展创造良好的条件。"《纲要》在组织与实施中指出:"应充分利用自然环境和社区的教育资源,扩展幼儿生活和学习的空间。"由此可见,充分开发和利用社区教育资源,建立新型的教育体系,已经成为当前幼儿园课程改革的热点。因此,在课程实施中会充分整合资源也是教师课程执行力的一种体现。

挖掘资源是教师和幼儿一起走出幼儿园,利用园外资源或将资源引入幼儿园的过程。以浦幼 40 名教师作为调查对象进行调查发现,100%的浦幼教师表示在课程实施的过程中,会根据活动需要充分挖掘主题所包含的各种资源,如家长、社区、区域文化等资源,从而确保幼儿获得比较完整的体验,促进幼儿的全面发展,保障课程的有效实施。

(一)利用家长资源,充实专题课程内容

家园合作是幼儿园教育的重要部分。家长来自不同的行业,有着不同的工作,家长的职业、阅历、特长对幼儿园来说就是丰富的教育资源。浦幼所在的高新区(滨江),是国务院首批国家高新区,也是中国最有影响力的科技创新基地,有众多的创新型企业、高科技企业。由此,浦幼就有一批来自阿里巴巴、大华、华为、海康威视、浙大中控等高新企业以及周边高校(浙江中医药大学、浙江商业职业技术学院、浙江艺术职业学院等)的家长。教师们就充分利用这些资源来助力专题课程的开展。例如,班级家委会定期组织科技亲子游,定期邀请有科学专业背景的家长进行助教;在科技公司担任技术总监的家长会带着航拍仪器,让幼儿尝试有趣的航拍;在环保部门工作的家长会把 PM2.5 检测车开到幼儿园,让幼儿参观、体验、操作、互动。这样,幼儿就可以在轻松、愉悦的氛围中学到在课堂上难以理解的新知识。

(二)挖掘社区资源,丰富主题活动内涵

社区资源是主题活动开展中不可或缺的教育资源。在主题审议的过程中,为了使课程顺利开展,在课程组长的统一调配下,各班教师会根据自身的资源优势,主动领取任务,共享教育资源。例如,中班开展了社会活动"邮局之旅",目标是体验寄信的过程。如何让幼儿完整体验这一过程?科学活动"好快的信"中,幼儿园没有传真机,该如何进行演示?于是教师就利用幼儿园附近的邮局资源,同时整合家长资源:一方面请家长协助做好前期准备工作,为幼儿准备信封,以备寄信用;另一方面联系邮局,带领幼儿实地参观,请工作人员做现场介绍。幼儿在参观、体验中达成了学习目标。

(三)整合区域文化,确保主题形式多样性

滨江区独特的区域优势为浦幼开展幼儿教育提供了有力支持。区域内不仅有诸如浙江省模型无线电运动协会、中国创意美术基地这样的专业团队为幼儿园提供科技和创意美术培训,还有各种企业为幼儿打造高端的实践平台。中国动漫龙头企业——中南卡通集团经常邀请幼儿参加他们的科技动漫活动,中天模型为幼儿提供了专业的航模操作材料,乔智科技为浦幼提供了智慧教育的课程和游戏材料……教师整合了这些区域文化资源,确保了主题开展形式的多样性,提高了幼儿的学习兴趣,让幼儿在幼儿园更快乐、健康地成长。

三、懂转变角色

《幼儿园教育指导纲要(试行)》对幼儿教师角色的定位是:"教师应该成为学习活动的支持者、合作者和引导者。"但这只是从师幼关系的角度来讲的,实际上,在课程建设过程中,教师不仅与幼儿互动,还与其他教师、教育管理者、家长互动,参与课程开发的每一个环节。同时,教师是课程最终的落实者,因此,教师能否将自身角色进行灵活转变,是课程能否在实践中发挥出最大教育价值的关键。

伴随"智慧·玩创"园本特色课程的实施,在主题园本化审议和活动的实践中,来源于实践的问题式教研层层深入,教师教育理念、角色的转变一步步落地,教师也逐步在挫败中反思自身的"结果取向",从而真正关注幼儿经验建构和深度学习,把握课程的核心价值,逐渐对自身的教育行为提出新要求。由此,在"智慧·玩创"课程实施的过程中,教师的角色定位也悄然发生了变化,主要表现为:从教师自身的角度看,教师从合格学历者向终身学习者转变,从课程执行者向教育研究者转变;从教师与课程的关系看,教师从最初的观望者向课程评价的主体、课程的设计者以及课程实施过程的反思者和研究者转变;从教师与幼儿的关系看,教师从主导者向幼儿的支持者、引导者和合作者转变;从教师与其他教育者的关系看,教师已不再是单一的个体,而是成为"教师、园长、课程专家、幼儿、家长、社区人士"所组成的教学链中的一员,教师与教学链中其他成员共同参与幼儿园课程计划的制订、实施和评价等活动。

表 8-5　浦幼教师在幼儿园课程建设中的角色定位调查

角色	数量/人	比例
决策者	15	37.5％
参与者	38	95％
执行者	27	67.5％
其他	3	7.5％

从表 8-5 中可以看出,浦幼 95％的教师认为他们在幼儿园课程建设中是参与者,67.5％的教师认为是他们是课程的执行者,37.5％的教师认为他们是课程的决策者。我们欣喜地发现,在"智慧·玩创"课程建设中,教师已经充分领会"角色转变"的精神实质,能将自身角色进行灵活转变,将课程在

实践中发挥出最大的教育价值。

四、擅合作交流

课程开发本来就是一项需要集体配合的工作,幼儿园课程实施的过程,是一个体现集体智慧的团队合作、共同进步的过程。浦幼"智慧·玩创"课程的开发也正是如此。"智慧·玩创"课程开发是在分析幼儿园办园宗旨、分析幼儿学习需求、充分利用园所社区资源的基础上来确定课程目标、选择和组织课程内容、决定课程实施方案、进行课程评价的。因此,在整个"智慧·玩创"课程开发的过程中,教师与园领导、其他教师、幼儿、家长、社区人员、课程专家等通力协作。课程开发还要求教师不仅要充分利用园内课程资源,还要充分利用园外资源。这就要求教师与家长、社区人员及其他有关人员进行有效的沟通合作。家长和社区人员是课程开发的参与者,教师要就课程开发方面的问题与之进行有效的沟通,听取他们的意见和要求,取得相关的支持,进行密切的合作。

此外,"智慧·玩创"课程实施的每一个环节,都需要班级教师团结协作、相互理解、相互支持,在思想与观念、态度与方法、行动与认知上达成一致,发挥一加一大于二的教育合力作用。这些合作也就自然而然地促进了课程合作文化的形成。

表 8-6　浦幼教师之间讨论课程问题与策略的频繁程度

讨论的频繁程度	数量/人	比例
从不讨论	0	0%
偶尔讨论	11	27.5%
经常讨论	29	72.5%

从表 8-6 中可以看出,浦幼教师在幼儿园课程建设中,经常与其他教师讨论课程推进中存在的问题及改进策略的有 72.5%,偶尔讨论的有 27.5%,没有从不讨论的。教师之间讨论课程问题与策略的频繁程度数据也可以说明,教师在讨论中相互学习、相互借鉴,进行了通力协作。

案例四　"浮与沉"科学活动的研讨场景

方老师在执教大班科学活动"浮与沉"时,有一个环节是请幼儿探索不同物体的沉浮状态。执教后大家一致认为,可以先请幼儿大胆猜测已有材料的沉浮状态,在表格上运用自己发明的象征沉浮状态的符号来记录，然后再进行验证。于是有了第二次磨课。这一环节的调整表明教师在发现问题、解决问题，这也是一个创造性发挥的过程。上完课后，课题组组长组织大家进行评议，要求人人发言，做好记录。课题组就是这样扎实有效地开展课题实验探究活动的，一次讨论就是一次思想的交流，一次思维火花的碰撞。上课的教师更是感觉到了自身教育水平的提高。这样的讨论逐步提高了教师的教学水平，优化了教学过程。教师们在交流中逐渐成长起来。

以上案例也说明，在磨课活动的背后，也同样凝聚了团队合作的力量。

综上所述，"智慧·玩创"课程开发和实施的过程，也是"为教师赋权"的过程，教师有权作出专业的决定或判断。教师的课程执行力是一项综合能力，只有综合地提升理解课程文本、课程对象、课程资源以及课程中的"我"的能力，教师才能把握住课程的目标，激发职业认同感，增强课程执行力，创生性地执行课程，有效地促进幼儿的发展。

第三节 提升智慧科技办园品质

"品质"是指人的素质或物品的质量。延伸至教育领域，我们可以将其理解为"品位"和"质量"，办高品质的幼儿园，就是要追求有卓越品位的学前教育和质量过硬的学前教育。[1]

什么是高品质幼儿园呢？美不在外表，而在于内在的精神。外表给人一时的愉悦，内心给人持久的仰慕。幼儿园也是如此。当你走进一所幼儿园时，最能打动你的不仅仅是华丽的装潢、豪华的玩具，而是这所幼儿园由内而外散发出来的园所文化内涵，以及它带给孩子们的快乐、探索、专注、好奇、成长，以及根植在每个教师心里的教学信念。让内涵建设成就浦幼的发展品牌，巩固以"智慧·玩创"为特色的办园品质，以幼儿为本，关注幼儿教育的细节，打造温馨家园，提升师生幸福指数，一直是浦幼打造高品质幼儿园秉承的信念。

一、提升师生幸福指数

把幸福作为教育的重要目标，已是现代教育的核心内涵。提升师生的

---

[1] 高翔.高品质幼儿园建设研究——以成都市机关第三幼儿园为例[J].教育科学论坛,2018(20):27-30.

幸福指数,也成为学校、幼儿园发展的重要目标。浦幼一直以来秉承着这样的办园理念与目标,注重全园师生在园的幸福程度,并对全园教师做了幸福指数抽样调查。

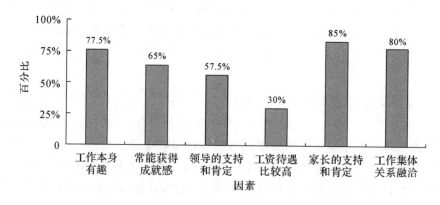

图 8-6　浦幼教师工作中获得幸福的因素调查结果

如图 8-6 所示,教师在工作中获得幸福的首要因素为家长的支持和肯定,占比 85%;其次为工作集体关系融洽与工作本身有趣,分别占比 80% 与 77.5%;再次是常能获得成就感、领导的支持和肯定,分别占比 65% 与 57.5%;最后为工资待遇比较高,占比 30%。根据调查结果,浦幼从人文环境、团队成长、个人成就感等方面进行了改善。

(一)人文情怀融于教育环境之中,让师生有归属感

美丽和"高大上",是所有人对浦幼的第一印象。园所占地 15 亩,硬件设施一流,每个角落都能让人感受到创意、温暖和自由。幼儿园内部的环境布局充满了童趣,让幼儿仿佛置身于童话世界,童心呼之欲出。

浦幼的户外是幼儿的天堂。春天,幼儿观察各种植物的变化,感受万物复苏、生命绽放;夏天,浦幼变成了一个"小果园",李子、樱桃、石榴等挂满枝头,幼儿兴高采烈地采摘果子,感受自然的馈赠。在这里,最受幼儿喜爱的是"小山坡"。他们在山坡上的树林中散步、奔跑、捉迷藏,和树、花、草、鸟说些其他人无法知晓的悄悄话。从浦幼毕业的幼儿每每回忆起在园时光,最常提到的就是这个小山坡。这里有他们的美好回忆,更有着他们彼此的约定。"树下的许愿瓶"就是幼儿在毕业前许下的愿望。他们相约几年后回到幼儿园,看看变化了的幼儿园和教师,感受不曾改变的深切友谊。春华秋实,浦幼这座"家园""乐园"装满了大自然的美好,记录着幼儿的童年回忆。他们用爱、用欢笑、用成长营造了属于浦幼的人文情怀。扫描图 8-7 的二维

观即可观看这座美丽的幼儿园的宣传片。

图 8-7 "浦幼宣传片 1"二维码

如图 8-8 所示,90%的教师对浦幼的工作环境是满意的。浦幼的教师办公室、教工之家、空中花园等私密又温馨的环境与设施,是教师们的聚集地,不断深化着"幸福小家、'浦幼'大家"的内涵,逐渐形成以点带面,由教师带动其他职工(联动家长、社区),由环境渗入园所文化的幸福小天地。

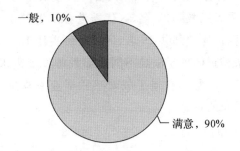

图 8-8 浦幼教师对工作环境满意度的调查结果

(二)打造"成长共同体"团队文化,让教师有荣誉感

1.助力教师专业成长

浦幼非常重视为教师搭建宽广的学习互助平台,内外结合,在园内用金字塔形的五级导师制满足不同层面教师的发展需求,在园外组织教师积极参加培训并汲取前沿教育理念。在专业引领下,一大批新锐教师崭露头角,在各级各类优质课比赛中脱颖而出,专业水平获得跨越式成长。获奖情况见表 8-7。

表8-7　浦幼教师参加各级各类优质课比赛获奖情况(2015—2018年)

获奖情况	获奖等次			等级分布				合计
	一等奖	二等奖	三等奖	全国	省	市	区	
课例数量	7	5	35	3	0	0	44	47

例如，张老师的"小动物怎样过冬"、唐老师的"神秘的恐龙"教学活动获得了全国新技术支持下的幼儿个性化学习教学展评一等奖；温老师的大班科学活动"果蔬发电"在"夯实课程实施，支持深度学习"系列研修展评中获得二等奖；方老师的"转呀转"、王老师的"泡泡乐园"在区幼儿园教师科学活动展评中获得一等奖；虞老师在上海与杭州合办的"相约名师践行指南"名师科学、语言观摩研讨活动中与其他名师同台亮相。浦幼教师自身的科技素养及独特的"智慧·玩创"课堂游戏活动设计，均赢得了专家和同行的高度评价。

浦幼中心园的44名教师中，有中学高级职称教师1名、幼教高级职称教师12名、市教坛中坚1名、县名师1名、市教坛新秀2名、区优秀人民校园长1名、区中坚园长1名、区教坛中坚1名、县(区)教坛新秀10名、市优秀教育工作者1名、区优秀人民教师10名、区优秀教育工作者8名、区骨干教师13名、市优秀教师和区优秀教师共19名、区优秀班主任13名。

教师的个人荣誉正体现了满足不同层面教师发展需求的培养模式的成效。这份成效不仅让教师们获得了成就感和职业幸福感，而且进一步激发了教师个人专业成长的意愿。

2.组建多样化团队

为了支持教师发展自主化，幼儿园组建了多样化的团队，教师们的兴趣和特长有了施展舞台。科技团队、教育国际化团队、创意表演团队、创意美术团队、新闻报道团队、体育团队……每一个团队彼此凝聚，让浦幼一步步实现美好愿景，也让每一位老师都收获了成就感和幸福感。保安队长"小戴叔叔"还在不经意间登上了《钱江晚报》的头条，凭借高超的手工创意制作技艺成为名副其实的"网红"。在浦幼，你从来不会被局限、被定义，你会遇见最好的自己。

案例五　"别人家的保安"，手巧得简直逆天

杭州滨江浦沿街道中心幼儿园，藏着一位实力逆天的保安戴金成。

小戴今年30岁，江苏人，高中毕业去当兵，2011年从部队转业来到幼儿园当保安。那时幼儿园还没开园，正在建设中，小戴就以赤手擒拿欲入园偷窃的小偷而出名。幼儿园开园后，幼儿和老师都喊他"小戴叔

叔"。小戴凭借着技能满点,时不时会"上头条"。

巧手逆天。5月是幼儿园的艺术节,老师在大厅布置了很多创意摆件,还想做一个大型的机器人,问小戴会不会。小戴说:"我试试看吧。"

晚上,老师加班完毕准备回家,发现小戴一个人在大厅做机器人。素材是快递纸箱、美工刀、胶枪、尺子和笔,以及手机里的一张照片。

一周后,小戴在朋友圈荣膺"别人家的保安"——一个高约2米的机器人做成了,手指、手臂、盔甲、面部栩栩如生。

"最难做的是头部,我做了16个小时。那天周日我值班,早上7点半开始做,一直做到晚上11点半才做完。一开始做个小一点的,觉得不对称修正一下,觉得神态不对再修改……不断地修正调整。"

自学成才。幼儿园园长张波也被小戴的机器人"震惊了"。张波说,她可以很负责地告诉大家,小戴没学过美术,没学过设计,读书时也没表现出这方面的特长。幼儿园第一次发现他有这方面的天赋是在几年前的一次手工制作比赛中,需要用筷子做一件作品,他做出来的筷子房子很逼真。

每次幼儿园要布置环境、迎接节日,都会找小戴帮忙。小戴叔叔一出手,那必定是良品。西湖长桥、六和塔、埃菲尔铁塔……件件惊艳幼儿园。

有一回,幼儿园买的大型奇迹创意积木机器人坏了,当初是设计公司派了两个小伙子、花了四五天才搭起来的,花了3000多元。园长抱着试试看的想法问小戴会不会,小戴找来大班的幼儿,在活动中一起研究、一起动手。两周后,机器人威武地重新站立起来了。

凭着满点的巧手技能,小戴在幼儿园还有一个身份——木工坊助教,教幼儿钉钉子、锯木板、做小木件。

一开始他有些不好意思,可当幼儿围过来时,他却拿起工具滔滔不绝,幼儿也打趣道:"原来小戴叔叔什么都会啊!"

还是暖男。采访中,幼儿园有位老师说,有一次她在幼儿园加班,随口说了句想喝奶茶,小戴竟然在回家路上绕道去买了奶茶送给她。

最触动大家的是,王老师挺着6个月大的肚子,在楼梯口碰到小戴。小戴说:"王老师,你鞋带散了。"说着就蹲下了,"别动,你这么大肚子蹲下来不方便,我来帮你系吧!"

张波鼓励小戴去考教师资格证,这样就可以聘请小戴为幼儿园的特聘教师。小戴还是那句话:"我试试吧。"

(来源:浙江在线·钱江晚报)

(三)科研引领,让教师获得成就感

苏霍姆林斯基说过:"如果你想让教师的劳动成为他们幸福的生活,使一节节课不至于成为教师单调乏味的义务,那么你就把教师们引到从事教科研的幸福道路上来。""智慧·玩创"课程的开发,就起到了让教师投身研究的作用。

在两个省级规划课题"架构'智慧一日生活圈'——'玩·创'特色课程的设计与深度实践研究""基于 PBL 项目式学习的'玩·创'课程建构与实践研究"的带动下,据不完全统计,浦幼教师借助"智慧·玩创"课程的实施,自主研发的"智慧·玩创"课程主题项目有 40 余个,而且大部分已提炼至课题研究的高度,进行深入的理论层面探究。立项课题见表 8-8。

表 8-8　浦幼 2015—2019 年立项课题一览

立项时间	立项等次			合计
	省	市	区	
2015 年	0	0	4	4
2016 年	1	2	9	12
2017 年	0	1	4	5
2018 年	1	3	6	10
2019 年	0	1	5	6

而且,教师基于"智慧·玩创"课程研发的各类子项目在选题上呈现出多样化和深入性。子项目研究方向或领域的具体分布如表 8-9 所示。

表 8-9　教师"智慧·玩创"课程子项目研究方向或领域分布情况

子项目研究方向或领域	占比
"玩·创"游戏设计	39%
"玩·创"环境设计	17%
"玩·创"课型研究	13%
幼儿创想力评价研究	16%
教师课程开发力研究	9%
社企资源开发研究	6%

近几年,浦幼教师围绕"智慧·玩创"课程的研发及实施,形成了一个课

题群(研究链),这既保障了"智慧·玩创"课程的深度实施,又有效地推动了课程型教师的成长。

　　如图 8-9 所示,47.5％的浦幼教师总能体验到幸福,经常能体验到和偶尔能体验到幸福的教师分别占比 25％和 27.5％。另外,如图 8-10 所示,针对"如果幸福指数满分为 10 分,为自己打分"的问题,7.5％的教师打 10 分,打 9 分、8 分的分别占比 10％和 40％。以上调查数据反映出浦幼教师幸福指数还是相当高的。

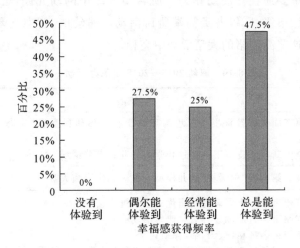

图 8-9　浦幼教师幸福感获得的频率调查情况

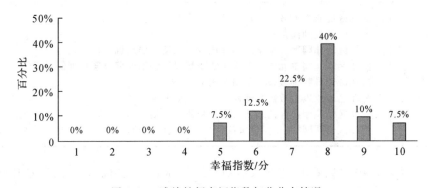

图 8-10　浦幼教师幸福指数打分分布情况

二、扩展办园品质影响

　　"智慧·玩创"特色园本课程的深度实践,基本覆盖、渗透到了幼儿园的常态性教育教学活动中,逐渐成为办园的主体形态,也逐渐为幼儿创建起了一个基于"智慧·玩创"游戏活动的"智慧一日生活圈"。伴随着"智慧·玩创"课程的持续深入实施,该课程形成的办园品质影响力在同行、专家、家长等群体中获得了广泛的口碑。

(一)承办高端研讨活动

承办高端研讨活动是一所幼儿园实力与品质的重要体现,也是幼儿园品牌宣传的重要途径。浦幼作为一所转型升级中的幼儿园,近几年承办了国家级、省级、市级、区级各类高端研讨活动。浦幼的"智慧·玩创"办园品牌也不断在这些高规格的大型活动中亮相。

表 8-10　浦幼 2015—2018 年承办活动一览

等级	内容
国家级	1. 第三届全国教育生态思想与现代学校发展研讨会暨"生态·好教育"分论坛 2. 全国新技术支持下的个性化学习幼儿教育分论坛
省级	浙江省第八届"中天杯"幼儿模型与电子制作表演大赛
市级	1. 杭州市第三十届教育科研优秀成果推介会 2. 杭州市半日活动设计观摩研修活动 3. 杭州市名师科学、语言观摩研讨会 4. 第五届领域教学知识(PCK)视野下的幼儿科学与数学教育学术研讨会 5. 杭州市精品课程研究共同体联席论坛(协办)
区级	1. 滨江区健康教育教学评比活动 2. 滨江区新教师岗位培训 3. 滨江区幼儿园教师教学活动评比暨第三期分层培训研讨活动 4. 滨江区幼儿园单元主题教学团队研修展评暨第四期分层培训研讨活动 5. 滨江区团员教师教(玩)具制作比赛 6. 滨江区 8 年以上教龄教师社会教学活动展评 7. 滨江区幼儿园户外活动研修暨教师研训活动(三) 8. 滨江区幼儿园"基于主题审议背景下的教学活动设计与实施"展评活动

从表 8-10 可以看出,近年来浦幼积极承办滨江区、杭州市、浙江省乃至全国的各类教育活动,两次承办国家级活动,一次承办省级活动,五次承办市级活动,并多次承办区级各类活动。

2018 年 11 月 9 日,在全国新技术支持下的个性化学习应用成果展示活动中,浦幼教师向来自全国各地的 150 名教师代表分别展示了"巧智绘"课程"小动物怎样过冬""神秘的恐龙"。该课程让幼儿在多样化的操作中习得经验,感受新技术的魅力,获得了全国新技术支持下的个性化学习教学展评一等奖,得到与会专家的高度评价。在浦幼举办的2015年浙江省第八届"中天杯"幼儿模型与电子制作表演大赛中,张波园长在开幕式上与来宾交流分享了"玩·创"课程的整体实施经验。同时,浦幼参赛幼儿代表在各类比赛项目中均获得了令与会专家、各地幼儿园园长、广大家长刮目相看的佳绩。

案例六　2015年浙江省第八届"中天杯"幼儿模型与电子制作表演大赛

为增强幼儿体质,推动浙江省幼儿体育的蓬勃发展,经过3个多月的筹备,浙江省幼儿体育大会暨浙江省第八届"中天杯"幼儿模型与电子制作表演大赛于5月9日在杭州市浦沿街道中心幼儿园拉开帷幕。大赛吸引了来自省内各地近700名幼儿前来参加。本次大赛以"我运动、我健康、我快乐、我成长"为宗旨开展,共有七类十几个比赛项目,分两天进行,包括模型类项目(航空、航海、建筑、车辆模型制作)和制作类项目(创意积木、电子百拼),以及纸船承重赛。模型类项目包括橡筋动力模型飞机、飞翼滑翔机、空气动力快艇、小军舰等模型的制作与操控。

浙江省体育局副局长应祖明,浙江省关工委办公室原副主任、浙江省幼儿体育协会副理事长江亚波,滨江区副区长史青春,滨江区社会发展局党组书记冯建伟,浙江省群体处(秘书处)副调研员、浙江省模型无线电运动协会秘书长徐杰,浦沿街道办事处主任田少华,滨江区教育局党委委员傅天健,杭州中天模型有限公司董事长冯锐等一同出席了本次大赛的开幕式。浦沿学前教育集团园长张波在开幕式上致辞:"浦幼自开办以来一直行走在谋求特色品牌发展的道路上,其中'玩科学·爱创造'特色项目已经连续两年成为滨江区教育局的特色发展项目。希望通过承办本次大赛进一步提升本园的办园特色,努力为全省参赛的小朋友打造一个玩科学、爱创造的体育科技盛会。"

(来源:浙江在线·亲子频道)

案例七　"智慧教室"参加杭州市智慧教育"融·创"学习共同体第十七次活动教育产品展示

2017年3月30日,杭州市智慧教育"融·创"学习共同体第十七次活动顺利举行。杭州市教育局副局长,滨江区教育局局长、副局长,其他12个区、县(市)教育局局长,各直属学校分管领导和智慧教育"融·创"学习共同体成员参与了此次活动。

基于"玩·创"课程的"智慧教室"吸引了众多人员前来参观,并获得高度评价。活动中,有"巧智绘"AR互动型智慧课程课件现场展示、AR交互地形模拟投影沙盘现场展示,还有乐高立体快乐创意建构区、3D打印体验区展示等。幼儿既可以在老师的带领下参与集体的互动型智慧课堂的教学活动,也可以进行个别化的游戏和操作。

(来源:浦幼微信公众号)

自2015年以来,浙江教育在线、浙江少儿频道、浙江科技频道、杭州生活频道、浙江教育报、青年时报、浙江在线·亲子频道、浙江在线·钱江晚报等各级各类媒体多次对浦幼进行了宣传报道(扫描图8-11的二维码可以观看浙江科技频道对浦幼的报道),将园所品牌进一步推广,有效拓展和辐射了浦幼"智慧·玩创"的教育品牌。扫描图8-12的二维码可以观看浦幼的另一条宣传片。

图8-11 "浙江科技频道报道浦幼"二维码

图8-12 "浦幼宣传片2"二维码

(二)吸引全国同行观摩

借助"智慧·玩创"课程的深度实施及持续推进,浦幼办园品牌逐渐凸显,近几年,从全国各地慕名而来的考察团有百余批次,参观人数有数千人。浦幼针对不同参观者的需求,从品牌文化传播到园所管理模式,从课程建设到园所文化建设,从园所环境创设到幼儿一日活动的开展,分层、详细、有针对性地设计了跟岗学习和交流。智慧科技馆、"巧智绘"智慧课堂、智慧展示墙、智慧游戏、智慧运动等不同形式的智慧教育模块,为参观者提供了不同的参考。浦幼尽可能让每一个参观者都能学有所思、学有所获,在相互交流的过程中,促进双方共同成长。浦幼在2015—2018年接待的前来观摩的人员见表8-12。

表8-12　浦幼2015—2018年接待观摩活动汇总

时间	活动内容
2015年	1.湖州德清县幼教领导、各园园长来园观摩 2.浙沪幼教专家、园长应彩云一行来园参观交流 3.浙江省军区部队联盟姐妹园来园观摩交流 4.爱绿集团南片中层干部来园参观 5.广东佛山地区园长考察团来园参观交流 6.广东肇庆端州区幼儿园园长培训班学员来园观摩 7.杭州临安区千岛湖姐妹幼儿园来园观摩 8.宁波鄞州区教研组长培训班学员来园参观
2016年	1.杭州临安区千岛湖姐妹幼儿园来园观摩 2.浙师大教师发展培训中心组织温州平阳幼儿园骨干教师来园观摩 3.杭州富阳区万市镇中心幼儿园骨干教师来园观摩交流 4.山东临沂岚山区实验幼儿园同行、诚功教育园长来园参观交流 5.金华武义县武阳幼儿园骨干教师来园参观 6.安徽蒙城县幼儿园园长高级研修班来园参观 7.广东中山地区园长、骨干教师来园参观 8.温州乐清幼儿园园长来园参观
2017年	1.澳洲友人来园参观 2.南师大名师团来园参观 3.杭师大师生来园参观 4.全国"生态·好教育"分论坛与会人员来园参观 5.衢州柯城区银河幼儿园园长、骨干教师来园参观 6.杭州江干区东冠第四幼儿园园长、骨干教师来园参观 7.杭州余杭区杭运幼儿园园长、骨干教师来园参观 8.星辰教育组织全国各地园长来园参观交流 9.杭州拱墅区上塘菁禾幼儿园园长及教师来园参观 10.杭州西湖区申花路幼儿园教师来园参观 11.浙江大学—汕头经济特区中心幼儿园幼教集团教师提升研修班学员来园参观 12.杭州五星幼儿园园长及教师来园参观交流 13.温州苍南幼儿园教师来园参观 14.衢州龙游实验幼儿园园长、骨干教师来园参观 15.全国信息化课例活动考察人员来园考察 16.杭州富阳区万市镇中心幼儿园园长、骨干教师来园参观 17.浙江大学—汕头金平区幼儿园园长管理能力提升研修班学员来园参观

续表

时间	活动内容
2017 年	18.宁波各幼儿园园长来园参观交流 19.浙江大学—贵阳市白云区教育督学专业能力提升培训班学员来园参观 20.贵州麻江县跟岗教师来园考察 21.山东临沂蒙阴县、兰陵县观摩团来园参观 22.杭州滨和小学骨干教师来园开展幼小衔接研讨活动
2018 年	1.山东淄博博山区幼儿园园长、骨干教师来园参观 2.星辰教育 120 名培训学员来园学习 3.杭州富阳区富春第一幼儿园园长、骨干教师来园参观 4.成功教育基于儿童心理发展的聚焦性观察与分析实践营学员来园参观 5.湖北恩施建始县民族幼儿园园长、骨干教师来园跟岗、学习 6.浙江省创新思维下的幼儿教师教学能力提升培训班学员来园学习 7.杭师大、紫阳幼儿园互助共同体及紫阳幼儿园全体教师来园参观 8.宁波余姚骨干园长研修班学员来园交流 9.杭州临安区於潜镇中心幼儿园互助共同体成员来园交流 10.杭州市幼儿园骨干园长澳大利亚研修班学员来园参观 11.杭州下沙姐妹园教师来园参观学习 12.杭州市园长提高班学员来园参观学习 13.杭师大省培基于核心经验的幼儿教师教学能力提升培训班学员来园学习 14.卞娟娟特级教师工作室成员来园观摩 15.四川成都棠外实验幼儿园小朋友来园参观 16.第五届中国幼教年会会员来园参观交流 17.幼儿园课程建设研究班学员来园学习 18.杭州临安区天阳幼儿园园长、骨干教师来园参观 19.湖北省信息技术与学前教育深度融合研讨会考察团来园调研 20.沈阳市教育局考察团来园调研

不断增加的来园参观考察团数量足以表明浦幼"智慧·玩创"办园品牌的影响力正在不断扩展。"智慧·玩创"办园品牌给参观考察团留下了深刻的印象,同时也受到专家、领导的高度支持和肯定。浦幼也一直将每一次来访接待当作新的成长契机,在相互交流、学习中推动幼儿园发展。

(三)携手城乡共同发展

为进一步促进学前教育的均衡、和谐发展,贯彻《国家中长期教育改革和发展规划纲要》和杭州市委市政府《关于加快推进学前教育均衡优质发展的若干意见》精神，浦幼作为城乡结对互助共同体单位之一，一直本着共享资源、共同提高的双赢原则，充分发挥示范幼儿园的辐射作用。近几年，浦幼利用互联网开展多种形式的互助，结对工作扎实有效地开展，将"智慧·玩创"办园特色指导下的先进教育理念、课程资源以及技术资源共享至帮扶结对园。

1. 经验分享

近年来，浦幼园长张波在各类论坛上发言，进行了多次经验交流，详细介绍了浦幼利用信息化开展结对互助工作的成效以及课程实施的新思路，推动园所共同发展（见表8-13）。

表8-13　浦幼园长在各类论坛发言交流情况汇总

等级	主题
国家级	在第十五届中国教育信息化创新与发展论坛学前教育信息化分论坛上发言
	在第五届领域教学知识(PCK)视野下的幼儿科学与数学教育学术研讨会上进行"玩科学·爱创造"特色介绍
	在第三届全国教育生态思想与现代学校发展研讨会暨"生态·好教育"分论坛上作《"互联网＋"教育背景下幼儿园智慧教育的实践》专题发言
省级	在AI时代的学前教育论坛上作《"互联网＋"教育背景下幼儿园智慧教育的实践》专题发言
	在幼儿园课改研修班上作《玩·创——浦幼园本课程的建设与推进》专题讲座
	在园长管理能力提升研修班上作《智慧教育促幼儿园品牌文化提升》专题讲座
市级	为杭州市城乡幼儿园互助共同体作"玩·创"课程走上省精品课程之路的经验分享
	在基于创新思维的幼儿教师教学能力提升中级培训班上作《"互联网＋"教育背景下幼儿园智慧教育的实践》专题讲座
	在基于创新思维的幼儿教师教学能力提升中级培训班上作《幼儿园智慧教育的思考和实践》专题讲座
区级	在"一园一品"园长论坛上作《"Yes! And..." & "No! But..."》发言
	在幼儿教师专业成长与学前教育发展分论坛上作《"互联网＋"教育背景下幼儿园智慧教育的实践》专题讲座
	在滨江学前教育振兴五年行动成果展上作《"Yes! And..." & "No! But..."》发言

2. 城乡帮扶

作为滨江区教育局指定结对园之一，浦幼认真落实富阳万市镇中心幼儿园、湖北恩施建始县民族幼儿园的对口帮扶工作，先后与上述两所幼儿园签署了帮扶协议，并制订了详细的帮扶计划。

省内帮扶。浦幼与富阳万市镇中心幼儿园结为互助成长共同体已经有四个年头，互助结对工作一直扎实有效地开展。每学期，万市镇中心幼儿园的教师都会走进浦幼，参观、学习浦幼的环境创设，交流户外自主性活动的开展与实施经验等。两园教师还建立了一对一结对互助，开展跟岗学习、送教、互动教研等活动，在互帮互助中共享浦幼优质资源，有效传递了经验和做法，促使两园共同成长。

跨省帮扶。为进一步推进东西部扶贫协作，切实落实滨江区人民政府与湖北恩施建始县人民政府东西部扶贫协作的部署，浦幼与湖北恩施建始县民族幼儿园签订了结对帮扶协议。自签订协议后，浦幼积极开展各种形式的帮扶工作：园长带领优秀教师作为先遣队实地了解建始县民族幼儿园所需；派遣联庄园区保教主任杨菲支教一个月；接待建始县民族幼儿园教师来园交流。这些帮扶工作将浦幼的先进办园理念和资源带到遥远的恩施，信守这份跨越 1200 千米的"约定"。

案例八　跨越 1200 千米的"约定"

2018 年 9 月 26～28 日，浦幼与湖北恩施建始县民族幼儿园开展结对帮扶活动，张波园长带队前往该园，进行文化建设、教育理念、教师专业发展及环境创设等多方面的交流研讨活动。

帮扶期间，浦幼团队实地参观、了解了民族幼儿园园舍、教师及幼儿等各方面的具体情况，为民族幼儿园教师带去了"教师记载册的使用方法""班级环境创设""幼儿园园所文化创建"等可操作性强的项目经验；为民族幼儿园幼儿带去了"大风与落叶""橡筋动力飞机""海底世界"等形式多样的智慧课堂教学活动。

希望在未来的三年中，双方紧密联系、共同努力，更好地提升民族幼儿园的教育理念、教师专业水平，携手打造更优质的教育环境，提供更专业的学前教育。

（来源：浦幼微信公众号）

经验分享、帮扶结对的活动，为幼教同行架起了相互交流的桥梁，形成了相互学习、共同进步的平台。作为浙江省一级幼儿园，浦幼将不断自我充实、开拓创新,起到示范、辐射的作用。

　　"智慧·玩创"对于幼儿来说,是在"玩科学"中进行感知和探索的学习方式;对于教师来说,是一种科学教育的理念;对于幼儿园来说,是一种品牌特色和文化。在浦幼"智慧·玩创"品牌打造的过程中,从科学理念的迭代到教育资源的开发,从教师队伍的专业成长到浦幼集团化的发展,品牌文化得到不断的提炼、渗透、辐射,以物质、文化、精神层层递进的方式,深深植根于每个浦幼人的心中。随着浦幼办园品质的不断提升,浦幼的"智慧·玩创"品牌将会传递到更多的地方、更远的角落,让更多的幼儿受益。

后记：建构优质课程，打造美好教育

随着人类社会从"互联网＋"时代步入"人工智能＋"新时代，人类的学习方式也在转型升级。在这样的大环境下，如何让幼儿从容地面向未来？带着这个问题，身处"国际滨"独特高新资源集聚区域的浦沿幼儿园，多年来一直致力于新技术支持下的园本课程的建构与探索。浦沿幼儿园以发展幼儿的创造核心经验为园本课程的实施价值定位及目标，依托区域高新硅谷的优势，顶层设计、深度推进了"智慧·玩创"园本课程，还原幼儿本色，借力区域底色，建构多课型特色群，形成了基于"智慧一日生活圈"的园本课程。

"智慧·玩创"课程的持续实施，满足了幼儿园每位幼儿对美好成长的多样化、个性化、差异化需求，让幼儿有效地接受了创造、创新等核心品质的优质启蒙，同时在一定程度上促进了幼儿园教师队伍的课程开发、设计、执行、审议等专业素养的提升。

"智慧·玩创"课程的多年探索，促使浦沿幼儿园从一所"老园"变成了富有浓郁新时代、新技术气息的高品质、深内涵的"名园"。近年来，"智慧·玩创"课程深受同行、教育专家及社会各界的好评。基于"智慧·玩创"的创新教育形成了一定的影响力，吸引了100多批次来自全国各地的考察团前来参观学习，已成为当地幼儿教育的一张"金名片"。

本书即为浦沿幼儿园教师团队对多年来课程园本化、个性化、品质化实施经验的整体梳理和深度提炼。在此要感谢参与本书编写的团队成员，王云燕、潘华霞、方飞飞、陈星、温小聪为本书的编写提供了可贵的支持。同时，也要感谢幼儿园全体教师对课程的实践研究。此外，还要向多年来一直支持、助力幼儿园发展的各位领导、专家、同行及家长表示感谢。特别地，对为本书作序的中国教育三十人论坛专家之一、原浙江省教科院院长、滨江区智库专家、浙大教授方展画表示最诚挚的感谢！

本书是我和我的团队的第一本著作，限于水平及视野，还存在一些错误和纰漏，恳请广大读者提出宝贵意见和建议。

张　波

2019 年 6 月

记于钱塘江畔